मूल्य शिक्षण

मूल्य शिक्षण

जैश्री

एम. ए. (शिक्षा), पीएच. डी. (शिक्षा)

ANSHAH अंशः पब्लिशिंग हाउस

Rs. 550

ISBN: 978-81-8364-025-1

2014 Impression
2010, 2008

Mulya Shikshan

Trisha College of Education, Hamirpur, H.P.

Published by:
ANSHAH PUBLISHING HOUSE
LG 18-19, Pankaj Central Market,
Patparganj, Delhi 110092, Ph. 22235152, 22236152
Br. Off.: 4617/18, Ansari Road, Daryaganj,
New Delhi 110002; Ph.9650028065, 9810522367
Email: info@shiprapublications.com
Website: www.shiprapublications.com

प्राक्कथन

'मूल्य, पर्यावरण और मानव अधिकार की शिक्षा' पुस्तक सर्वप्रथम शिप्रा पब्लिकेशन द्वारा 2007 में प्रकाशित की गई। यह पुस्तक निम्नलिखित उद्देश्यों को ध्यान में रखकर लिखी गई है:

- मानवमूल्यों की प्रकृति और मूल्यों व गैर मूल्यों के स्रोत पर्यावरण व मानव अधिकार के बारे में ज्ञान पाने के लिए विभिन्न प्रकार के मानव मूल्यों का वर्गीकरण।
- शिक्षण मूल्यों के स्रोत जैसे प्रजातान्त्रिक, धर्म से अलग और सामाजिक इत्यादि।

विद्यार्थी वर्ग और पाठ्यचर्या की आवश्यकता के मध्य नजर, इन तीनों विषयों पर पृथक-पृथक पुस्तक निकालने का निर्णय लिया गया। आशा है इसका लाभ उठाया जा सकेगा।

मैं अपने परिवार व साथियों का भी बहुत धन्यवाद करती हूं जिनकी प्रेरणा व सहयोग से यह कार्य पूरा हुआ। मैं उन लेखकों एवं प्रकाशकों का भी धन्यवाद करती हूं जिनका इस पुस्तक में वर्णन है।

इस पुस्तक के अध्ययन से विद्यार्थियों को पाठ्यक्रम जानकारी के साथ—साथ उनके दैनिक व्यवहारिक जीवन का भी मार्गदर्शन होगा तथा उनमें आत्मविश्वास एवं आत्मगौरव की ज्योति जगेगी।

आपके सुझावों एवं विचारों का हार्दिक स्वागत करते हुए

डॉ0 जैश्री

विषय सूची

अध्याय – 1
मानवीय मूल्य
अवधारणा, प्रकृति, वर्गीकरण एवं शिक्षा के लिये आवश्यकता
Human Values
Concept, Nature, Classification and Need for Education

जीवन में सफलता का आधार वास्तव में शिक्षा में निहित है। समय के साथ-साथ शिक्षा के उद्देश्य भी बदलते रहते हैं। स्वातन्त्रयोत्तर भारत में शिक्षा को समाजीकरण का सशक्त साधन मानते हुए इसके द्वारा वैयक्तिकता व नागरिकता के गुणों को विकसित करने का हम प्रयत्न कर रहे हैं। उत्तम सांस्कृतिक विरासत के संरक्षण व हस्तान्तरण पर भी ध्यान दिया जा रहा है। शिक्षा द्वारा विकल्पों में से उत्तम को चुनने की कुशलता विकसित होनी चाहिए। उत्तम विकल्प के चयन की प्रक्रिया वास्तव में मूल्य प्रक्रिया है। आज हम पूर्णतः स्वतन्त्र रहकर और अपने हित को सर्वोपरि रख कर प्रायः विकल्प चुना करते हैं परन्तु वास्तव में ऐसा होना नहीं चाहिए। स्वतन्त्रता का आशय यह नहीं है कि चुनाव के समय हम देश–हित या सामजिक हित पर ध्यान न दें। पूरी शिक्षा द्वारा विकसित किये जाने वाले मूल्यों के बारे में हमारे धर्माचार्यों, शिक्षाविदों, मनोवैज्ञानिकों, दार्शनिकों, शिक्षकों व अभिभावकों में आज मतैक्य नहीं हो पाया है। दुर्भाग्यवश हम अभी तक विभिन्न मूल्यों की स्पष्ट व सर्वमान्य परिभाषा भी निश्चित नहीं कर पाये हैं। मूल्यों के बारे में विभिन्न विचार व्यक्त किये गये हैं।

मूल्य का अर्थ (Derivative Meaning)

'मूल्य' पद का अर्थ समाज या दर्शनशास्त्र में किसी भी तरह से स्पष्ट नहीं है (मैकमिलन व नैलर, 1964)। हम किसी एक परिभाषा पर एकमत नहीं हो सके हैं। मतैक्य के रूप में तो केवल इतना ही कहा जा सकता है कि मूल्य मानव अस्तित्व में किसी महत्त्वपूर्ण चीज का प्रतिनिधित्व करते हैं। मनुष्य जीवन पर्यन्त

सीखता रहता है तथा उसके अनुभवों में निरन्तर अभिवृद्धि होती है। जैसे-जैसे वह अधिकाधिक सीखता जाता है तथ परिपक्व होता है वह ऐसे अनुभव भी प्राप्त करता है जो उसके व्यवहार को निर्देशित करते हैं। ये निर्देशक जीवन को दिशा प्रदान करते हैं तथा इन्हें मूल्य कहा जा सकता है। व्यवहार के निर्देशक के रूप में वे अनुभवों के विकसित व परिपक्व होने के साथ-साथ विकसित तथा परिपक्व होते हैं।

मूल्य किसी वस्तु या स्थिति का वह गुण है जो समालोचना व वरीयता को प्रकट करता है। यह एक आदर्श या इच्छा है जिसे पूरा करने के लिए व्यक्ति जीता है तथा आजीवन प्रयास करता है।

मूल्यों का विभिन्न अर्थ
(Different Views regarding Meaning of Values) :

1. मनोवैज्ञानिक अर्थ (Psychological meaning) जो हमारी इच्छा को पूरी करता है वह मूल्य है। (Anything that satisfies our desire is value.)

2. जैविक अर्थ (Biological meaning)– मूल्य उस वस्तु या क्रिया की विशेषता है जो हमारे जीवन की सुरक्षा एवं वृद्धि में सहायक होती है। (Value is the characteristic of a thing or activity which helps in conservation and furtherance of our life.)

3. नीतिशास्त्र सम्बन्धी अर्थ (Ethical meaning)–वे वस्तुयें अथवा क्रियायें मूल्यवान होती हैं जो हमारी आत्मा को पूर्णता प्रदान करने में सहायक होती हैं। (Those things or activities are valuable which help in making our soul perfect.)

4. दार्शनिक अर्थ (Philosophical meaning)–मूल्य किसी वस्तु या व्यक्ति से सम्बन्धित नहीं होते बल्कि किसी विचार या दृष्टिकोण से सम्बन्धित होते हैं। अतः जो चीज़ किसी व्यक्ति के लिये उपयोगी होती है वही उसके लिये मूल्यवान बन जाती है। (Everything which is useful to an individual becomes valuable to him.)

मूल्यों की परिभाषाएं (Definitions of Values)

1. आलपोर्ट का विचार (Allport's View)– 'व्यक्ति की रूचि का सापेक्षिक महत्त्व अथवा व्यक्तित्व की प्रबल इच्छा 'मूल्य' कहलाता है।' ("The term value means the relative prominence of the subjects interests or the dominant interest in personality.")

2. आर॰ के॰ मुकर्जी का विचार (R.K. Mukerjee's view)–'मूल्य

समाज द्वारा स्वीकृत वे प्रेरणायें एवं लक्ष्य हैं जो अनुकूलन, सीखने एवं समाजीकरण की प्रक्रिया द्वारा व्यक्ति के भीतर स्थित होकर उसकी प्राथमिकताओं, स्तरों एवं आकांक्षाओं का रूप धारण कर लेते हैं।' ("Values are socially approved drives and goals that are internalised through the process of conditioning, learning or socialisation and that become subjective preferences, standards and aspirations.")

3. डी॰ एच॰ पार्कर का विचार (D.H. Parker's view)– 'मूल्य पूर्णतया: मन के साथ सम्बन्धित है। इच्छा की पूर्ति वास्तविक मूल्य है। जिस से वह इच्छा पूरी होती है वह केवल साधन है। मूल्य का सम्बन्ध हमेशा अनुभव से होता है, किसी वस्तु के साथ नहीं।' ("Values belong wholly to the inner world of mind. The satisfaction of desire is the real value, the thing that serves is only an instrument. A value is always an experience, never a thing or an object.")

4. आर॰ बी॰ पैरी के विचार (R.B. Perry's view)– 'कोई भी लक्ष्य तब 'मूल्य' बन जाता है जब उसमें कोई रुचि लेता है, जैसे कोई भी चीज़ तब निशाना बन जाती है जब उस पर कोई निशाना लगाता है।' ("Any objective whatever it be, acquires value when any interest, whatever it be, is taken in it, just as anything whatsoever becomes a target when anyone whosoever aims at it.")

5. एड्गर ब्राइटमैन का विचार (Edger Brightman's view)–'सामान्य अर्थों में मूल्य वह है जिसे किसी भी व्यक्ति द्वारा किसी भी समय पसन्द किया जाये, पुरस्कृत किया जाये, सम्मानित किया जाये, जिसकी इच्छा की जाये और अनुमोदन किया जाये। यह इच्छित वस्तु या क्रिया की वास्तविक आनन्दानुभूति है।'("In the most elementary sense value means whatever is actually liked, prized, esteemed, desired, approved or enjoyed by anyone at any time. It is actual experience of enjoying a desired object or activity.")

6. जॉन डीवी का विचार (John Dewey's View)– 'मुख्यत: मूल्य का अर्थ है पुरस्कृत करना, सम्मानित करना, प्रशंसा करना, अनुमान लगाना; यह किसी को पोषित एवं प्रेमपूर्वक चाहने की क्रिया है। यह तुलनात्मक अध्ययन की निर्णायक क्रिया भी है।' ("The value means primarily to prize, to esteem, to appraise, to estimate; it means the act of cherishing something, holding it dear and also the act of passing judgement upon the nature and amounts of values as compared with something else.")

7. डा॰ प्रेम कृपाल का विचार (Dr. Prem Kirpal's Views)– 'जिस

पर हम विश्वास करते हैं–वे स्वीकृत मूल्य हैं, जिन का हम अभ्यास करते हैं–वे क्रियात्मक मूल्य हैं, जिन का अनुभव करते हैं और परम्पराओं के नवीकरण के लिये जिन को अपनाते हैं–वे पारस्परिक मूल्य हैं।' उन्होंने आगे कहा है, 'मूल्य क्रियात्मक, समयानुकूल एवं गतिशील होने चाहिएं–मूल्यों को कठोर रुढ़ियों का रूप धारण नहीं करना चाहिए जिस से उनका विकास एवं नवीकरण कठिन हो।' ((i) "What we believe - professed values, (ii) what we practice - operational values, (iii) what we learn from experience in order to adopt and renew traditions received from the past - traditional values." He further says, "Values should be operational, relevant and dynamic........values should not be crystalised and frozen to the point of rigidity, stopping further growth and renewal.")

8. हैण्ड्रसन का विचार (Henderson's View)– 'जो किसी मनुष्य की इच्छा को सन्तुष्ट करता है, वह मूल्य है।' ("Anything which satisfies a human want becomes thereby a value.')

9. एन॰ टी॰ रामजी का विचार (N.T. Ramji's View)– 'मूल्य वह है जिसकी इच्छा की जाये या जिसकी तलाश की जाये। क्रियात्मक रूप से मूल्य जीवन के उन निर्देशक सिद्धान्तों को कहा जा सकता है, जो व्यक्ति के शारीरिक एवं मानसिक स्वास्थ्य में तथा सामाजिक उत्थान एवं अनुकूलन-स्थापन में सहायक हों और उसकी संस्कृति के अनुकूल हों।' ("A value is what is desired or what is sought. Values may be operationally conceived as those guiding principles of life which are conducive to one's physical and mental health as well as to social welfare and adjustments and which are in tune with one's culture.")

10. कनिनघम के विचार (Cunningham's view)– 'शिक्षा-मूल्य शिक्षा के उद्देश्य बन जाते हैं। इन्हीं के अनुसार व्यक्ति के उन गुणों, योग्यताओं तथा क्षमताओं को विकसित किया जाता है, जो वस्तुतः जीवन-मूल्यों में निहित होते हैं।' ("Educational values becomes aims of education. According to these qualities, abilities and capacities are promoted in the individuals, which are inherently values of life.")

11. ब्रुबेकर का विचार (Brubacher's View)– 'किसी के शिक्षा-उद्देश्यों को व्यक्त करना वस्तुतः उसके शिक्षा-मूल्यों को व्यक्त करना है।' ("To state one's aims of education is at once to state his educational values.")

शिक्षात्मक मूल्य वे क्रियायें हैं जो शिक्षा के दृष्टिकोण से अच्छे, उपयोगी एवं मूल्यवान हों।

सी॰वी॰ गुड के अनुसार, मूल्य वह चारित्रिक विशेषता है जो मनोवैज्ञानिक,

सामाजिक और सौन्दर्य-बोध की दृष्टि से महत्त्वपूर्ण मानी जाती है।

आक्सफोर्ड अंग्रेजी शब्दकोश में मूल्य को 'महत्ता, उपयोगिता, वांछनीयता तथ उन गुणों, जिन पर ये निर्भर है, के रूप में परिभाषित किया गया है।

आलपोर्ट के अनुसार, मूल्य एक मानव विश्वास है जिसके आधार पर मनुष्य वरीयता प्रदान करते हुए कार्य करता है।

हीडलर (1958) के अनुसार, मूल्य अवैयक्तिक, सापेक्षिक दृष्टि से निश्चर तथा अन्तरवैयक्तिक रूप से वैध अभीष्ट है जो ज्ञात इच्छाओं का प्रतिनिधित्व करता है, परावैयक्तिक वस्तुनिष्ठ व्यवस्था की जरूरत अनुभव कराता है, जिसमें निश्चर यथार्थता होती है तथा जिसकी वैधता किसी एक व्यक्ति के दृष्टिकोण के दायरे के बाहर होती है।

आर॰ बी॰ पर्सी ने मूल्य को किसी व्यक्ति के लिए रुचि का ऐसा ध्येय माना है जिसकी उत्पत्ति ध्येय तथा रूचि के बीच विशिष्ट सम्बन्धों से होती है।

आर॰ के॰ मुखर्जी ने मूल्यों को सामाजिक दृष्टि से स्वीकार्य उन इच्छाओं तथा लक्ष्यों के रूप में परिभाषित किया है जिन्हें अनुबन्धन, अधिगम या समाजीकरण की प्रक्रिया द्वारा आभ्यन्तरीकृत किया जाता है तथा जो आत्मनिष्ठ प्राथमिकताओं, मानकों तथा आकांक्षाओं का रूप ग्रहण कर लेती हैं।

क्लकहॉन के शब्दों में मूल्य 'वांछनीय की एक संकल्पना' है। वे मात्रा वांछित नहीं है। वांछनीय को परिभाषित करना बहुत कठिन है। वांछनीय की संकल्पना एक विशिष्ट प्रकार की वरीयता –एक व्यवहार प्रारूप को दूसरे विरोधी व्यवहार प्रारूप से अधिक महत्व देना या एक साध्य स्थिति को विरोधी साध्य स्थिति से अधिक वरीयता देने, से अधिक कुछ नहीं हैं। इसमें विभिन्न प्रकार के भोजनों के लिए वरीयता शामिल नहीं है। व्यक्ति एक विशिष्ट व्यवहार या साध्य स्थिति को तब पसन्द करता है जब उसकी तुलना उसके विरोधी से करता है अथवा वह उसकी आपनी मूल्य तन्त्र में अन्य मूल्यों से तुलना करता है। वह उस विशिष्ट व्यवहार प्रारूप या साध्य स्थिति को अन्य प्रारूपों या साध्य स्थितियों से अधिक वरीयता देता है, जो उसके मूल्य-श्रेणीक्रम में निम्नस्थ होते हैं। जब हम कहते हैं कि किसी व्यक्ति का मूल्य-श्रेणीक्रम में निम्नस्थ होते हैं। जब हम कहते हैं किसी व्यक्ति का मूल्य अमुक है, तब हमारे मन में उस व्यक्ति के वांछनीय आचरण प्रारूप या अस्तित्व की वांछनीय आचरण प्रारूप या अस्तित्व की वांछनीय साध्य-स्थिति सम्बन्धी विश्वास अवश्य होते हैं।

जेम्स पी॰ शेवर तथा **विलियम स्ट्रांग** का मत है कि "मूल्य महत्त्व के बारे में निर्णय के मानदण्ड तथा नियम हैं। ये वे मानदण्ड हैं जिनसे हम चीजों (लोगों, वस्तुओं, विचारों, क्रियाओं तथा परिस्थितियों) के अच्छा, महत्त्वपूर्ण व वांछनीय

होने अथवा खराब, महत्त्वहीन व तिरस्करणीय होने के बारे में निर्णय करते हैं।"

रिचर्ड एल. मॉरिल (1980) के अनुसार, "मूल्यों को चयन के उन मानदण्डों तथा प्रतिमानों के रूप में परिभाषित किया जा सकता है जो व्यक्तियों व समूहों को सन्तोष, परितोष तथा अर्थ की ओर निर्देशित करें।" इस परिभाषा में मानकीय माप निहित हैं।

मूल्यों की प्रकृति (Nature of Values)

मूल्य की उपर्युक्त परिभाषाओं तथा उनको निश्चित करने के सिद्धान्तों से मूल्यों के अर्थ तथा उनकी प्रकृति के सम्बन्ध में निम्नलिखित निष्कर्ष निकाले जाते हैं :

1. मूल्य, मानव-जीवन के लक्ष्यों के साथ सम्बन्धित हैं।
2. हमारा आचरण हमारे मूल्यों द्वारा प्रेरित होता है।
3. मूल्य हमारे प्रयासों का निर्देशन करते हैं जो ठीक, न्यायोचित और वांछित हैं, उसके सम्बन्ध में मूल्य भावनाओं, रुचियों, दृष्टिकोणों, विचारों तथा प्राथमिकताओं का प्रतिनिधित्त्व करते हैं।
4. किसी चीज़ के पोषण की क्रिया 'मूल्य' है। जो व्यक्ति न्याय को 'मूल्य' देता है, वह उस की तलाश में पर्याप्त शक्ति लगायेगा।
5. वैयक्तिक (Personal) तथा अ-वैयक्तिक (impersonal)तत्त्वों की अन्तक्रिया का सहयोगात्मक परिणाम 'मूल्य' है।
6. मूल्य का अपना महत्त्व है। एक अच्छा व्यक्ति ही अच्छी वस्तुओं को देख और पहचान सकता है।
7. मूल्यों का निर्माण एवं संरक्षण मनुष्य का महत्त्वपूर्ण प्रयोजन है।
8. मूल्यों का जितना अधिक महत्त्व होगा और उनका जितना अधिक ध्यान रखा जायेगा, उतना बेहतर समाज बनेगा।
9. मूल्यों में व्यक्तिगत निष्ठता, वस्तुनिष्ठता, मूर्त एवं अमूर्त, लचीलापन आदि विशेषतायें होती हैं।
10. परिपूर्णता, आत्मानुभूति, सन्तुष्टि, विकास, सत्यनिष्ठा आदि 'मूल्यों' के लक्ष्य हैं।
11. **आत्मनिष्ठा मत (Subjectivity)** – इस मत के अनुसार मूल्य इच्छा, रूचि, पसन्द, मेहनत करने, संकल्प–शक्ति, कार्य तथा सन्तोष जैसे बहुत कारकों पर निर्भर होते हैं। व्यक्ति के निजी जीवन में इन सभी कारकों के परिणामस्वरूप ही मूल्य विकसित होते हैं तथा व्यक्ति के अनुभवों से अत्यधिक जुड़े रहते हैं।
12. **वस्तुनिष्ठ मत (Obectivity)**– इस मत के अनुसार मूल्य व्यक्ति

से स्वतन्त्र होते हैं तथा वे व्यक्ति में निहित नहीं होते। उनमें वस्तुनिष्ठता होती है।

13. आपेक्षिकीय मत (Relativity) – इस मत के पोषक मूल्यों को मूल्य प्रदान करने वाले मानव तथा उसके वातावरण के मध्य एक सम्बन्ध मानते हैं। वह मूल्य को अंशतः भावना तथा अंशतः तर्क समझते हैं। मूल्य नियामक तथा संरचनात्मक नियमों के मिलन–स्थल हैं।

मूल्यों की प्रकृति को अच्छी तरह समझने के लिए कोहलबर्ग के 'नैतिक निर्णय (मोरल जजमेंट) सिद्धान्त' को समझना जरूरी है। नैतिक विकास के अपने अध्ययनों में कोहलबर्ग ने नैतिक दर्शन के परम्परागत विवादों, जैसे – उत्तरदायित्व, जीवन का मूल्य, नियम तथा मानक, सम्पत्ति, को अपने नैतिक-असमंजस विवरणों (मोरल डायलेमा) में शामिल किया था। इस कहानी सदृश असमंजस विवरणों में विवादों को बोधगम्य रूप में प्रस्तुत किया जाता था। उदाहरणार्थ, उनके प्रसिद्ध हेन्ज़ डायलेमा में समस्या यही थी –'एक मनुष्य को अपनी पत्नी का जीवन बचाने के लिए कैन्सर का इलाज करने वाली दवा चुरानी चाहिए या नहीं, यदि उसे किसी भी दूसरी तरह से दवा न मिल सके।' अन्य असमंजस कहानियों में युद्ध में चुनौती का सामना करने वाले सैनिकों, रोगियों के लिए सुखमृत्यु में चिकित्सक की भूमिका, शत्रु द्वारा आक्रमण के समय ड्यूटी पर भेजे गये हवाई हमला कार्मिक आदि द्वारा अनुभव किये गये नैतिक संकटों को प्रस्तुत किया गया था। ये पियाजे के असमंजस विवरणों से अधिक नाटकीय व प्रौढ़–केन्द्रित थे। कोहलबर्ग ने नैतिक विकास को संज्ञानात्मक विकास तथा सामाजिक अनुभवों में अन्तरक्रिया का परिणाम माना है। नैतिक असमंजस कहानियों के प्रति बच्चों की अनुक्रियाओं के आधार पर कोहलबर्ग ने नैतिकता के तीन स्तर तथा प्रत्येक स्तर पर दो अवस्थाएँ निर्धारित कीं। ये निम्न हैं–

1. पूर्व पारस्परिक स्तर – यह 9 वर्ष तक की आयु के बच्चों में पाया जाता है तथा इसमें नैतिक मूल्यों की व्युत्पत्ति बाहरी भौतिक वस्तुओं व घटनाओं से होती है। इसकी विशेषता है –'मूर्त वैयक्तिक सामाजिक परिप्रेक्ष्य'।

अवस्था I –दण्ड तथा आज्ञा-पालन अभिविन्यास – इस अवस्था में बालक अहंकेन्द्रित (इगोसेन्ट्रिक) परिप्रेक्ष्य में विचार करता है तथा उस बात को सही समझता है, जो शक्ति सम्पन्न व्यक्ति निर्धारित करते हैं तथा नैतिक आचरण वह होता है जो दण्ड से बचने हेतु आज्ञा-पालन पर आधारित हो।

अवस्था II – सहायक–अपेक्षित अभिविन्यास – बालक स्वयं अपनी तथा कभी-कभी दूसरों की आवश्यकताओं को संतुष्ट करने हेतु अनुक्रिया करता है। वह समानता के आधार पर चीजों का आदान-प्रदान करता है। वह सुखद

परिणाम देने वाले कार्यों को अच्छा तथा दुखद परिणाम देने वाले कार्यों को खराब मानता है।

2. पारस्परिक स्तर – यह 9 से 15 वर्ष के बच्चों में पाया जाता है। इस स्तर पर क्रियाओं के परिणाम-पुरस्कार या दण्ड, सुख या दुख कम महत्त्वपूर्ण होने लगते हैं तथा बालक के निर्णय परिणामों के बजाय समूह के मानकों व उसकी अपेक्षाओं पर आधारित होते हैं। वह उस बात, कार्य या आचरण को सही समझता है, जो समूह-परिवार, समाज, राष्ट्र सही समझे। वह समूह की आशाओं को बनाये रखने हेतु प्रयत्न करता है।

अवस्था III– अन्तरवैयक्तिक सामंजस्य अभिविन्यास– इस अवस्था में बालक स्वयं के छोटे समूह, यथा -परिवार, स्कूल, समवयस्क समूह पर अपना ध्यान केन्द्रित करता है। वह उस व्यवहार को अच्छा मानता है, जो दूसरों को प्रसन्न करे या उनकी सहायता करें तथा उनके द्वारा अनुमोदित किया जाए। बहुमत द्वारा निर्धारित या मान्य व्यवहार के प्रति यन्त्रवत समनुरूपता प्रदर्शित की जाती है।

अवस्था IV– कानून व व्यवस्था अभिविन्यास – इस अवस्था में व्यक्ति का व्यवहार निश्चित विधि–सम्मत नियमों तथा सामाजिक व्यवस्था के स्थायित्त्व की ओर उन्मुख होता है। जो व्यवहार व्यक्ति के कर्त्तव्य की दृष्टि से उचित होता है, साधिकार व्यक्तियों के प्रति आदर प्रदर्शित करता है तथा दी गयी सामाजिक व्यवस्था को कायम रखता है, वही सही माना जाता है। वह वृहत समाज पर अपना ध्यान केन्द्रित करता है।

3. उत्तर–पारम्परिक, स्वायत्तशासी या सैद्धान्तिक स्तर– इस स्तर पर व्यक्ति सार्वभौमिक नियमों तथा अन्तःकरण के आन्तरिक निर्णयों के आधार पर नैतिक मूल्य विकसित करता है। वह व्यापक उपयोगिता तथा वैधता की दृष्टि से नैतिक मूल्यों व नियमों को परिभाषित करता है। वह सामाजिक तथा विधिक परम्पराओं इच्छाधीतता स्वीकार करता है। इस स्तर तक 20 वर्ष के बाद बहुत कम व्यस्क पहुँच पाते हैं।

अवस्था V– विधिक या सामाजिक संविदा अभिविन्यास– इस अवस्था में सही व्यवहार को सामान्य व्यक्तिगत अधिकारों तथा सम्पूर्ण समाज द्वारा आलोचनात्मक ढंग से परखे व माने गये मापदण्डों के सन्दर्भ में परिभाषित किया जाता है। वैयक्तिक मूल्यों तथा रायों की आपेक्षिकता (रिलेटिविज्म) का बालक को स्पष्ट बोध होता है तथा वह मतैक्य प्राप्त करने की विधि के नियमों पर भी बल देता है। कर्त्तव्य को संविदा के सन्दर्भ में परिभाषित किया जाता है। वह पूरे समाज के हित के लिए दूसरों के अधिकारों व इच्छाओं का आदर करता है।

अवस्था VI–सार्वभौमिक नीतिपरक नियम अभिविन्यास– इस अवस्था

में सही व्यवहार को स्वचयनित नीतिपरक नियमों के अनुरूप, अन्तःकरण के निर्णय द्वारा परिभाषित किया जाता है। ये नियम अमूर्त होते हैं। ये न्याय, पारस्परिकता, मानवाधिकारों की समानता तथा व्यक्तिगत व्यक्ति के रूप में मानव जाति के महत्त्व के प्रति आदर के सार्वभौमिक नियम होते हैं। बालक इन्हीं नीतिपरक नियमों का अनुसरण करता है।

मूल्य संकटों को व्यक्त करने वाली अनेक परिस्थितियों के बारे में निर्णय लेते समय भी ये 6 अवस्थाएं प्रकट होती हैं।

मूल्य निर्धारण की प्रक्रिया (Process of Vlaue Determination)

रथ, हर्मिन व साइमन (1966) का मानना है कि जब तक कोई बात निम्न सात मानदण्डों पर खरी नहीं उतरती तब तक हम उसे मूल्य की संज्ञा नहीं दे सकते हैं। ये सात मानदण्ड मूल्य निर्धारण प्रक्रिया का वर्णन करते हैं–

1. स्वतन्त्र चयन (Independent Selection) – जब व्यक्ति मूल्यों को स्वयं चुनता है तब वह उन्हें वास्तव में महत्त्वपूर्ण मानने के लिए अधिक प्रयत्नशील रहता है व शक्ति-सम्पन्न व्यक्तियों की अनुपस्थिति में भी मूल्य आधारित आचरण करता रहता है। अतः व्यक्ति के व्यवहार को निर्देशित करने वाले मूल्य व्यक्ति के स्वतन्त्र चयन के परिणामस्वरूप स्थापित होने चाहिए।

2. विकल्पों में से चयन (Alternative Selection) – व्यक्ति स्वयं मूल्य चुनता है। यदि चुनने के लिए व्यक्ति के सम्मुख विकल्प न हों तो फिर कुछ भी सार्थक चयन सम्भव नहीं है। मूल्य तब निर्मित होते हैं जब व्यक्ति के सामने एक से अधिक विकल्प होते हैं तथा वह उनमें से किसी को चुनने के लिए स्वतन्त्र होता है।

3. प्रत्येक विकल्प के परिणामों के बारे में विचारपूर्ण मनन के बाद चयन (Selection after Contemplation) – अनेक बार हम क्षणिक आवेग में आकर या बिना चिन्तन-मनन किये मूल्य चुन लेते हैं । इस चयन को विवेकपूर्ण नहीं माना जा सकता है । वही बात हमारे जीवन को सही ढंग से निर्देशन प्रदान कर सकती है जिसके महत्त्व के बारे में काफी चिन्तन व विचार-विमर्श किया गया हो व फिर जिसे चुना गया हो । अतः चयन से पूर्व व्यक्ति को प्रत्येक विकल्प के परिणामों को स्पष्ट रूप से समझने की कोशिश करनी चाहिए।

4. महत्त्व देना तथा कद्र करना (To give importance) – जब हम किसी चीज, विचार आदि को महत्त्व देते हैं तब हमें प्रसन्नता होती है, सुखद भाव उत्पन्न होते हैं तथा हम उसे महत्त्वपूर्ण मानते हैं, उससे अत्यधिक लगाव महसूस करते हैं तथा उसका आदर व सम्मान करते हैं । मूल्य उन चयनों से उत्पन्न होते हैं जिन्हें करने में हमें कोई परिस्थितिजन्य विवशता महसूस नहीं होती है तथा

हमें खुशी होती है । हम मूल्यों की कद्र करते हैं तथा मूल्य आधारित व्यवहार करने में हमें खुशी होती है ।

5. दृढ़तापूर्वक स्वीकार करना (To accept firmly) – जब हम अनेक विकल्पों पर पर्याप्त विचार करने के बाद स्वतन्त्रतापूर्वक चयन करते हैं तथा अपने आदर्श के चयन पर हमें गर्व होता है, तब आवश्यकता पड़ने पर हम दृढ़तापूर्वक अपने चयन की पुष्टि कर सकते हैं । यदि हम किसी चयनित आदर्श को सभी के सामने कहने में शर्म महसूस करते हैं तो हमारा चयन मूल्यों का द्योतक नहीं हो सकता । मूल्यों के विकास हेतु जरूरी है कि हम अपने मूल्यों को दृढ़तापूर्वक सार्वजनिक रूप से स्वीकार करें व फिर उन्हीं के लिए जीना पसन्द करें।

6. चयन का क्रियान्वयन (Activation of Selection) – मूल्य जीवन को प्रभावित करते हैं तथा हमारे विभिन्न दैनिक व्यवहारों में मूल्य परिलक्षित होते हैं। हम स्वयं के द्वारा महत्त्वपूर्ण मानी गयी बातों के बारे में प्रतिकूल परिस्थिति में भी अध्ययन करते हैं तथा उन पर समय, धन व शक्ति खर्च करते हैं। हमें उन समूहों व संगठनों का सदस्य बनना अच्छा लगता है जिनमें हमारे मूल्य पोषित हों।

7. पुनरावृत्ति (Repetition) – मूल्यों में स्थायित्व होता है। इनसे एक जीवन प्रतिमान बनता है। जब मूल्य चयनित व निर्धारित हो जाते हैं, तब जीवन में अनेक विविध परिस्थितियों में भिन्न–भिन्न समयों पर उनकी अभिव्यक्ति होती है।

मूल्यों के लक्षण (Features of Values)

मूल्यों में अनेक विशेषताएँ पायी जाती हैं। इनमें से कुछ निम्न हैं–

1. मूल्य, वस्तुओं के महत्त्व के बारे में विचार हैं।

2. मूल्य प्रत्यय, अमूर्तीकरण व भावनाएँ भी हैं तथा उनके संज्ञानात्मक, अनुभावात्मक व क्रियात्मक पक्ष हैं।

3. मूल्य सशक्त सांवेगिक वचनबद्धता भी है। व्यक्ति जिस चीज को मूल्यवान मानता है उसे अत्यधिक पसन्द करता है व उसकी बहुत चिन्ता करता है।

4. सभी विचारों की भांति मूल्यों का अस्तित्व अनुभव के क्षेत्र में नहीं वरन् लोगों के मन में है।

5. बिना तर्क के मूल्य अन्धे होते हैं, बिना भावनाओं के वे अशक्त होते हैं तथा बिना कार्यों के वे खाली होते हैं।

6. यद्यपि मूल्य भावनायें या संवेग नहीं हैं तथापि उनमें इच्छाएं व भाव निहित हैं। वे अपने आप में विश्वास या निर्णय नहीं परन्तु वे चिन्तन में तथा उसके माध्यम से प्रकट होते हैं।

7. वस्तुओं के महत्त्व की जाँच के लिए उन्हें स्पष्ट मानदण्ड के रूप में प्रयोग किया जा सकता है।

8. मूल्य जीवन के अंश हैं। वे अधिक जटिल जीवन परिस्थितियों में कार्यशील होते हैं। इनमें प्रायः अच्छे या बुरे, सत्य या असत्य, सही या गलत जैसी अति-स्थितियां निहित होती हैं।

9. जिन दशाओं में व्यवहार निर्देशित होता है तथा मूल्य कार्य करते हैं उनमें व्यक्ति विरोधी मांगों की परख व उनमें सन्तुलन करने की क्रियाएं निहित होती हैं।

10. मूल्य अहं-संरक्षक, समायोजनात्मक ज्ञान व आत्मानुभूति भूमिकाओं का निर्वहन करते हैं।

11. मूल्य निरन्तर अनुभवों से सम्बन्धित होते रहते हैं तथा अनुभव ही उन्हें रूप देते हैं व उनकी जांच करते हैं।

12. मूल्य यदा-कदा ही विशुद्ध तथा अमूर्त रूप में कार्य करते हैं।

13. मूल्य का परिमाणात्मक व गुणात्मक आंकलन सम्भव है।

14. मूल्य विश्वास तथा आचरण के आभ्यन्तरीकृत प्रतिमानों के रूप में वैयक्तिक या सामूहिक चयन का मानक हैं।

15. सभी मूल्य सभी व्यक्तियों के लिए समान रूप से महत्त्वपूर्ण नहीं होते हैं।

मूल्यों का सापेक्षिक महत्त्व (Importance of Unexpected Values)

सभी व्यक्तियों के लिए विभिन्न मूल्यों के महत्त्व में अन्तर होता है। किसी एक व्यक्ति के लिए एक मूल्य अन्य मूल्यों से अधिक या कम महत्त्वपूर्ण हो सकता है। अब प्रश्न यह उठता है कि क्या सभी व्यक्ति कुछ मूल्यों का समर्थन कर सकते हैं ?

कुछ लोग मूल्यों की निरपेक्ष व शाश्वत प्रकृति में विश्वास रखते हैं। उनके अनुसार कुछ मूल्य पूरे विश्व में सर्वत्र सभी कालों में वांछनीय होते हैं। उनके अनुसार मनुष्यों के कुछ कार्य स्वभावतः बुरे या दोषपूर्ण होते हैं, जबकि कुछ मानव कार्य प्रत्येक परिस्थिति में सदैव सही होते हैं। उदाहरणार्थ, जरूरतमन्द लोगों की सहायता करना, सार्वभौमिक रूप से एक अच्छा कार्य है। जबकि हत्या या अनाचार करना सभी लोगों द्वारा निन्दनीय है। सतही तौर पर मूल्यों की यह निपेक्ष प्रकृति उचित लगती है परन्तु कोई भी मूल्य ऐसा नहीं है जिसके किसी समय हुए उल्लंघन के लिए व्यक्ति कोई -न-कोई औचित्यपूर्ण बहाना खोज न ले। किसी भी व्यक्ति द्वारा एक भी अपवाद खोज लेने पर मूल्य-प्रतिमान की

निरपेक्ष स्थिति समाप्त हो जाती है।

अनेक लोग मूल्यों की निरपेक्षता के बजाय उनकी सापेक्षता में विश्वास करते हैं। सापेक्षतावादियों के मतानुसार, मूल्य-स्थितियों में अनेकता सम्भव है। हम समकालीन मानदण्डों को भूतकालीन मानदण्डों से श्रेष्ठ या निम्न नहीं मान सकते हैं। सापेक्षतावादी मानते हैं कि मूल्य निर्णयों से हमें एक व्यक्ति के वरीयता प्राप्त विचारों व कार्यों का पता चलता है। जब मूल्यों के सम्बन्ध में असहमति उभरती है तब लोग प्रायः एक-दूसरे की मूल्य प्राथमिकताओं से सहमत नहीं हो पाते हैं। लोग कुछ मूल्यों को दूसरे मूल्यों की अपेक्षा अधिक महत्त्व देते हैं। मूल्य संकट व असमंजस की स्थिति में मूल्य प्राथमिकताओं में परिवर्तन लाकर उनके समाधान की चेष्टा की जाती है।

मूल्यों का वर्गीकरण (Classification of Values)

युग परिवर्तन के साथ-साथ मूल्य बदलते हैं। आज के वैज्ञानिक व प्रौद्योगिकी प्रधान युग में शिक्षा के प्रसार के बावजूद जीवन-मूल्यों में ह्रास दिखाई दे रहा है। मूल्य आधारित जीवन शैली की जरूरत को ध्यान में रखते हुए यह जरूरी है कि विद्यालयों में मूल्यों के विकास हेतु विशिष्ट व संगठित प्रयत्न किये जायें। समय व काल की जरूरतों को ध्यान में रखते हुए दार्शनिक व अन्य विद्वानों ने विविध प्रकार के मूल्यों को निश्चित किया है तथा उन्हें वर्गीकृत करने का प्रयत्न किया है। इस अध्याय में विभिन्न मूल्यों और उनके वर्गीकरण का उल्लेख किया गया है।

मूल्य : खोज के प्रयास (Value : Efforts of Invention)

1951 के अमेरिकी शैक्षिक नीति आयोग ने पब्लिक स्कूलों के लिए कुछ मूल्य निर्धारित किये थे, यथा –

–मानव व्यक्तित्व के प्रति आदर,
–व्यक्ति की नैतिक जिम्मेदारी,
–संस्थाओं का व्यक्ति के अधीन होना,
–सामान्य सहमति,
–सत्यनिष्ठा,
–समानता,
–भ्रातृत्व,
–आनन्द की खोज,
–आध्यात्मिक संवर्धन,
–श्रेष्ठता के लिए आदर।

मोहम्मद साहब ने मानव जाति के लिए शांति, विनम्रता, दया, स्नेह, क्षमा, उदारता, सादगी, मेहमानदारी, त्याग, विनय, शालीनता, न्याय, दृढ़ता, साहस, वीरता, परिहास आदि मूल्यों के शिक्षण की जरूरत महसूस की थी (माजिद अली खान, 1986)।

श्री सत्य साईं बाबा ने मूल्य शिक्षा के अपने कार्यक्रम में पाँच प्रमुख मूल्यों पर बल दिया है : सत्य, धर्म, शान्ति, प्रेम तथा अहिंसा। इनके अन्दर समाहित अन्य मूल्य ये हैं :– मानव-सेवा, सहयोग, स्वच्छता, प्रार्थना, सादा जीवन, व उच्च विचार आदि।

रामकृष्ण मिशन संस्थाएं भी पूरे देश में मूल्यों की शिक्षा देने के कार्यक्रमों को चलाने में रुचि लेती हैं। वे श्री विवेकानन्द के विचारों से अत्यन्त प्रभावित हैं तथा समाज-सेवा, सार्वभौमिक भाईचारा, तार्किक नैतिक संहिता तथा मानव-व्यक्तित्व के विकास पर बल देती हैं।

चिन्मयानन्द मिशन सत्य, सही आचरण, शान्ति तथा प्रेम के सार्वभौमिक मूल्यों पर बल देता है।

प्राथमिक एवं माध्यमिक शिक्षा निदेशालय, बीकानेर, राजस्थान के **'नैतिक शिक्षा-उपागम'** नामक प्रकाशन में पाठ्यक्रमों व विद्यालय कार्यक्रमों में 32 जीवन मूल्यों के प्रतिबिम्बित होने को जरूरी बताया गया है। ये 32 मूल्य निम्न हैं—

(1) सच्चाई
(2) सहयोग
(3) साहस
(4) परोपकार
(5) देशभक्ति
(6) ब्रह्मचर्य
(7) शुचिता
(8) तप
(9) ईश्वर-भक्ति
(10) सहानुभूति
(11) प्रेम
(12) दृढ़ निश्चय
(13) क्षमा
(14) मित्रता
(15) सादगी
(16) निर्भीकता
(17) अनुशासन
(18) दान
(19) दया
(20) धैर्य
(21) सहिष्णुता
(22) तत्परता
(23) आत्मविश्वास
(24) कर्त्तव्यपरायणता
(25) दूसरों का आदर
(26) स्वावलम्बन
(27) श्रम में निष्ठा
(28) त्याग की भावना
(29) दूसरों के गुणों की प्रशंसा
(30) समाज-सेवा की भावना
(31) फिजूलखर्ची न करना
(32) आवश्यकता से अधिक संग्रह न करना।

एन. एल. गुप्ता के अनुसार हिन्दू, सिख, जैन, बौद्ध आदि धर्मों में निम्न मूल्य उभयनिष्ठ हैं–

(1) चोरी न करना	(2) सहनशीलता
(3) आत्मानुशासन	(4) सत्य
(5) अहिंसा	(6) ब्रह्मचर्य
(7) शुचिता	(8) तप
(9) ईश्वर-भक्ति	(10) क्षमा
(11) करूणा	(12) सादा जीवन
(13) स्पष्टवादिता	(14) साहस
(15) मित्रता	(16) संतोष
(17) सत्संग	(18) मनन
(19) निःस्वार्थता	(20) सेवा-भाव
(21) घृणा से मुक्ति	(22) परोपकार
(23) समानता	(24) कर्त्तव्यपरायणता
(25) वस्तुओं का संग्रह न करना	(26) पवित्र अध्ययन
(27) आध्यात्मिक बुद्धिमानी	(28) इन्द्रिय नियन्त्रण
(29) धर्मपरायणता	(30) भव्यता
(31) नम्रता	(32) शान्ति
(33) पाखण्ड से स्वतन्त्रता	(34) परनिन्दा भाव की अनुपस्थिति।

राष्ट्रीय शैक्षिक अनुसन्धान एवं प्रशिक्षण परिषद् (NCERT) नई दिल्ली ने शिक्षा में सामाजिक, नैतिक एवं आध्यात्मिक मूल्यों पर दस्तावेज में 83 मूल्यों का उल्लेख किया है –

(1) दूसरों के सांस्कृतिक मूल्यों की सराहना	(2) अस्पृश्यता विरोध
(3) नागरिकता	(4) दूसरों की चिन्ता
(5) दूसरों का ध्यान रखना	(6) सहयोग
(7) सामान्य अच्छाई	(8) प्रजातान्त्रिक निर्णय लेना
(9) व्यक्ति की महत्ता	(10) शारीरिक कार्य का सम्मान
(11) साथी भावना	(12) अच्छे आचरण
(13) राष्ट्रीय समाकलन	(14) आज्ञा-पालन
(15) समय का सुदपयोग	(16) ज्ञान की खोज
(17) संयम	(18) करूणा
(19) सामान्य लक्ष्य	(20) शिष्टाचार

(21) शक्ति
(22) स्वास्थ्यकर जीवन
(23) अखण्डता
(24) शुचिता
(25) निष्कपटता
(26) आत्म-नियन्त्रण
(27) साधन-सम्पन्नता
(28) नियमितता
(29) दूसरों का सम्मान
(30) वृद्धावस्था का सम्मान
(31) सादा जीवन
(32) सामाजिक न्याय
(33) स्वानुशासन
(34) स्व-सहायता
(35) स्व-सम्मान
(36) आत्म-विश्वास
(37) स्व-समर्थन
(38) स्वाध्याय
(39) आत्म-निर्भरता
(40) आत्म-नियन्त्रण
(41) समाज-सेवा
(42) मानव-जाति की एकात्मकता
(43) अच्छे व बुरे में विभेद का भाव
(44) सामाजिक उत्तरदायित्व का भाव
(45) स्वच्छता
(46) साहस
(47) जिज्ञासा
(48) धर्म
(49) अनुशासन
(50) सहनशीलता
(51) समानता
(52) मित्रता
(53) वफादारी
(54) स्वतन्त्रता
(55) दूरदर्शिता
(56) सज्जनता
(57) कृतज्ञता
(58) ईमानदारी
(59) सहायकता
(60) मानवतावाद
(61) न्याय
(62) सत्यता
(63) सहिष्णुता
(64) सार्वभौमिक सत्य
(65) सार्वभौमिक प्रेम
(66) राष्ट्रीय व जन सम्पत्ति का महत्त्व
(67) पहल
(68) दयालुता
(69) जीवों के प्रति दया
(70) धर्मपरायणता
(71) नेतृत्व
(72) राष्ट्रीय एकता
(73) राष्ट्रीयता सचेतनता
(74) अहिंसा
(75) शान्ति
(76) देशभक्ति
(77) समाजवाद
(78) सहानुभूति
(79) धर्मनिरपेक्षता
(80) पृच्छा भाव
(81) दल भावना
(82) समय की पाबन्दी
(83) दल–कार्य।

राष्ट्रीय शिक्षा नीति (1986) में उल्लिखित है कि हमारा समाज सांस्कृतिक

दृष्टि से बहुलवादी है तथा शिक्षा द्वारा ऐसे सार्वभौमिक व शाश्वत मूल्यों का विकास किया जाना चाहिए, जो लागों की एकता व उनके समाकलन की ओर अभिमुख हों। इस मूल्य शिक्षा से धार्मिक उन्माद, हिंसा, अन्धविश्वास, भाग्यवाद व रूढ़िवादिता समाप्त होगी। नीति के 8.4 अनुच्छेद में शिक्षा को सामाजिक व नैतिक मूल्यों के विकास के लिए एक सशक्त साधन बनाने के लिए कहा गया है। नीति में शिक्षा को राष्ट्रीय आत्मनिर्भरता की अन्तिम गारण्टी माना गया है। यह भी कहा गया है कि 'यह उन संवेदनशीलताओं तथा प्रत्यक्षीकरणों का परिष्कार करती हैं जो राष्ट्रीय समंजन, वैज्ञानिक स्वभाव, मन व आत्मा की स्वतन्त्रता को सम्भव बनाते हैं तथा इस प्रकार संविधान में निहित समाजवाद, धर्मनिरपेक्षता तथा प्रजातन्त्र के लक्ष्यों की प्राप्ति सुगम हो जाती है। शिक्षा प्रणाली पाठ्यचर्चा के राष्ट्रीय ढाँचे पर आधारित होगी व इसका निर्माण इस प्रकार किया जायेगा कि भारत की उभयनिष्ठ धरोहर, प्रजातन्त्र, समतावादिता व धर्मनिरपेक्षता जैसे मूल्यों, विभिन्न लिंगों के लोगों में समानता, पर्यावरण की रक्षा, सामाजिक बाधाओं की समाप्ति, छोटे परिवार के मानक स्वीकरण तथा वैज्ञानिक स्वभाव के विकास को बढ़ावा मिल सके। नीति में विज्ञान शिक्षा के माध्यम से बच्चों में पृच्छा, वस्तुनिष्ठता, जिज्ञासा, सौन्दर्यात्मक संवेदनशीलता व वैज्ञानिक स्वभाव को विकसित करने की बात पर भी बल दिया गया है। नीति की कार्ययोजना में धर्मनिरपेक्ष, वैज्ञानिक तथा नैतिक मूल्यों, समाज सेवा, श्रम के प्रति आदर, छोटे परिवार के मानक में आस्था, वातावरण संरक्षण, संस्कृति बोध तथा राष्ट्रीय एकता जैसे मूल्यों के विकास पर बल देने की अनुशंसा की गई है।

अभी तक हमने मूल्यों को सूचीबद्ध करने का प्रयत्न किया है। इन मूल्यों को विभिन्न प्रकार से वर्गीकृत किया जा सकता है। आगे की पंक्तियों में मूल्यों के कुछ वर्गीकरण प्रस्तुत किये गये हैं:

1. अफलातून वर्गीकरण (Plato's Classification) :

अफलातून ने अन्तिम सत्य के आधार पर मूल्य का वर्गीकरण किया है। वह इस प्रकार है–

1. सत्य (Truth)
2. सुन्दरता (Beauty)
3. अच्छाई (Goodness)।

भारतीय विचारकों ने भी जीवन के बुनियादी मूल्यों का उल्लेख इसी प्रकार किया है – **सत्यं, शिवं, सुन्दरं।**

2. पार्कर का मूल्यों का वर्गीकरण (Parker's Classification of Values) :

पार्कर ने मूल्यों को निम्नलिखित वर्गों में बांटा है–

1. जैविक मूल्य (Biological Values),
2. आर्थिक मूल्य(Economic Values),
3. भावात्मक मूल्य (Affective Values),
4. सामाजिक मूल्य (Social Values),
5. सौन्दर्यात्मक मूल्य (Aesthetic Values),
6. बौद्धिक मूल्य (Intellectual Values),
7. नैतिक मूल्य (Moral Value), और
8. धार्मिक मूल्य (Religious Values) |

3. स्प्रैंगर का मूल्यों का वर्गीकरण (Spranger's Classification of Values):

स्प्रैंगर ने मूल्यों को निम्नलिखित छः वर्गों में बांटा है–

1. सैद्धान्तिक मूल्य (Theoretical Values),
2. आर्थिक मूल्य (Economic Values),
3. सौन्दर्यात्मक मूल्य(Aesthetic Values),
4. सामाजिक मूल्य(Social Values),
5. राजनीतिक मूल्य(Political Vlaues),
6. धार्मिक मूल्य (Religious Values) |

4. वाल्टर जी॰ ऐविरिट्ट का मूल्यों का वर्गीकरण (Walter G. Everett's Classification of Values) :

शिक्षात्मक मूल्यों से सम्बन्धित दो विचार
(Two views about Educational Values) :

1. मूल्य-आन्तरिक एवं व्यक्तिपरक (Values as internal and subjective)– कुछ शिक्षा शास्त्रियों का विचार है कि 'मूल्य' व्यक्ति के अपने विचारों एवं अनुभवों पर निर्भर करते हैं। दूसरे शब्दों में कहा जा सकता है कि व्यक्ति मनुष्य की कल्पना की उपज हैं। एच॰ पार्कर (H. Parker)के कथनानुसार, 'मूल्य पूर्णतयः आन्तरिक जगत अर्थात् मानसिक जगत के साथ सम्बन्धित हैं।' ('Values belong wholly to the inner world, to the world of mind.') अतः मूल्य आन्तरिक एवं व्यक्तिपरक होते हैं। इन शिक्षा शास्त्रियों का विचार है कि पाठ्यक्रम का निर्माण, शिक्षा के सहायक साधनों का चयन आदि अध्यापक एवं बच्चे पर निर्भर करते हैं।

2. मूल्य-बाह्य एवं वस्तुपरक (Values as external and objective)– कुछ शिक्षा शास्त्रियों का विचार है कि मूल्य वस्तुओं तथा क्रियाओं में निहित होते

हैं। यह सामाजिक वातावरण है जो वस्तु के मूल्य को प्रभावित करता है। दूसरे शब्दों में सामाजिक वातावरण ही किसी वस्तु को मूल्य प्रदान करता है। अतः मूल्य बाह्य एवं वस्तुपरक होते हैं। पाठ्यक्रम का निर्माण, शिक्षण विधियों तथा सहायक साधनों आदि का चयन उस सामाजिक वातावरण से सम्बन्धित होता है जिस में अध्यापक तथा बच्चे रहते हैं।

स्पष्ट है कि कुछ शिक्षाशास्त्री मूल्यों को आन्तरिक एवं व्यक्तिपरक मानते हैं और कुछ इन्हें बाह्य एवं वस्तुपरक मानते हैं। वस्तुतः ये दोनों अपने आप में एकांगी हैं और सत्य के केवल एक पहलू को दर्शाते हैं। पहली विचारधारा वाले बाह्य सामाजिक वातावरण को नकारते हैं तो दूसरी विचारधारा वाले बच्चे की रूचियों, योग्यताओं तथा अभिरूचियों को महत्त्व नहीं देते।

वास्तव में प्रभावशाली एवं स्वस्थ शिक्षा प्रक्रिया के लिये आन्तरिक एवं बाह्य दोनों मूल्यों का महत्त्व है। अतः शिक्षात्मक मूल्यों का निर्माण बच्चे की प्रकृति तथा वस्तुओं एवं क्रियाओं की प्रकृति दोनों को ध्यान में रख कर किया जाना चाहिए। यह वैयक्तिक एवं अ-वैयक्तिक तत्त्वों के सहयोग का परिणाम होना चाहिए।

शिक्षात्मक मूल्यों का आधुनिक वर्गीकरण (Modern Classification of Educational Values) :

ब्रूबेकर (Brubacher)ने अपनी पुस्तक 'Modern Philosophies of Education' में शिक्षात्मक मूल्यों को दो वर्गों में बांटा है। 1. इच्छाओं अथवा तात्कालिक मूल्यों से सम्बन्धित 2. विवेकपूर्ण इच्छाओं अथवा दूरवर्ती मूल्यों से सम्बन्धित।

1. इच्छाओं अथवा तात्कालिक मूल्यों से सम्बन्धित (Related to likes or immediate values)– ये वे मूल्य हैं जो बच्चों की जैविक तथा मनोवैज्ञानिक आवश्यकताओं के साथ सम्बन्धित हैं। केवल तात्कालिक वस्तुयें ही इन आवश्यकताओं को सन्तुष्ट कर सकती हैं। उदाहरण के तौर पर यदि किसी बच्चे को ललित कलाओं में रुचि है तो वह अपनी इस रुचि (इच्छा) को केवल कलात्मक क्रियाओं का अभ्यास कर के ही सन्तुष्ट कर सकता है। अतः ये मूल्य तात्कालिक आवश्यकताओं के साथ सम्बन्धित हैं।

2. विवेकपूर्ण इच्छाओं अथवा दूरवर्ती मूल्यों से सम्बन्धित (Related to intelligent likes or remote values)– ऐसे मूल्य विवेकपूर्ण एवं उचित आवश्यकताओं के साथ सम्बन्धित होते हैं। यह सर्वविदित है कि स्कूल का प्रत्येक कार्यक्रम अध्यापक एवं बच्चों की कई आवश्यकताओं को पूरा करता

है परन्तु उनमें से कुछ आवश्यकतायें ही महत्त्वपूर्ण होती हैं। यह भी सत्य है कि इन महत्त्वपूर्ण आवश्यकताओं में भी सभी सन्तुष्ट नहीं होते। अतः प्रत्येक व्यक्ति को इन आवश्यकताओं का विवेकपूर्ण चयन करना चाहिए और उन की सन्तुष्टि के लिये स्कूल की सभी क्रियाओं से अधिकतम लाभ उठाने का प्रयास करना चाहिए। अतः ये मूल्य इच्छाओं तथा आवश्यकताओं के विवेकपूर्ण चयन के साथ सम्बन्धित हैं। इन मूल्यों को भी पुनः दो वर्गों में बांटा जा सकता हैं – 'बाह्य मूल्य' एवं 'वास्तविक मूल्य'।

(i) साधक अथवा बाह्य मूल्य (Instrumental or extrinsic values)– साधक अथवा बाह्य मूल्यों का महत्त्व उन के परिणामों के कारण होता है। इनका प्रयोग कुछ अन्य मूल्यों की प्राप्ति के लिये किया जाता है। ये केवल साधक होते हैं, साध्य नहीं। ब्रूबेकर (Brubacher) के कथनानुसार 'साधक मूल्यों को इसलिये अच्छा समझा जाता है क्योंकि ये कुछ अन्य मूल्यों के लिये अच्छे होते हैं'("Instrumental values are values that are judged good, because they are good for something.')। शरीर-सम्बन्धी, आर्थिक तथा मनोरंजक मूल्य साधक मूल्य हैं। ये अस्थाई एवं बाह्य होते हैं। ये व्यक्तिपरक होते हैं और परिस्थितियों तथा स्थितियों में परिवर्तन के साथ बदलते रहते हैं।

(ii) साध्य अथवा स्वतः मूल्य (Intrinsic values)– जहां साधक मूल्य परिणामों के कारण महत्त्वपूर्ण होते हैं वहां साध्य मूल्य अपने आप में महत्त्वपूर्ण होते हैं। वास्तविक मूल्य साध्य हैं। वे स्थाई एवं अन्तिम सत्य कहलाते हैं। ब्रूबेकर के विचारानुसार, 'साध्य मूल्य वे मूल्य हैं जिन्हें किसी अन्य मूल्य के कारण महत्त्वपूर्ण नहीं समझा जाता, बल्कि ये अपने आप में अच्छे होते हैं'। ("Instrinsic values are values which are judged good not for something else, but in end of themselves.") ये मूल्य अपने आप में पूर्ण होते हैं। ये व्यक्ति निष्ठ नहीं बल्कि वस्तुनिष्ठ होते हैं। सामान्यतः सत्यं, शिवं, सुन्दरं को वास्तविक मूल्यों की संज्ञा दी जाती है। ये अन्य वस्तुओं की प्राप्ति का साधन नहीं हैं बल्कि अपने आप में साध्य हैं। ये व्यक्तियों द्वारा प्राप्त किये जाते हैं परन्तु व्यक्तियों से मुक्त हैं। ये किसी न किसी रूप में आध्यात्मिक सन्तुष्टि प्रदान करते हैं। सत्य हमारे बौद्धिक पक्ष को सन्तुष्ट करता है। सौन्दर्य हमारे भावात्मक पक्ष को सन्तुष्ट करता है और शिव (अच्छाई) ऐच्छिक (Cognative) पक्ष को सन्तुष्ट करता है। यद्यपि ये हमारे व्यक्तित्व के विभिन्न पक्षों की सन्तुष्टि के साथ सम्बन्धित हैं किन्तु इन में एकात्मकता विद्यमान है। अतः ये समूचे व्यक्तित्व को प्रभावित करते हैं। ये तीनों मूल्य अपने आप में महत्त्वपूर्ण हैं।

हमने ऊपर साधक एवं साध्य मूल्यों का विवेचन किया है। कई ऐसी वस्तुएं हैं जो इन दोनों दृष्टिकोणों से महत्त्वपूर्ण हैं। वस्तुतः इन दोनों वर्गों के मूल्यों का

परस्पर गहरा सम्बन्ध है। ये एक दूसरे के पूरक एवं अन्तर्सम्बन्धित हैं। अतः बच्चों के विकास के लिये दोनों का होना अनिवार्य है।

प्रायः लोग यह सोचते हैं कि सभी मूल्य प्रकृति से ही नैतिक होते हैं तथा मूल्यों पर आधारित निर्णय का अर्थ नैतिकता के आधार पर निर्णय लेना ही मानते हैं। वास्तव में अनेक मूल्य ऐसे होते हैं जो नैतिकता के क्षेत्र से बाहर होते हैं; उदाहरणार्थ– बौद्धिक, सौन्दर्यात्मक, राजनैतिक, वैयक्तिक, आर्थिक तथा सामाजिक मूल्य। नैतिक मूल्य सही व गलत आचरण के निर्देशक हैं। ये मूल्य मानवता के आधारभूत अनोखेपन, सम्मान व महत्त्व के स्तर पर मानव आचरण का नियमन करते हैं। ये मानवीयता के संरक्षक हैं तथा इसी कारण अन्य मूल्यों से अधिक महत्त्वपूर्ण होते हैं। जब अन्य क्षेत्रों के मूल्य आधारभूत मानव दशाओं पर आदर नहीं पाते तो उनका नैतिक माँगों से विरोध होता है। सत्य, स्पष्टता, संगति व कठोरता जैसे बौद्धिक मूल्य प्रायः नैतिक दृष्टि से उदासीन होते हैं।

मूल्यों को अनेक प्रकार से वर्गीकृत करने हेतु अनेक प्रयत्न किये गये हैं परन्तु आज भी मूल्यों का कोई व्यापक वर्गीकरण उपलब्ध नहीं है। आइये, कुछ वर्गीकरणों पर विचार करें –

गेलाइटली ने आवश्यक व संक्रियात्मक मूल्यों को विभेदित किया है। लेविस ने आन्तरिक (intrinsic), बाह्य (extrinsic), अन्तर्भूत (inherent) तथा सहायक (instrumental) मूल्यों का वर्गीकरण प्रस्तुत किया है। कार्नेल ने निश्चयात्मक (asserted) तथा क्रियात्मक (operational) मूल्यों का उल्लेख किया है। पैरी ने सकारात्मक (positive), निषेधात्मक (negative), प्रगतिशील (progressive), आवर्ती (recurrent), सम्भावित (potential), वास्तविक (actual) आदि मूल्य वर्गों की चर्चा की है। स्प्रेंगर की विषय-वस्तु आधारित वर्गीकरण सर्वाधिक लोकप्रिय रही है। आलपोर्ट तथा वर्नन के मूल्य परीक्षण में इसी वर्गीकरण का प्रयोग हुआ है। इसके अनुसार मूल्यों के छः प्रकार होते हैं– सैद्धान्तिक, आर्थिक, सौन्दर्यात्मक, सामाजिक, राजनैतिक तथा धार्मिक। यह वर्गीकरण संस्कृति-सापेक्ष होता है। रेल्फ व्हाइट ने 100 सामान्य मूल्यों व 25 राजनीतिक मूल्यों को विभेदित किया है।

वास्तव में मूल्य सामाजिक उत्पाद हैं तथा समाज की विभिन्न संस्थाएँ पीढ़ी–दर–पीढ़ी कुछ मूल्यों को स्थानांतरित करने व संरक्षित रखने हेतु प्रयास करती रही हैं। अतः हम वैयक्तिक व संस्थागत मूल्यों की बात सोच सकते हैं। विभिन्न संस्थाओं के विशिष्टीकृत मूल्यों में भी परस्पर व्यापन (overlaping) होता है। वे एक–दूसरे से पूर्णतः भिन्न नहीं होते हैं।

वी. एन. के. रेड्डी ने अपनी पुस्तक "मैन, एजूकेशन एण्ड वेल्यूज़" में निम्न प्रकार के मूल्यों का उल्लेख किया है –

1. भौतिक मूल्य (Physical Values)– ये मूल्य सहायक मूल्य होते हैं। सम्पूर्ण विश्व यथार्थता का विस्तार है। यह यथार्थता भौतिक है तथा पृथ्वी, वायु, जल, आकाश व अग्नि इस यथार्थता के मुख्य अवयव हैं। प्रत्येक दर्शन में भौतिक चीज़ों को समस्त उद्‌भव व विकास का आधार माना गया है।

2. आर्थिक मूल्य (Economic Values)– मनुष्य को जीवन के लिए भोजन की आवश्यकता होती है। समस्त समाज तथा कार्यप्रणाली आर्थिक मूल्यों पर आधारित है। जनसंख्या में वृद्धि के साथ-साथ धीरे-धीरे आर्थिक मूल्य अधिक महत्त्वपूर्ण होते हैं तथा मनुष्य भौतिकवादी होता जा रहा है। बाज़ार की कीमतों से आर्थिक मूल्यों का पता चलता है। इन में वे सभी चीज़ें शामिल हैं जिन्हें ख़रीदा जा सकता है।

3. मनोवैज्ञानिक मूल्य (Psychological Values) – ये उच्च मूल्य हैं जो चिन्तन, भावना तथा इच्छा में व्यक्ति की सांकल्पिक तथा भौतिक प्रकृति पर आधारित होते हैं। इन्हें पुनः बौद्धिक मूल्य, नैतिक मूल्य तथा सौंदर्यात्मक मूल्य अर्थात् सत्यं, शिवं तथा सुन्दरं में वर्गीकृत किया जा सकता है।

वाल्टर जी. ऐविरिट्ट ने अपनी पुस्तक 'Moral Values" इस प्रकार से मानवीय मूल्यों का वर्गीकरण किया है:

1. शरीर–सम्बन्धी मूल्य (Bodily Values)– ये मूल्य शारीरिक स्वास्थ्य एवं शारीरिक सौन्दर्य के साथ सम्बन्धित हैं।

2. मनोरंजक मूल्य (Recreational Values)– मनोरंजक मूल्य उस खेल एवं अवकाश काल के मूल्यों से सम्बन्धित हैं जो जीवन को संवृद्ध बनाते हैं।

3. साहचर्य के मूल्य (Values of association)– इन्हें सामाजिक मूल्य भी कहा जा सकता है। इन में मित्रता एवं पारिवारिक जीवन से ले कर विश्व मैत्री की सामाजिकता सम्मिलित है।

4. आचरण-मूल्य (Character Value)– इन मूल्यों के अन्तर्गत उन सभी वैयक्तिक एवं सामाजिक मूल्यों को शामिल किया जा सकता है जो वांछनीय हैं जैसे न्याय, परोपकारिता, आत्म नियन्त्रण, सत्यता आदि।

5. सौन्दर्यात्मक मूल्य (Aesthetic Values)– प्राकृतिक सौन्दर्य तथा कलात्मक रचना सौन्दर्यात्मक मूल्यों के अन्तर्गत आते हैं। ये वे मानदण्ड हैं जिनसे हम सुन्दरता का निर्णय करते हैं। सुन्दरता, कला, संगीत, प्रकृति, ड्रेस, कक्षा में प्रदर्शन, व्यक्तिगत बनावट आदि क्षेत्रों से सम्बन्धित हो सकती है।

6. बौद्धिक मूल्य (Intellectual Values)– ज्ञान का महत्त्व तथा सत्य प्राप्ति की इच्छा, बौद्धिक मूल्य के अन्तर्गत आते हैं।

7. धार्मिक मूल्य (Religious Values)– धार्मिक मूल्यों में पूजा, भक्ति और अपने विश्वास के प्रति दृढ़ आस्था सम्मिलित हैं।

शेवर तथा स्ट्रांग ने मूल्यों को दो वर्गों में वर्गीकृत किया है–

1. सहायक मूल्य (Co-operative Values) – ये मानदण्ड किसी उद्देश्य–चर्चा, व्याख्यान, प्रतियोगिता, समूह का निर्माण, गायन को प्राप्त करने के सर्वाधिक प्रभावी तरीके की जाँच में काम में लाये जाते हैं।

2. नैतिक मूल्य (Moral Values) – इनमें वैयक्तिक या परिस्थितिक विषयक वरीयताएँ; जैसे – शान्ति, सहभागिता, वफादारी,सहयोग, धार्मिकता, ईमानदारी तथा समाज के लिये आधारभूत मान्यताएं, जैसे– मानव जीवन की पवित्रता, उचित प्रक्रियता, समान सुरक्षा, अभिव्यक्ति की स्वतन्त्रता निहित है।

शिक्षात्मक मूल्यों का योगदान (Contribution of Educational Values)

शिक्षात्मक मूल्य वे क्रियायें हैं जो शिक्षा के दृष्टिकोण से अच्छी, उपयोगी एवं मूल्यवान हों। शिक्षात्मक मूल्यों से व्यक्तिगत एवं सामाजिक जीवन को निम्नलिखित लाभ हो सकते हैं :

1. रोज़ी कमाने और भौतिक उन्नति की क्षमता।
2. व्यावसायिक कुशलता का विकास।
3. चरित्र का विकास।
4. स्वस्थ एवं सन्तुलित व्यक्तित्व का विकास।
5. अनुभव का पुनर्गठन एवं पुनः निर्माण।
6. अच्छी नागरिकता का विकास।
7. पर्यावरण के साथ अनुकूलन और उसका परिष्कार।
8. व्यक्ति की आवश्यकताओं की पूर्ति।
9. अवकाशकाल का सदुपयोग।
10. सामाजिक कुशलता का विकास।
11. राष्ट्रीय एकता एवं विकास।
12. नेताओं तथा प्रशिक्षित कार्यकर्त्ताओं के आदर्श।

अतः शिक्षात्मक मूल्य मानव-जीवन में महत्त्वपूर्ण भूमिका निभाते हैं। इन्हीं के द्वारा व्यक्ति अपना व्यक्तिगत एवं सामाजिक जीवन सफलतापूर्वक गुज़ारता है।

मूल्य-चयन के सिद्धान्त अथवा मूल्यों की प्राथमिकता (Principles of Selection or Preference of Values)

1. साध्य मूल्यों को प्राथमिकता (Preference for intrinsic values)– साध्य मूल्यों को बाह्य मूल्यों पर प्राथमिकता दी जानी चाहिए। शरीर-सम्बन्धी, आर्थिक तथा मनोरंजक मूल्य 'साधक मूल्य' हैं। इन का महत्त्व हमारी

शारीरिक सन्तुष्टि तक सीमित है। सामाजिक एवं चारित्रिक मूल्य 'साधक मूल्यों' से कुछ ऊपर हैं क्योंकि इन में साधक एवं वास्तविक मूल्यों (दोनों) के कुछ तत्त्व निहित होते हैं। इन में व्यक्तित्व के सामाजिक पक्ष को सन्तुष्टि मिलती है। परन्तु आध्यात्मिक मूल्यों की तुलना में इन का महत्त्व कम ही है। आध्यात्मिक मूल्य व्यक्ति के उच्चतम पक्ष को सन्तुष्ट करते हैं। मानवीय मूल्यों में इन का महत्त्व सर्वोपरि है क्योंकि ये 'वास्तविक मूल्य' हैं।

2. स्थाई मूल्यों को प्राथमिकता (Preference for permanent values)– स्थाई मूल्यों को अस्थाई मूल्यों पर प्राथमिकता दी जानी चाहिए। शारीरिक, आर्थिक एवं मनोरंजन मूल्य अस्थाई होते हैं। हम जानते हैं कि ऐंद्रिय सुख सापेक्षक एवं सीमित होते हैं। ये दुःख की अनुभूति का परिणाम हैं। अच्छे भोजन का सुख हमें इस लिये मिलता है क्योंकि हम भूख का दुःख अनुभव कर चुके हैं। जैसे ही भूख सन्तुष्ट होती है हम उस अच्छे भोजन को भी अधिक नहीं खा सकते। उस अच्छे भोजन से भी मन भर जाता ह। इसी प्रकार के अस्थाई सुख हम बार-बार प्राप्त करना चाहते हैं। अतः ऐंद्रिय सुख अस्थाई होते हैं। सामाजिक एवं चारित्रिक मूल्यों से प्राप्त आनन्द अधिक स्थाई होता है। इन से भी अधिक स्थाई सुख होता है सत्य, सौन्दर्य एवं अच्छाई से सम्बन्धित मूल्यों का, अतः इन मूल्यों को दूसरे मूल्यों पर प्राथमिकता दी जानी चाहिए।

3. उत्पादक मूल्यों को प्राथमिकता (Preference for productive values)– उत्पादक मूल्यों को अनोत्पादक मूल्यों पर प्राथमिकता दी जानी चाहिए। साधक अथवा बाह्य मूल्यों का इतना उत्पादक-महत्त्व नहीं होता जितना वास्तविक मूल्यों (सत्यं, शिवं, सुन्दरं) का। ये वास्तविक मूल्य स्वयं को संमृद्ध बनाते हैं और उसे सर्वोत्तम शिखर की ओर ले जाते हैं। बाह्य मूल्य प्रयोग-प्रक्रिया में समाप्त होते रहते हैं परन्तु ज्ञान, कला, धर्म आदि के आध्यात्मिक मूल्य कभी समाप्त नहीं होते। इनको दूसरों के साथ बांटने में इन का क्षय नहीं होता। इन का आनन्द केवल व्यक्ति तक सीमित नहीं बल्कि इन का प्रसार दूसरों में भी होता है। जितने ज्यादा ये व्यापक एवं विश्वसनीय हों उतने अधिक ये उत्पादक होंगे। अतः इन को प्राथमिकता प्रदान करना वांछनीय है।

उपर्युक्त विवेचन से स्पष्ट है कि शारीरिक एवं आर्थिक मूल्य, सामाजिक एवं चारित्रिक मूल्यों से श्रेष्ठ हैं और इन से भी श्रेष्ठतर हैं ज्ञान, सौन्दर्य तथा नैतिकता से सम्बन्धि मूल्य। अच्छा एवं आकर्षक चरित्र तथा मानव-मानव के बीच भ्रातृत्व की भावना शारीरिक एवं आर्थिक मूल्यों से अधिक स्थाई एवं उत्पादक है। परन्तु सत्य, सौन्दर्य तथा अच्छाई का स्थान सभी मूल्यों से ऊंचा है। आध्यात्मिक मूल्यों का महत्त्व हर दृष्टिकोण से अतुलनीय है।

अध्याय – 2

मूल्य-उन्मुख शिक्षा के उद्देश्य, आवश्यकता एवम् विधियां

(Aims, Need and Ways of Value Education)

सन् 1985 में शिक्षा में सुधार के लिए एक दस्तावेज़ प्रकाशित किया जो 'Challenges of Education' के नाम से विख्यात है। इस दस्तावेज़ में मूल्य-उन्मुख शिक्षा के निम्नलिखित उद्देश्य बताये गये हैं :

1. व्यक्तित्व का शारीरिक, बौद्धिक एवं सौन्दर्यात्मक विकास।
2. वैज्ञानिक स्वभाव एवं लोकतंत्रात्म, नैतिक तथा आध्यात्मिक मूल्यों का निर्माण।
3. अपरिचित स्थितियों का सामना करने के लिये आत्म-विश्वास का विकास।
4. भौतिक, सामाजिक, तकनीकी आर्थिक एवं सांस्कृतिक पर्यावरण के प्रति जागृति उत्पन्न करना।
5. श्रम की भव्यता के प्रति स्वस्थ दृष्टिकोण विकसित करना।
6. धर्मनिरपेक्षता एवं सामाजिक न्याय के लिए प्रतिबद्धता।
7. देश की एकता एवं प्रतिष्ठा के लिए समर्पण की भावना का विकास तथा देश के विकास को सुदृढ़ बनाना।
8. अन्तर्राष्ट्रीय विवेक का विकास।

राष्ट्रीय शिक्षा नीति (1986) में बुनियादी मानवीय मूल्यों जैसे प्रेम, सत्यता, अहिंसा, सह-अस्तित्व, सहयोग, आलोचनात्मक चिन्तन, वैज्ञानिक दृष्टिकोण आदि के विकास पर बल दिया गया है।

शिक्षात्मक मूल्यों का उत्तरोत्तर क्रम
(Hierarchy of Educational Values)

अधिकांश शिक्षा शास्त्री विवेकपूर्ण एवं दूरवर्ती मूल्यों को तात्कालिक मूल्यों में ऊंचा स्थान देते हैं। दूरवर्ती मूल्यों (Remote Values)में भी वे साध्य मूल्यों

(Intrinsic values) को साधक मूल्यों (Insturmental values)की अपेक्षा अधिक महत्त्वपूर्ण मानते हैं। यह इस लिये क्योंकि साधक-मूल्य व्यक्ति परक तथा समय एवं स्थान की सीमा में बन्धे होते हैं, जबकि साध्य मूल्य शाश्वत एवं स्थाई होते हैं। कुछ शिक्षाशास्त्री ऐसे भी हैं (जिन का दृष्टिकोण भौतिकवादी है) जो साधक मूल्यों को साध्य मूल्यों से भी ऊंचा स्थान देते हैं। इस विवाद के कारण पाठ्यक्रम के निर्माण में यह समस्या पैदा हो जाती है कि साधक-मूल्यों से सम्बन्धित विषयों को अधिक महत्त्व दिया जाये। यह पहले बताया जा चुका है कि दोनों प्रकार के मूल्य अन्तर्सम्बन्धित एवं एक दूसरे के पूरक हैं और बच्चों के विकास के लिये दोनों का होना अनिवार्य है। अतः मूल्यों का उत्तरोत्तर क्रम निश्चित करना इतना महत्त्वपूर्ण नहीं है। बच्चों के उचित एवं स्वस्थ विकास के लिये सभी मूल्य अनिवार्य हैं परन्तु साध्य मूल्यों का महत्त्व निस्सन्देह रूप से अधिक है।

शिक्षात्मक मूल्य-शिक्षा-उद्देश्यों के निर्धारक
(Educational Values as Determinants of Educational Aims)

शिक्षात्मक मूल्यों द्वारा शिक्षा के उद्देश्य निर्धारित किये जाते हैं। दूसरे शब्दों में यों कहा जा सकता है कि शिक्षात्मक मूल्य ही वस्तुतः शिक्षा–उद्देश्यों का रूप धारण कर लेते हैं। रूप-परिवर्तन की इस प्रक्रिया में कुछ आधारों पर निर्भर करना होता है। जे॰ एस॰ ब्रूबेकर के अनुसार ये आधार निम्नलिखित हैं –

(1) ऐतिहासिक विश्लेषण,
(2) सामयिक जीवन का वैज्ञानिक विश्लेषण,
(3) बच्चे और बड़ों की क्रिया का विश्लेषण,
(4) मानव प्रकृति का मनोवैज्ञानिक विश्लेषण,
(5) व्यक्तिगत विचार,
(6) सामान्य विचार,
(7) रोज़गार विश्लेषण और
(8) दार्शनिक विचार।

शिक्षा के उद्देश्यों के निर्धारण में दार्शनिक के विचार को सबसे अधिक महत्त्व दिया जाता है। इस का कारण यह है कि अन्य सभी आधार समय, स्थान तथा परिस्थितियों से सीमित होते हैं पर दार्शनिकों का विचार अपेक्षाकृत अधिक स्थाई होता है और प्रचलित उद्देश्यों को सुधारने के लिये निर्देशन करता है। परन्तु अलग-अलग दार्शनिकों ने अलग-अलग मूल्यों पर बल दिया है। शिक्षा के उद्देश्य शिक्षात्मक मूल्यों पर निर्भर करते हैं। शिक्षा-शास्त्रियों ने इन उद्देश्यों को दो वर्गों में बांटा है :

(1) सामान्य एवं अन्तिम उद्देश्य
(2) विशिष्ट एवं सम्बन्धित उद्देश्य।

1. सामान्य एवं अन्तिम उद्देश्य (General and Ultimate Aims)– शिक्षा के सामान्य एवं अन्तिम उद्देश्य जीवन के प्राकृतिक एवं साध्य मूल्यों पर निर्धारित होते हैं। उदाहरण के लिये यदि शिक्षा का उद्देश्य आत्मानुभूति है तो इस दिशा में सब से पहले बच्चे की प्रकृति तथा उस की मौलिक प्रवृत्तियों, क्षमताओं तथा योग्यताओं को समझना होगा। इस के पश्चात् शिक्षात्मक क्रियाओं एवं कार्यक्रमों को इस प्रकार संगठित करना होगा जिस से बच्चे की योग्यताओं एवं क्षमताओं का पूर्ण विकास सम्भव हो सके और उसे आत्मानुभूति प्राप्त हो सके। अतः अन्तिम उद्देश्य वास्तविक मूल्यों (Intrinsic Values) के आधार पर आधारित किये जाते हैं।

2. विशिष्ट एवं तात्कालिक उद्देश्य (Specific and Immediate Aims) – शिक्षा के विशिष्ट एवं तात्कालिक उद्देश्य साधक मूल्यों पर निर्धारित किये जाते हैं। यद्यपि शिक्षा के सामान्य एवं अन्तिम उद्देश्य सर्वोच्च महत्त्व रखते हैं परन्तु अध्यापक को उन्हें ऐसे उप-उद्देश्यों में विभाजित कर देना चाहिए जो विशिष्ट, स्पष्ट एवं सुनिश्चित हों। इस से शिक्षा-प्रक्रिया को प्रभावशाली एवं उद्देश्यपूर्ण बनाने में सहायता मिलती है। उदाहरण के लिये हर्बर्ट स्पैन्सर (Herbert Spencer) ने 'राष्ट्रीय जीवन' को शिक्षा का अन्तिम उद्देश्य माना है। इस उद्देश्य की प्राप्ति के लिए अमेरीका की 'राष्ट्रीय शिक्षा सभा' (National Education Association of America) ने इस उद्देश्य, को निम्नलिखित सात विशिष्ट उद्देश्यों में विभक्त किया है –

(1) स्वास्थ्य–उद्देश्य,
(2) योग्य गृह सदस्यता का उद्देश्य,
(3) व्यवसायिक उद्देश्य,
(4) नैतिक चारित्रिक उद्देश्य,
(5) अवकाश काल की सदुपयोगिता का उद्देश्य,
(6) नागरिक उद्देश्य और
(7) बुनियादी प्रक्रिया अर्थात् 'Three R''s का उद्देश्य।

उपर्युक्त विवेचन से स्पष्ट है कि शिक्षा का अन्तिम उद्देश्य 'आत्मानुभूति' है। अन्य सभी विशिष्ट उद्देश्य इस उद्देश्य की यथा सम्भव पूर्ति में योगदान देते हैं।

मूल्य–उन्मुख शिक्षा की आवश्यकता
(Need for Value-Oriented Education)

आज सामाजिक, नैतिक, सांस्कृतिक एवं आध्यात्मिक मूल्यों का खण्डन हो रहा है। धर्म कमज़ोर हो रहा है। शक्ति एवं ज्ञान का दुरूपयोग हो रहा है। राष्ट्रों का एक दूसरे के प्रति विश्वास नहीं है। तस्करी, बेईमानी, भ्रष्टाचार, क्रूरता, अनुशासनहीनता तथा अहिंसा का बोलबाला है। ऐसी विकट स्थिति में शिक्षा को मूल्य-उन्मुख बनाना अत्यन्त आवश्यक है। केवल मूल्य-उन्मुख शिक्षा ही वैयक्तिक हित, सामाजिक-हित, प्रेम, शान्ति, सद्भावना तथा विवेक को विकसित कर सकती है।

वर्तमान युग में व्याप्त राजनैतिक तनाव का मुख्य कारण यही है कि ज्ञान की तो वृद्धि हो रही है, परन्तु नैतिकता पिछड़ रही है। सत्य, न्याय एवं अहिंसा ही ऐसे नैतिक मूल्य हैं जो मानवता के घावों पर मरहम का काम कर सकते हैं। मूल्य-उन्मुख शिक्षा ही मनुष्य को प्रेरित कर सकती है कि वह अणु-शक्ति का प्रयोग मानवता के विनाश के लिये नहीं बल्कि मानवता की भलाई के लिये करे। सामाजिक, नैतिक एवं आध्यात्मिक मूल्यों का विकास एवं प्रचार शिक्षा का ही काम है। इन्हीं मूल्यों में जीवन को संगठित करने की शक्ति निहित है।

मूल्य-उन्मुख शिक्षा की आवश्यकता एवं महत्त्व का उल्लेख हम निम्नलिखित शीर्षकों में कर सकते हैं :

1. नैतिक विकास (Moral Development) – मूल्य-उन्मुख शिक्षा, चारित्रिक एवं नैतिक विकास की बुनियाद है। यह बच्चों में विनम्रता, सत्यता, सहिष्णुता, ईमानदारी, शिष्टता, सहानुभूति, भ्रातृभाव, प्रेम, सेवा-भाव एवं त्याग जैसे गुणों का विकास कर के उन में श्रेष्ठ चरित्र का निर्माण कर सकती है।

2. सांस्कृतिक विकास (Cultural Development) – मूल्य-उन्मुख शिक्षा सांस्कृतिक विकास में महत्त्वपूर्ण भूमिका निभाती है। यह संस्कृति को सुरक्षित रखती है और उसे सुदृढ़ बनाती है। वस्तुतः मूल्य एवं संस्कृति साथ-साथ विकसित होते हैं और एक-दूसरे को प्रभावित करते हैं। मूल्य संस्कृति का गतिशील पहलू है। अतः इन का पाठ्यक्रम में निश्चित स्थान होना चाहिए।

3. उदार दृष्टिकोण का विकास (Development of Wider Attitude) – मूल्य-उन्मुख शिक्षा व्यक्ति को गतिशील एवं जागरूक बनाती है। यह उस में जीवन के प्रति उदार दृष्टिकोण विकसित करती है। इसी के कारण वह स्वार्थ त्याग कर समाज-सेवा के कार्यों में रूचि लेने लगता है। केवल इतना ही नहीं बल्कि उस में जीवन की समस्याओं का सामना करने का साहस पनपने लगता है। मूल्य-उन्मुख शिक्षा उसे जीवन की समस्याओं को विवेकपूर्ण प्रयत्नों

से हल करने के योग्य बनाती है।

4. लोकतांत्रिक गुणों का विकास (Development of Democratic Qualities) – मूल्य-उन्मुख शिक्षा विद्यार्थियों में स्वतन्त्रता, समानता, भ्रातृभाव, न्याय एवं सहयोग जैसे लोकतांत्रिक गुणों के विकास में सहायता प्रदान करती है। यह व्यक्ति की प्रतिष्ठा तथा व्यक्तित्व की पावनता पर बल देती है।

5. मूल्य-प्रवृत्तियों का परिष्कार (Sublimation of Instincts) – मूल्य-उन्मुख शिक्षा मूल-प्रवृत्तियों तथा संवेगों के परिष्कार में सहायता प्रदान करती है। यह काम भावना को स्वस्थ दिशाओं की ओर अग्रसर करती है। मनुष्य में काम भावना इतनी शक्तिशाली होती है कि मानव जीवन एवं समाज इस के प्रभाव से बच नहीं सकते। मूल्य-उन्मुख शिक्षा इस के परिष्कार में महत्त्वपूर्ण भूमिका निभाती है। यह विद्यार्थियों में सामाजिक चेतना उत्पन्न करती है जो व्यक्ति एवं समाज की उन्नति के लिये अत्यन्त आवश्यक है।

6. विवादों को शान्त करना (Resolving Conflicts) – आज के भौतिकवादी युग में मनुष्य का दृष्टिकोण भौतिकवादी हो गया है। इस के परिणामस्वरूप विभिन्न प्रकार के विवाद पैदा होने लगे हैं जैसे नये और पुराने विश्वासों में विवाद, जीवन के प्राचीन एवं नवीन मूल्यों में विवाद आदि। इन सामाजिक एवं नैतिक विवादों को शान्त करने में मूल्य-उन्मुख शिक्षा महत्त्वपूर्ण भूमिका निभा सकती है।

7. सहयोगपूर्ण जीवन (Co-operative Living) – मूल्य-उन्मुख शिक्षा परस्पर सहयोग के साथ रहने और काम करने का शिक्षण देती है। इस में संकीर्ण भावनाओं एवं दृष्टिकोणों को उत्साहित नहीं किया जाता बल्कि सहयोगपूर्ण जीवन व्यतीत करने की प्रेरणा दी जाती है।

8. मानवतावाद की बुनियाद (Basis of Humanitarianism) – मूल्य-उन्मुख शिक्षा मानवतावाद की बुनियाद है। यह शान्ति, सद्भावना, भ्रातृत्व तथा विश्व-संगठन के विकास में सहायक सिद्ध होती है। मूल्य–उन्मुख शिक्षा के अभाव के कारण भ्रष्टाचार, शोषण, हिंसा तथा घृणा का प्रसार हुआ है। मूल्य-उन्मुख शिक्षा के अभाव में व्यक्ति आत्मा-विहीन तथा ईश्वर से विमुख होता जा रहा है। अराजकता का बोलबाला है। मूल्य-उन्मुख शिक्षा से इन बुराइयों को समाप्त किया जा सकता है।इसी से 'जीओ और जीने दो' की नीति को उत्साहित किया जा सकता है। यह नीति ही मानवतावाद का सच्चा आधार है। मूल्य-उन्मुख शिक्षा घृणा को प्रेम में, स्वार्थ को आत्म-त्याग में तथा हिंसा को अहिंसा में परिवर्तित कर सकती है। कहने का तात्पर्य यह है कि मूल्य-उन्मुख शिक्षा सत्यं, शिवं, सुन्दरं में विश्वास उत्पन्न कर के विश्व में सुख, सन्तोष और आनन्द का

वातावरण पैदा कर सकती है।

9. आत्मा का श्रृंगार (Decoration of Soul) – हमारी आत्मा, चरम सत्य अर्थात् ईश्वर का अंश है। इसे मूल्य-उन्मुख शिक्षा द्वारा पवित्र रखना हमारा परम कर्त्तव्य है। ऐसी शिक्षा में व्यक्ति आत्म-अनुशासन प्राप्त करता है।

10. समरसता की स्थापना (Maintaining Harmony) – मूल्य-उन्मुख शिक्षा, शिक्षा-दर्शन के सभी तत्त्वों में समरसता की स्थापना करती है। यह मनुष्य के मनोवैज्ञानिक, सामाजिक तथा नैतिक गुणों में समरसता स्थापित करने में महत्त्वपूर्ण भूमिका निभाती है।

यह याद रखना चाहिए कि जीवन-मूल्य अलंकारों के समान-व्यक्ति के व्यक्तित्व में चमकते हैं। अतः यह अत्यन्त आवश्यक एवं महत्त्वपूर्ण है कि शिक्षा द्वारा व्यक्ति में जीवन-मूल्यों का निर्माण एवं विकास किया जाये।

कुछ विचार (Some Viewpoints) :

मूल्य-उन्मुख के सम्बन्ध में कुछ विचार निम्नलिखित हैं :

1. भारतीय शिक्षा आयोग के विचार (Views of The Indian Education Commission) – 'युवा पीढ़ी में सामाजिक एवं नैतिक गूल्यों के कमज़ोर होने से पश्चिमी देशों में कई गम्भीर सामाजिक एवं नैतिक विवाद खड़े हो रहे हैं और कई महान् पश्चिमी विचारकों में यह इच्छा पनपने लगी है कि विज्ञान एवं तकनीक द्वारा लाये गये ज्ञान तथा कौशल को नीति-शास्त्र तथा धर्म के सर्वोत्तम मूल्यों द्वारा सन्तुलित किया जाये। ऐसी स्थिति में हमारे लिये भी महत्त्वपूर्ण है कि हम अपनी शिक्षा-पद्धति को उचित रूप से मूल्य-उन्मुख बनायें।'

2. शिक्षा की चुनौती : एक नीति परक परिप्रेक्ष्य (Challenge of Education : A Policy Perspective) – 'भारत में आज शिक्षा को एक मुख्य संकट का सामना करना है और वह है शिक्षा को मूल्य-उन्मुख बनाना। प्रायः यह कहा जाता है कि पिछले तीन दशकों में शिक्षा का संख्यात्मक प्रसार पर ही ध्यान केन्द्रित रहा है। परिणाम स्वरूप शिक्षा के स्तर एवं गुणात्मक विकास पर पर्याप्त ध्यान नहीं दिया गया। ऐसी शिक्षा-पद्धति से केवल शिक्षा का स्तर ही नहीं गिरा बल्कि नैतिक मूल्यों का भी पतन हुआ है।'

3. शिक्षा की राष्ट्रीय नीति, 1986 (National Policy on Education - 1986) – नीति के दस्तावेज़ में निम्नलिखित बातों का उल्लेख किया गया है –

(i) **नैतिक मूल्य** (Moral Values) – 'समाज में अनिवार्य मूल्यों के पतन तथा बढ़ती हुई मानवद्वेषी प्रवृत्ति ने इस आवश्यकता के प्रति ध्यान आकर्षित किया है कि सामाजिक एवं नैतिक मूल्यों के निर्माण के लिये पाठ्यक्रम का पुनः

निर्माण किया जाये।'

(ii) **शाश्वत मूल्य** (Eternal Values) – 'हमारे बहु-संस्कृति सम्पन्न समाज में शिक्षा द्वारा शाश्वत मूल्यों का निर्माण होना चाहिए और ये मूल्य हमारी जनता की एकता के प्रति उन्मुख होने चाहिए। ऐसी मूल्य-उन्मुखता से दुर्बोधवाद, धार्मिक कट्टरता, हिंसा, अन्धविश्वास तथा भाग्यवाद को समाप्त करने में सहायता मिलेगी।'

(iii) **स्वीकारात्मक सामग्री** (Positive Content) – 'अपनी इस सामना करने की भूमिका के अतिरिक्त, मूल्य-उन्मुख शिक्षा के पास सुदृढ़ स्वीकारात्मक सामग्री भी है जो हमारी विरासत, राष्ट्रीय लक्ष्यों तथा विश्व व्यापक अवधारणाओं पर आधारित है। इसे इसी पक्ष पर मुख्य बल देना चाहिए।

4. स्वामी दयानन्द के विचार (Swami Dayananda's Views) – 'मूल्य-उन्मुख शिक्षा में माता-पिता को महान् एवं महत्त्वपूर्ण भूमिका निभानी है। यह माता-पिता का कर्त्तव्य है कि वह बच्चों को ऐसे मूल्यों का शिक्षण दें जो भारतीय शिक्षा की प्राचीन परम्पराओं द्वारा निर्देशित हैं।'

5. स्वामी विवेकानन्द के विचार (Swami Vivekananda's Views) – 'शिक्षा मानव में पहले से विद्यमान आध्यात्मिक पूर्णता का स्पष्टीकरण है। आदर्श यह होना चाहिए कि हम देश की सम्पूर्ण शिक्षा-आध्यात्मिक एवं धर्मनिरपेक्ष को अपने हाथों में लें और जहां तक क्रियात्मक हो सके यह राष्ट्रीय दिशाओं में और राष्ट्रीय विधियों द्वारा प्रदान की जानी चाहिए। एक ऐसी संस्था होनी चाहिए जो अध्यापकों को धर्म का प्रचार करने और लोगों को धर्मनिरपेक्ष शिक्षा देने का प्रशिक्षण प्रदान करे।'

6. महात्मा गांधी के विचार (Mahatma Gandhi's Views) – 'शिक्षा हाथ, दिमाग और दिल के लिए होनी चाहिए। दिल के लिये शिक्षा का अर्थ है 'आध्यात्मिक प्रशिक्षण'। शिक्षा का उद्देश्य आत्मानुभूति है। इसी में जीवन एवं शिक्षा का सर्वोत्तम कल्याण निहित है।'

7. रवीन्द्रनाथ टैगोर के विचार (Rabindranath Tagore's Views) – 'मूल्य-उन्मुख शिक्षा की आवश्यकता पर बल देते हुये रवीन्द्रनाथ टैगोर ने कहा, 'शिक्षा की महान् उपयोगिता केवल तथ्य एकत्र करने में नहीं है बल्कि मनुष्य को जानना है और मनुष्य को इस योग्य बनाना है कि वह अपने आप को जान सके।'

8. श्री अरबिन्दो के विचार (Sri Aurobindo's Views) – 'प्रत्येक मनुष्य में आध्यात्मिकता निहित है। आध्यात्मिक मूल्यों के लिये शिक्षा के दो स्तर हैं। पहले स्तर पर हमारी शिक्षा को उच्चतर मूल्यों के शिक्षण का अवसर प्रदान किया जाना चाहिए। इस निम्न स्तर पर सभी को उच्चतर मूल्यों की शिक्षा

मिलनी चाहिए। दूसरे स्तर पर उन लोगों को आध्यात्मिक शिक्षा दी जानी चाहिए जो आध्यात्मिक मूल्यों के अनुसरण की योग्यता रखते हों।'

9. राधाकृष्णन का विचार (Radhakrishnan's Views) – 'शिक्षा केवल सूचनायें प्रदान करने या कौशलों के प्रशिक्षण तक सीमित नहीं है। इसे शिक्षितों को मूल्यों की उचित भावना प्रदान करनी होगी।' ("Education is not limited to the imparting of information or the training in skills. It has to give educated a proper sense of values.')

भारत ने ज्ञान-विज्ञान के विविध क्षेत्रों में संतोषजनक प्रगति की है । हमारे साहित्यकारों की कृतियाँ, वैज्ञानिकों के अनुसंधान, प्रौद्योगिकी, कला और चिकित्सा के विद्वानों की उपलब्धियाँ, सामाजिक कार्यकर्ताओं की भूमिका अत्यन्त सराहनीय रही हैं। हमें अपनी सफलता पर गर्व है परन्तु जिस द्रुत गति से हम अपने शाश्वत मूल्यों में अपनी आस्था खोते जा रहे हैं तथा तात्कालिक जीवन को सुखी बनाने हेतु जी-तोड़ परिश्रम व प्रयत्न कर रहे हैं, वह एक असुरक्षित भविष्य का द्योतक है । हमारे शिक्षक, अभिभावक, राजनीतिक दलों के सदस्य, अधिकारी व कर्मचारी सभी मूल्य संकट के दौर से गुजर रहे हैं । कुछ मूल्यों को हम ग्राह्य मानते हुए भी ग्रहण नहीं करते । कुछ मूल्यों में हमारा विश्वास ही नहीं है परन्तु हम उनके अनुरूप व्यवहार करने का दिखावा करते हैं । कुछ मूल्यों पर आधारित व्यवहार हम एक परिस्थिति में प्रकट करते हैं परन्तु दूसरी परिस्थिति में नहीं । सभी लोग मूल्य-अन्तर्द्वन्द्व में फँसे नजर आते हैं। सभी चाहते हैं कि आधुनिक जीवन को मूल्य आधारित बनाया जाए । इस अध्याय में मूल्यों की आवश्यकता का अहसास कराने के लिए दिये जाने वाले कुछ तर्कों पर विचार किया गया है–

1. इक्कीसवीं शताब्दी का आगमन– यद्यपि हमें निराशावादी नहीं होना चाहिए तथापि हमें ऐसा अनुभव होता है मानो इक्कीसवीं शताब्दी का भविष्य अन्धकारमय है । जिस गति से मनुष्य जैसे जीवन्त प्राणी की मूल्यों में आस्था डगमगा या समाप्त हो रही है उससे ऐसा प्रतीत होता है कि एक दशक के बाद ही लोगों का मूल्यों में विश्वास उठ जायेगा तथा समाज में नैतिकता का भी अन्त हो जाएगा । सामाजिक मूल्यों में ह्रास के कारण हमारे बीच सामाजिक अलगाव पनप रहा है । अपने आस-पास के परिवेश में हमारी रुचि समाप्त हो रही है । दूरदर्शन कार्यक्रमों के दर्शन-श्रवण ने हमारे सामाजिक जीवन का लगभग अन्त कर दिया है । अपने स्वार्थ की पूर्ति के लिए हमें किसी भी सीमा तक गिरने में हिचकिचाहट महसूस नहीं होती है । हमें दिखावा पसन्द है, दिखावा कर हम गौरवान्वित महसूस करते हैं तथा अनेक लोग तो शायद दिखावा करने के लिए ही जीते हैं । भौतिक सुख-सुविधाओं को जुटाने में हमारे अन्दर की मानवीयता कुण्ठित हो रही है ।

महानगरों की स्थिति विकराल रूप ग्रहण कर चुकी है। अधिकांश नर-नारी धनार्जन करने में व्यस्त हैं। अनेक लोग मलिन बस्तियों में जीवन गुजारते हैं व गरीबी ने मूल्यों में उनकी आस्था घटा दी है। संस्थाएँ अपनी व्यवस्था कायम नहीं रख पा रही हैं। शिक्षा की व्यवस्था भी जर्जर होने वाली है। दहेज, अस्पृश्यता, नववधुओं को जलाने व मारने, दवाओं की लत, करों की चोरी, दो नम्बर के धन का संग्रह, कालाबाज़ारी, धार्मिक उन्माद व सामाजिक-आर्थिक न्याय में कमी आदि ने हमारी इक्कीसवीं सदी की सुखद भविष्य की आशाओं पर पानी फेर दिया है। राजनीतिज्ञों की अदूरदर्शिता व हठधर्मिता निरन्तर मानव मन को उद्वेलित व तनावग्रस्त कर रही हैं। रोटी के टुकड़ों व रोज़गार के लिए भीषण प्रतियोगिता है। सभी ज्यादा-से-ज्यादा टुकड़ों को बलपूर्वक या फुसलाकर हड़पने के चक्कर में हैं व ऐसा करते समय सभी मूल्य मानकों को शक्ति अर्जित करने के प्रयासों की आँधी में फेंक दिया जाता है। आज बुद्धिजीवी भी अपने संकुचित सुरक्षित निवासों में पलायन करने के लिए सचेष्ट हैं या वे अलग-थलग पड़ गये हैं। संवेग तर्क पर हावी हैं। जनसाधारण समाज में व्याप्त भ्रष्टाचार की मार से कराह रहा है। तनाव, हिंसा व कुसमायोजन में वृद्धि होती जा रही है। तथाकथित मूल्यों व मूल्य-विमुख नेताओं की पूजा हो रही है। गम्भीर विद्यार्थी स्वयं को विरोधों व भ्रमों में खोया हुआ महसूस करते हैं। दोहरे नैतिक मानदण्ड आज के जीवन के घटक बन गये हैं। लोग सामने कुछ कहते हैं व बाद में कुछ और करते हैं। कभी-कभी ऐसा लगता है जो नेता मूल्यों के पक्ष में अधिक तर्क देता है या मूल्यवादी बनने का दिखावा करता है वह अधिक मात्रा में छल-बल प्रपंच का सहारा लेता है व भ्रष्ट होता है। आज सामाजिक जीवन में मूल्य परिलक्षित नहीं हो पा रहे हैं। व्यक्ति जातिवादी होने लगा है। दूसरों को नीचा दिखाना उसे उचित लगता है। अनेक लोगों को अपना जीवन-भार सदृश लगता है। मूल्यों पर अहंवादिता व स्वार्थपरता के रोगाणुओं ने आक्रमण कर दिया है। मानव मन दिग्भ्रमित हो रहा है। वर्तमान प्रतिकूल परिस्थितियाँ इक्कीसवीं सदी में हमारे अस्तित्व को शर्मनाक बना सकती हैं। इक्कीसवीं शताब्दी में सुखद भविष्य को सुनिश्चित करने के लिए मूल्यों की शिक्षा अपरिहार्य है। नई शिक्षा नीति (1986) में भी यह स्वीकार किया गया है कि आवश्यक मूल्यों में ह्रास तथा समाज में बढ़ रही कटुता के प्रति अधिक चिन्ता के कारण सामाजिक व नैतिक मूल्यों के विकास के लिए शिक्षा को एक सशक्त साधन बनाने हेतु पाठ्यक्रम में पुनः समायोजन करने की आवश्यकता मुखरित हुई है।

2. उपभोक्ता मानव की संकल्पना— आज का मानव पश्चिमी उपभोक्ता संस्कृति का पोषक है। उसने व्यावसायिक मानव का स्वरूप ग्रहण कर लिया है तथा अब वह कर्त्तव्य प्रधान आस्था—भाव वाली भारतीय संस्कृति का प्रतिनिधि

नहीं बनना चाह रहा है । सभी 'स्टेटस सिम्बल' के चक्रव्यूह में फँस गये हैं । दूरदर्शन व वीडियों लगातार महाभारत के चक्रव्यूह में जयद्रथ की भूमिका का निर्वाह कर रहे हैं । भारतीयता अनैतिकता के माहौल में दम तोड़ रही है। तथाकथित मूल्य–प्रेमी मूल्यों की संकल्पनाएँ प्रदूषित करने का षड्यन्त्र रच रहे हैं । भौतिकता की चकाचौंध में लोग स्वयं को विदेशी जैसा दिखाने में गर्व महसूस करने लगे हैं । इन्द्रिय सुख आधारित सम्पन्नतावादी दृष्टिकोण व स्वकेन्द्रित जीवन हमें अपेक्षाकृत अधिक सभ्य व मूल्य प्रधान जीवन जीने में सहायक नहीं हो सकता है । मनुष्य को वस्तुगत मूल्यों की क्षणिकता में विश्वास नहीं है व आध्यात्मिकता निरर्थक हो चुकी है । इस दशा से मुक्ति पाने के लिए मूल्यों की शिक्षा अत्यावश्यक है ।

3. भविष्य के लिए तैयारी– वर्तमान युवा पीढ़ी भावी समस्याओं का विश्वसनीय पूर्वानुमान नहीं लगा सकती । समाज में परिवर्तन की गति अनुमान से तेज भी हो सकती है । हमें संस्कृति–विहीनता अमानवीयता व अलगाव से बचना है व विद्यार्थियों को ऐसी शिक्षा देनी हे जो बालकों व बालिकाओं को भविष्य के लिए तैयार करें । मूल्यपरक शिक्षा व्यक्ति को सामाजिक परिवर्तन के विविध रूपों को व उनके निहितार्थों को समझने में सक्षम बना सकती है तथा उनकी नैतिक निर्णय क्षमता व मूल्यों के प्रति उनकी प्रतिबद्धता विकसित कर सकती है । हमें शिक्षा को इस प्रकार मूल्यपरक बनाना चाहिए कि विद्यार्थी भविष्य के लिए सुरक्षित तैयारी कर सके ।

4. अनैतिक कार्यों के विरोध का भाव जागृत करना– देश के सभी व्यवसायों में संलग्न लोग आजकल यह महसूस करते हैं कि सार्वजनिक तथा वैयक्तिक जीवन में मूल्य मानदण्ड शिथिल हो गये हैं । घर, बाजार, कार्यालय, मित्र-मण्डली, सम्मेलन, शिक्षा संस्थान, संसद, विधान परिषद, विधान सभा, राज्य सभा, नगरपालिका, नगर महापालिका, पंचायत, यात्रा व चर्चा आदि में मूल्य उल्लंघन व नैतिक गिरावट की कोई-न-कोई बात अवश्य दिखाई पड़ती है । वर्तमान व भावी नागरिकों में अनुशासन व राष्ट्रीय सम्पत्ति की सुरक्षा का भाव उथला हो गया है । हमें यह जानकर निराशा होती है क मूल्यों का उल्लंघन करने वाले तथा समाज द्वारा अनैतिक आचरण के दोषी माने जाने वाले व्यक्ति समाज में सम्मान पाते हैं तथा सुख-सुविधाओं से पूर्ण जीवन जी रहे हैं । मूल्यों में आस्था रखने वालों का जीवन कष्टप्रद ही रहता है । फिर व्यक्ति मूल्यों को अपना कर दुःखी रहने की इच्छा क्यों करे ? हम मूल्यों में इतनी आस्था नहीं रखते कि उन्हीं के लिए जियें तथा मर जायें । यह प्रवृत्ति किसी प्रकार उचित नहीं कही जा सकती है परन्तु इससे भी दुखद पहलु यह है कि हम अपनी आँखों

के सामने मूल्यों का उल्लंघन देखते रहते हैं व नैतिक दुराचरण होने की अनुमति देते हैं । हममें मूल्य-विरोधी व्यवहारों का विरोध करने की इच्छा उत्पन्न ही नहीं होती है ।

प्रत्येक परिवार, समुदाय, राज्य व देश अपने प्रत्येक सदस्य से कुछ अनिवार्य अपेक्षाएँ रखता है, जैसे– वे चरित्रवान हों, अपना कर्त्तव्य जानते व समझते हों तथा उसका निर्वाह भी करते हों, मुल्यों की कद्र करते हों तथा उन पर आधारित आचरण करते हों । मूल्य उल्लंघन के प्रति उदासीनता त्याज्य है तथा इससे निपटना आवश्यक है । जनकल्याण व राष्ट्र की प्रगति के लिए यह जरूरी है कि हम सभी इस दिशा में अपने कर्त्तव्य का भलीभाँति निर्वाह करें । जब तक हमारे अन्दर मूल्यों के उल्लंघन के प्रति विरोध का भाव जागृत नहीं होता तथा हम संगठित होकर मुल्यों से ओत-प्रोत वातावरण का सृजन करने हेतु तत्परता से प्रयत्न नहीं करते हम मूल्यों के उल्लंघन की आवृति को रोक नहीं सकते । हमें न केवल व्यक्तिगत तथा सामूहिक रूप से गलत आचरणों की निन्दा करनी चाहिए वरन् प्रतिकूल परिस्थितियों में भी भयमुक्त रहकर मूल्य आधारित कर्त्तव्य का पालन करना चाहिए ।

5. जीवन शैली के उन्नयन का आधार– आजकल अधिकांश लोग भौतिक सुविधाएँ जुटाने तथा दूसरों की नजरों में स्वयं के स्तर को ऊँचा उठाने के चक्कर में परेशान हैं । स्वार्थपरता, दूसरों की भावनाओं के प्रति अनादर, मूल्यों के आधार पर आचरण न करने हेतु प्रलोभन, अनैतिकता, पक्षपात, बाहुबल की शक्ति में विश्वास आदि केवल हमारी रूग्ण जीवन शैली के लक्षण हैं । हम प्रतिदिन अच्छी तरह जीना चाहते हैं । हमारी जीवन शैली का मूल आधार लड़खड़ाता नजर आ रहा है । यह स्थिति भयावह है । हमें अपने आचरण को मूल्यों की कसौटी पर परख कर मर्यादित करना चाहिए। जैक आर. फ्रेंकल का मत है कि मानदण्ड के रूप में मूल्य सरलतम अर्थ में यह निर्धारित करने में सहायता करते हैं कि हमें कोई बात या चीज़ पसन्द है या नहीं। जटिल अर्थों में मूल्य किसी विशिष्ट वस्तु (आब्जेक्ट, व्यक्ति, विचार, व्यवहार के तरीके आदि।) या वस्तुओं के वर्ग के अच्छे या बुरे होने का निर्धारण करने में हमारी सहायता करते हैं। प्रतिदिन या नियमित अन्तराल से हम यह विचार कर सके हैं कि क्या हमारा व्यवहार मूल्यों की कसौटी पर खरा उतरता है ? अपने निर्णयों के आधार पर हम निरन्तर अपनी शैली के उन्नयन का मार्ग प्रशस्त कर सकते हैं।

6. आधुनिकता या पुरातनता में समन्वय – मानव जीवन का एक समयबद्ध व्यापक दर्शन है। मानव जीवन मूल्यों से भरा है। वह एक आध्यात्मिक जीवन है। हमारे ऋषियों व समाज के श्रेष्ठतम व्यक्तियों के विचारों से मानवीय

मूल्यों का आभास मिलता है। मनुष्य के विवेक पर भौतिक पाश्चात्य संस्कृति के आक्रमण के कारण जीवन के पुरातन मूल्यों में हमारी आस्था समाप्त सी हो गई है। हमारे शरीरों में आजकल ऐसा प्राण नहीं है जिससे हमारा आध्यात्मिक जागरण सुनिश्चित हो सके। हम जीवन के सुख प्राप्ति के लक्ष्य को अब पुरूषार्थ द्वारा प्राप्त नहीं करना चाहते हैं। हमारे व्यवहारों में अशान्ति व भय परिलक्षित होते हैं। शोषण करना शोषक को शोभनीय लगता है। शक्ति, चेतना व बल प्रकारान्तरित होते जा रहे हैं। हमारी पुरानी व अच्छी परम्परायें अब निश्तेज व निष्फल प्रमाणित हो रही हैं तथा उनकी तुलना में पश्चिमी जीवन मूल्यों के प्रति हमारा आकर्षण बढ़ता ही जा रहा है। आधुनिक बन जाने की होड़ में शामिल भारतवासी पश्चिमी मूल्यों से प्रभावित होता है । आज के समय में आधुनिक व पुराने मूल्यों में समन्वय लाने की चेष्टा करने की बहुत जरूरत है । वनस्थली विद्यापीठ जैसी संस्थाएँ इस दिशा में उल्लेखनीय योगदान कर रही हैं ।

7. अस्तित्व को पहचानने की सामर्थ्य का विकास– शिक्षा का उद्देश्य केवल व्यक्ति को विद्वान बनाना नहीं है। शिक्षा ऐसी होनी चाहिए कि व्यक्ति वर्तमान संघर्षपूर्ण वातावरण में अपने अस्तित्व को पहचानने में समर्थ हो सके । शिक्षा का स्वरूप ऐसा होना चाहिए जो बालक को आत्मविश्वासी बना सके । बच्चा जो कुछ बनना चाहता है उसे बनने की पूरी आज़ादी होनी चाहिए । ज्याँ पाल सार्त्र के अस्तित्ववाद के अनुसार, मानव स्वतन्त्र रहकर अपने अस्तित्व को जीवन्त रखना चाहता है । वर्तमान विद्यार्थी को मूल्य सुदूर आदर्श प्रतीत होते हैं। सुख सामग्री की प्रचुरता में मूल्य उसे थोथे व अव्यावहारिक जान पड़ते हैं । वह जो नहीं होता, दिखाई देना चाहता है तथा जो कुछ होता है, दिखाई नहीं देता है । ऐसे दोहरे व्यक्तित्व वाला व्यक्ति कभी भी प्रामाणिक अस्तित्व जीने के योग्य नहीं होता है । सार्त्र की विचारधारा के अनुसार , शिक्षा का लक्ष्य विद्यार्थी को प्रामाणिक अस्तित्व जीने के योग्य बनाना चाहिए तथा इसके लिए शिक्षा के उद्देश्यों में निम्न को शामिल किया जा सकता है–

– प्रामाणिक अस्तित्व का निर्माण करना,
– अपनी व्यक्तिगत अनुभूतियों के अनुरूप व्यक्तित्व का विकास करना,
– व्यक्ति को जीवन के लिए तैयार करना,
– वैयक्तिकता का विकास करना,
– उत्तरदायित्व की भावना विकसित करना,
– स्वतन्त्रतापूर्वक मूल्य चुनने में सक्षम बनाना,
– स्व के सन्दर्भ में वातावरण के प्रति जागरूक होना ।

उपर्युक्त से स्पष्ट है कि मनुष्य अनुभूति करने में सक्षम है तथा वह स्वयं मूल्यों का उपयुक्त चयन कर उत्तरंदायित्वपूर्ण जीवन जीने का प्रयास करता है ।

8. रोजगारपरक शिक्षा : मूल्य विहीनता का कलंक– चरित्र व्यक्ति की सबसे बड़ी आवश्यकता है व यही उसका रक्षक है । जब तक आर्थिक जीवन का प्रवेश-द्वार मानी जाने वाली शिक्षा को मूल्यों का सम्बल नहीं मिलेगा तब तक सम्पूर्ण औपचारिक शिक्षा प्रक्रिया, विशेष रूप से रोजगारपरक शिक्षा, ढोंग सदृश ही रहेगी । हमें यह शंका नहीं करनी चाहिए कि रोजगारपरक शिक्षा पाने के बाद व्यक्ति तिकड़मों का जाल बुनकर वैयत्तिक हितों का पोषण करने के बजाय अपनी विकसित क्षमताओं के सहारे रोजगार में नये-नये आयाम खोजें तथा शुद्ध प्रतिस्पर्धा में संलग्न रहें । इस उद्देश्य की प्राप्ति के लिए मूल्य-विहीन रोजगारपरक शिक्षा एक कलंक के सिवा कुछ नहीं हो सकती है । औद्योगिक क्षेत्र में शुद्ध प्रतिस्पर्धा का अभाव अहितकर होगा। इस कारण मूल्यों में आस्था रखने वाले कुशल कर्मकारों को तैयार करने के लिए मूल्यपरक रोजगारोन्मूख शिक्षा अति आवश्यक है ।

9. मूल्य आधारित राजनीति : समय की माँग– आजकल मूल्य आधारित राजनीति की बातें काफी लोकप्रिय हो रही हैं । वर्तमान राजनैतिक आपा-धापी के युग में हमारे नेतागण मूल्यों को तिलांजलि देने में संकोच नहीं करते हैं। मूल्य आधारित व्यवहार भ्रामक व तथाकथित मूल्यों का बोध कराने वाले होते हैं । न्यायपालिका के निर्णयों को मानने की बात तब की जाती है जब वोट बैंक पर प्रतिकूल प्रभाव न पड़े । जब न्यायोचित बातों की अवहेलना करने में सरकार को अपनी लोकप्रियता नज़र आती है तब उसके घटक राजाज्ञाएँ जारी करने या संविधान में संशोधन करने हेतु प्रयत्न करते हैं । ये घातक प्रवृत्तियाँ देश की प्रगति व उसकी एकता के लिए हानिकर हैं । हमारे नेताओं की 'मूल्य आधारित राजनीति' सम्बन्धी संकल्पना अस्पष्ट है । 'नार्दर्न इण्डिया पत्रिका' के 16 जुलाई 1990 के सम्पादकीय में व्यक्त यह विचार हमारी आँखों को खोलने वाला है– 'इस बात पर बल देने की जरूरत नहीं है कि अशिष्ट ग्रामीणों के लिए मूल्य आधारित उपागम का आशय वह न हो जो सुसंस्कृत शहरी लोगों के लिए होता है। व्यक्ति से व्यक्ति तथा राज्य से राज्य मूल्य बदलते हैं।' यदि यह कथन अंशतः भी सत्य हो तो केन्द्र व राज्य सरकारों द्वारा समर्थित मूल्यों, सरकारी व्यवस्था में निहित मूल्यों व ग्रामीणों के मूल्यों, विद्यार्थियों व नेताओं के मूल्यों आदि में परस्पर विरोध की स्थिति आ सकती है । राजनीति के क्षेत्र में विरोध की ये स्थितियाँ प्रायः दिखाई दिया करती हैं परन्तु इस बात से इंकार नहीं किया जा सकता कि स्वस्थ मूल्य आधारित राजनीति समय की माँग है । हमें निरक्षर प्रौढ़ विधायकों व सांसदों के लिए मूल्यपरक शिक्षा की व्यवस्था करनी चाहिए ।

10. सामाजिक पार्थक्य से मुक्ति– वर्तमान समाज में भौतिक सम्पदा तो बढ़ रही है परन्तु आदर्श मानवों की कमी होती जा रही है । सभी वर्तमान से

असन्तुष्ट हैं तथा परेशान नज़र आते हैं । हमारा समाज किसी दृष्टि से सजग नहीं है । व्यक्ति स्वकेन्द्रिय हो गया है तथा उच्च मानवीय गुणों व संस्कारों से वह दूर हो गया है । शहरी जीवन खोखला, भीड़युक्त, प्रेम विहीन, एकाकीं व आत्मीयता विहीन हो गया है । सभी अपने अस्तित्व के लिए संघर्षरत हैं । श्रीकान्त वर्मा ने ठीक ही कहा है–

'इतने मकान पास-पास सटे,
मगर प्रेम नहीं,
सुबह इन माँदों का खुलना,
शाम को धीरे-धीरे बन्द होना,
दिन भर आँय आँय
अर्थ नहीं भाँय भाँय
सहमति नहीं विश्वास नहीं
एक-दूसरे से मिलने की ललक नहीं' ।

उच्चतम शिक्षा पाने व धार्मिक संस्कारो के बावजूद भी व्यक्ति सभ्यता के बजाय विविध प्रकार से डसने की कलाएँ सीख रहा है । अनेक लोग सदा इसी प्रयास में रहते हैं कि कब दूसरों को मात दी जाए, अपने लाभ के लिए दूसरों के हित की बलि चढ़ाई जाए या उनके बनते काम बिगाड़े जाएँ । उनका प्रेम-जल बिखर चुका है । राष्ट्रकवि श्री मैथिलीशरण गुप्त ने कहा है–

करते हम पतित जनों पर
बहुधा पशुता का आरोप।
करता है पशु वर्ग किन्तु क्या
निज निसर्ग नियमों का लोप।
मैं मुनष्या को सुरत्व की
जननी भी कह सकता हूं।
किन्तु पतित को पशु कहना भी
कभी नहीं सह सकता हूं।

कभी-कभी हम पशुओं से भी निम्न स्तर का जीवन जीते हैं व यह भूल जाते हैं कि मानवीय गुणों से रहित व्यक्ति पतित होता है। सामाजिक संसजन व प्रगति के लिए मानवीय मूल्यों की प्रतिष्ठा करना बहुत जरूरी है। हमें समाज में ही रहना व जीना है। जल तथा वायु प्रदूषण के साथ–साथ हमें अपने भावी व वर्तमान नागरिकों को प्रदूषित मूल्यों से भी बचाना है। आज की परिस्थियों में

समाज के सदस्यों में भावनात्मक समाकलन सुनिश्चित करने व लोगों के मन में इन्सानियत के वृक्ष के रोपण की सख्त जरूरत है। इस कार्य के लिए मूल्य शिक्षा अत्यावश्यक है।

11. नागरिकता की शिक्षा – राष्ट्र के निर्माण में शिक्षा के योगदान को नज़रन्दाज करना सम्भव नहीं है। हमें शोषणमुक्त, धर्मनिरपेक्ष तथा स्वतन्त्रता, समानता व भ्रातृत्व पर आधारित समाज की रचना करनी है जिसमें नागरिकों की प्रजातांत्रिक आदर्शों में आस्था हो। हमें ऐसे नागरिक चाहिए जो साम्प्रदायिक, भाषायी, जातिगत, प्रदेशीय व अन्य वर्गों के प्रति अपनी वफादारी या भावावेश के कारण क्षणिक उत्तेजना के फलस्वरूप समाज का अहित न करें, सहयोग की भावना के ओत–प्रोत हों, संविधान के अनुरूप आचरण करें परन्तु जिन्हें मूर्ख व परतन्त्र न बनाया जा सके, अपने विचारों की स्वतन्त्र, निष्पक्ष व उत्तरदायित्वपूर्ण अभिव्यक्ति कर सकें, विवेकपूर्ण निर्णय लेने में सक्षम हों, निर्भय होकर समस्याओं पर चर्चा करते हों, अपने व दूसरों द्वारा प्रस्तावित समस्या समाधानों की जांच करते हों, धार्मिक मान्यताओं व परम्पराओं में समानता की खोज करते हों, एक-दूसरे की वैयक्तिकता का आदर करते हों, अपनी परम्पराओं व रीति–रिवाजों में आवश्यक परिवर्तन करने के इच्छुक हों व सीखना चाहते हों। व्यक्ति सामाजिक दृष्टि से महत्त्वपूर्ण विषयों पर जिस प्रकार के निर्णय लेता है उनसे उसके अच्छे नागरिक होने या न होने का संकेत मिलता है। केवल तथ्यों या नियमों की व्यापक व पर्याप्त जानकारी के आधार पर ही अच्छे निर्णय नहीं लिये जा सकते। इसके लिए विभिन्न विकल्पों की ग्राह्यता पर विचार करने, उनके सापेक्षिक महत्त्व को जानने तथा उपलब्ध सूचनाओं व मूल्यों का संश्लेषण करने की जरूरत होती है। व्यक्ति को बिना चिन्तन किये किसी विश्वास को विकसित नहीं करना चाहिए व अपने निर्णयों को सांवेगिक, स्वार्थपरक व तर्कहीन बातों से प्रभावित नहीं होने देना चाहिए। समस्याओं पर विचार करते समय तार्किक अवधोध द्वारा संवेग प्रधान तीव्र प्रतिक्रियाओं को स्थानापन्न करने की चेष्टा करनी चाहिए। फ्रिश्बी (1987) ने प्रभावी नागरिकों के विकास के लिये द्वन्द्वात्मक तर्क (डायलेक्टिक लॉजिक) कौशलों को विकसित करने की आवश्यकता महसूस की है। कीन (1987) ने सामूहिक निर्णय लेने के लिए प्रशिक्षण जरूरी माना है। भगवद्गीता में भी विद्यार्थी द्वारा अपने व्यक्तिगत दर्शन की खोज में शिक्षक से सहायता की अपेक्षा की गई है। उपर्युक्त से स्पष्ट है कि अच्छे नागरिकों के निर्माण के लिये उन्हें विविध मूल्यों की तथा मूल्य निर्धारण की प्रक्रिया की शिक्षा देनी चाहिए।

इस अध्याय में प्रस्तुत विचार व्यक्तिगत व सामाजिक जीवन में मूल्यों पर आधारित जीवन व निर्णय की उपयोगिता दर्शाते हैं। इस दृष्टि से मूल्यों की शिक्षा देना बहुत जरूरी है। मूल्य विहीन शिक्षा अकल्पनीय तथा हास्यास्पद ही

हो सकती है तथा वह भारतीयता के अस्तित्व को असुरक्षित बनायेगा। स्वामी विवेकानन्द के अनुसार किसी व्यक्ति अथवा राष्ट्र को तीन चीजें महान बनाती हैं – (1) अच्छाई की शक्ति में विश्वास, (2) ईर्ष्या व सन्देह की अनुपस्थिति, तथा (3) उन लोगों की सहायता करना जो अच्छा बनना व करना चाहते हैं। न्यायमूर्ति तारकुण्डे की अध्यक्षता में तैयार किये गये दस्तावेज 'एजूकेशन फार अवर पीपुल' में शिक्षा के सामाजिक उद्देश्य-सहयोग व समूह क्रिया बौद्धिक व शारीरिक कार्यों में समन्वय से मूल्य पर बल दिया गया है। साथ ही वैज्ञानिक दृष्टिकोण, स्वतन्त्रता, न्याय तथा आत्मसम्मान को श्रेष्ठ जीवन मूल्य माना गया। नई शिक्षा नीति (1986) में मूल्यों के विकास के लिये शिक्षा को एक सशक्त साधन बनाने हेतु पाठ्यक्रम के अनुकूलन की आवश्यकता महसूस की गई है व यह भी कहा गया है कि हमारे बहु संस्कृति वाले समाज में शिक्षा को समाकलन एवं एकता की ओर अभिमुख सार्वभौमिक व शास्वत मूल्यों को विकसित करना चाहिए। ऐसी मूल्य-शिक्षा से रूढ़िवादिता, धार्मिक उन्माद, हिंसा, अन्धविश्वास व भाग्यवाद की समाप्ति में सहायता मिलनी चाहिए।

मानवीय मूल्यों की शिक्षा–साधन और विधियां
(Education for Human Values—Ways and Means)
अथवा
शिक्षा द्वारा मूल्यों का निर्माण
(Inculcation of Values through Education)

मूल्यों के निर्माण के निम्नलिखित साधन हैं :–

1. प्रातःकालीन सभा (Morning assembly) – सभी शिक्षा-संस्थानों में हर रोज़ प्रातःकालीन सभा होनी चाहिए। इस की अवधि 15 से 30 मिनट तक होनी चाहिए। इस की क्रियाओं में (1) प्रार्थना, (2) भजन या देश-प्रेम का गीत, (3) विद्यार्थी एवं अध्यापक अथवा मुख्याध्यापक द्वारा कोई नैतिक भाषण, (4) धार्मिक प्रवचन, (5) धार्मिक ग्रन्थों तथा विश्व के महान् साहित्य का पाठ आदि सम्मिलित हैं।

2. अनिवार्य विषय (Compulsory subject) – सभी स्कूलों एवं कॉलेजों में मूल्यों की शिक्षा को अनिवार्य विषय बनाया जाये। महान् धर्मों जैसे हिन्दू, सिक्ख, बौद्ध, जैन, इस्लाम, और ईसाई धर्म आदि की महान् शिक्षाओं का शिक्षण प्रदान करना चाहिए। विद्यार्थियों को सभी धर्मों में समान रूप से विद्यमान बुनियादी आदर्शों (जैसे मनुष्य का भ्रातृत्व एवं ईश्वर का पितृत्व) की शिक्षा देनी चाहिए। सभी शिक्षा-संस्थानों में नैतिक-शिक्षा के लिये सप्ताह में कम से कम दो पीरियड निर्धारित किये जाने चाहिएं। नैतिक-शिक्षा के लिये गृह-परीक्षाओं की व्यवस्था

की जानी चाहिए। सभी विद्यार्थियों के लिये, जूनियर स्तर पर 5वीं एवं 8वीं कक्षाओं में, सैकेण्डरी स्तर पर 10वीं कक्षा में और सीनियर सैकण्डरी स्तर पर 12वीं कक्षा में, इन परीक्षाओं में उत्तीर्ण होना अनिवार्य होना चाहिए। नैतिक शिक्षा में उत्तीर्ण हुये बिना किसी भी विद्यार्थी को उस स्तर की परीक्षा में उत्तीर्ण नहीं समझना चाहिए।

3. पाठ्यक्रम का पुनः निर्माण (Redesigning the text-books) – भारत का इतिहास, भूगोल, नागरिक शास्त्र, साहित्य, भाषाओं आदि की पाठ्य-पुस्तकों के पुनः निर्माण की आवश्यकता है। इनका निर्माण इस प्रकार किया जाना चाहिए कि इन से विद्यार्थियों को सामाजिक, सांस्कृतिक, नैतिक, सौन्दर्यात्मक, आर्थिक, राजनीतिक एवं आध्यात्मिक मूल्यों को आत्मसात करने की प्रेरणा मिले। कहने का तात्पर्य यह है कि पाठ्य-पुस्तकें मूल्य-उन्मुख होनी चाहिए।

4. विस्तार भाषण (Extension lectures) – शिक्षा संस्थाओं में नैतिकता पर आधारित विस्तार-भाषणों की व्यवस्था की जानी चाहिए। विशेषज्ञों को मूल्य-उन्मुख शिक्षा पर भाषण देने के लिये आमन्त्रित करना चाहिए।

5. भाषण प्रतियोगितायें (Declamation contests) – शिक्षा-संस्थाओं में सामाजिक, नैतिक, सांस्कृतिक, सौन्दर्यात्मक एवं आध्यात्मिक मूल्यों से सम्बन्धित विषयों पर भाषण प्रतियोगितायें आयोजित करनी चाहिए। विभिन्न संस्थाओं को इन में भाग लेने के लिये उत्साहित करना चाहिए। इस से वक्ताओं तथा श्रोताओं दोनों को लाभ हो सकता है।

6. व्यंग्य एवं नाटक (Skits and dramas) – जीवन-मूल्यों, सामाजिक, नैतिक, सांस्कृतिक, सौन्दर्यात्मक एवं आध्यात्मिक आदि से सम्बन्धित विषयों पर व्यंग्य एवं नाटक आयोजित किये जाने चाहिएं।

7. पुस्तक प्रदर्शिनयां (Book exhibitions) – नैतिक, सामाजिक एवं आध्यात्मिक मूल्यों से सम्बन्धित साहित्यिक पुस्तकों की प्रदर्शनियां संगठित करनी चाहिएं। इन प्रदर्शनियों के लिये सम्बन्धित प्रकाशकों एवं पुस्तक विक्रेताओं को आमन्त्रित करना चाहिए।

8. कला प्रदर्शनियां (Art and painting exhibitions) – शिक्षा संस्थाओं में नैतिक, सामाजिक, सांस्कृतिक, सौन्दर्यात्मक एवं आध्यात्मिक मूल्यों से सम्बन्धित कला कृतियों की प्रदर्शनियां संगठित करनी चाहिएं। इन में विख्यात चित्रकारों के चित्रों को प्रदर्षित करना चाहिए।

9. कला प्रतियोगितायें (Art and painting competitions) – विभिन्न प्रकार के मूल्यों से सम्बन्धित तत्काल कला-प्रतियोगितायें (On the spot painting competitons) आयोजित की जानी चाहिएं। विभिन्न संस्थाओं के विभिन्न आयु-वर्ग के विद्यार्थियों को इस प्रतियोगिता में भाग लेने के लिये आमंत्रित करना

चाहिए और अच्छी कला-कृतियों को पुरस्कृत करना चाहिए।

10. जन्म दिवस मनाना (Celebration of birthdays) – शिक्षा संस्थाओं में महापुरूषों के जन्मदिवस मनाने चाहिएं–जैसे गुरू नानक देव, गुरू गोबिन्द सिंह, महात्मा बुद्ध, क्राइस्ट, मुहम्मद साहिब, श्रीकृष्ण, महात्मा गांधी, राधाकृष्णनन, गुरूदेव रवीन्द्र नाथ टैगोर आदि। इन महान् विभूतियों के जन्मदिन मनाने से विद्यार्थियों एव अध्यापकों को नैतिक, सामाजिक, सांस्कृतिक एवं आध्यात्मिक मूल्यों को आत्मसात करने की प्रेरणा मिलेगी।

11. अन्तर्राष्ट्रीय दिवस मनाना (Celebration of International days) – अन्तर्राष्ट्रीय दिवस जैसे यू. एन. ओ. दिवस, मानव अधिकार दिवस, विश्व-स्वास्थ्य दिवस, विश्व शान्ति दिवस आदि भी शिक्षा संस्थाओं में मनाये जाने चाहिएं। श्रेष्ठ मूल्यों के निर्माण में ये सहायक सिद्ध हो सकते हैं।

12. जन माध्यम के प्रयोग (Use of mass media) – मूल्यों के निर्माण के लिये शिक्षात्मक फिल्मों, नाटकों, पत्र-पत्रिकाओं, रेडियो, दूरदर्शन जैसे जन-माध्यमों का प्रयोग किया जाना चाहिए। इस क्षेत्र में शिक्षात्मक दूरदर्शन चमत्कारी कार्य कर सकता है। कुछ विशिष्ट अध्यापक विभिन्न मूल्यों पर आधारित सफल धारावाहिकों का निर्माण कर सकते हैं। मूल्य-उन्मुख फिल्मों का प्रदर्शन स्कूल के दैनिक कार्यक्रम में शामिल किया जाना चाहिए।

13. मूल्य-उन्मुख पत्रिका (Value-oriented magazines) – स्कूल द्वारा मूल्य-उन्मुख पत्रिका अथवा जर्नल का प्रकाशन किया जाना चाहिए। इस के लिये स्वयं-सेवी संगठनों से सहायता ली जा सकती है। जीवन-मूल्यों से सम्बन्धित रचनाओं को उस पत्रिका में प्रकाशित करना चाहिए। यह पत्रिका अर्द्धवार्षिक भी हो सकती है या वार्षिक भी।

14. मूल्य-उन्मुख पुरस्कार (Value-oriented prizes) – वीरता, साहस, ईमानदारी, सच्चाई आदि से सम्बन्धित विशेष कार्य करने वालों को सामाजिक एकत्रता में पुरस्कृत करना चाहिए।

15. मूल्य-उन्मुख प्रॉजेक्ट (Value-oriented projects) – कुशल अध्यापकों के निर्देशन में निम्नलिखित मूल्य-उन्मुख प्रॉजैक्ट आरम्भ किये जा सकते हैं :

(क) सहकारी स्टोर (Co-operative stores) – विद्यार्थी सहयोगी स्टोर खोल सकते हैं। इस स्टोर पर विद्यार्थियों को 'न लाभ, न हानि' के आधार पर पुस्तकें तथा स्टेशनरी मिलनी चाहिए। इस से विद्यार्थियों को परिश्रमी बनाया जा सकता है। वे इस व्यापार और इस से मिलने वाले लाभ को समझने लगेंगे।

(ख) सहकारी कैंटीन (Co-operative canteen) – कुछ विद्यार्थी 'न लाभ, न हानि' के आधार पर स्कूल–कैन्टीन की भी स्थापना कर सकते हैं।

विद्यार्थियों के अलग-अलग समूह बारी-बारी इस में काम कर के, इस के प्रचलन को सफल बना सकते हैं।

(ग) सहकारी बैंक एवं डाकघर (Co-operative bank and post office) – विद्यार्थियों द्वारा सहकारी बैंक एवं सहकारी डाकघर की भी स्थापना की जा सकती है।

16. गर्ल गाइडिंग, स्काऊटिंग एवं राष्ट्रीय सेवा योजना (Girls guiding, Scouting and National Service Scheme-NSS) – गर्ल गाइडिंग, स्काऊटिंग एवं एन. एस. एस. को ज्यादा से ज्यादा लोकप्रिय बनाना चाहिए। इन के कार्यक्रम कुशलतापूर्वक आयोजित किये जाने चाहिएं। अस्पतालों, सामाजिक उत्सवों, गांवों तथा पिछड़ी बस्तियों में विद्यार्थियों द्वारा पर्याप्त सेवा कार्य कराया जा सकता है। आवश्यकता है उन में रूचि एवं उत्साह उत्पन्न करने की। इसी प्रकार उन से रेलवे स्टेशन एवं बस अड्डे पर भी पर्याप्त सेवा कार्य कराया जा सकता है। इन सेवा कार्यों से उन में कई सामाजिक, नैतिक एवं सांस्कृतिक मूल्यों का निर्माण हो सकता है।

17. अध्यापक की भूमिका (Role of the teacher) – विद्यार्थियों में नैतिक मूल्यों का विकास करने के लिये अध्यापक अत्यन्त महत्त्वपूर्ण भूमिका निभा सकते हैं। यह भूमिका निम्नलिखित रूप से निभाई जा सकती है :

(क) पाठ्य-सहायक क्रियाओं का संगठन (Organising co-curricular activities) – विद्यार्थियों में विभिन्न प्रकार के मूल्यों का विकास करने के लिये अध्यापक कई पाठ्य-सहायक क्रियाओं का संगठन कर सकते हैं। (इन क्रियाओं में विस्तार-भाषण, भाषण-प्रतियोगितायें, व्यंग्य एवं नाटक, पुस्तक प्रदर्शनियां, महापुरूषों एवं महिलाओं के जन्मदिन मनाना आदि का उल्लेख हम ऊपर कर चुके हैं।) एम॰ टी॰ रामजी ने ठीक कहा है, 'स्कूल अध्यापकों तथा शिक्षा कार्यकर्त्ताओं एवं प्रशासकों को स्कूल की क्रियाओं को हमेशा ध्यान में रखना चाहिए क्योंकि जब ये क्रियायें मूल्यों के प्रति जागरूक अध्यापकों द्वारा संगठित की जाती है तो इन से मूल्यों के शिक्षण में विकास होता है।

(ख) प्रभावशाली शिक्षण विधियां (Effective methods of teaching) – अध्यापक कार्य करते हुए अध्यापकों को हमेशा मूल्य–उन्मुख दृष्टिकोण को बल देना चाहिए। उसे विद्यार्थियों में सामाजिक, नैतिक, सांस्कृतिक एवं आध्यात्मिक मूल्यों के निर्माण के लिये हर सम्भव प्रयत्न करना चाहिए। विभिन्न विषय पढ़ाते समय, विशेषकर सामाजिक अध्ययन एवं भाषायें-अध्यापक सांस्कृतिक विरासत, लोकतांत्रिक नागरिकता, राष्ट्रीय एकता, विभिन्न समुदायों में भ्रातृभाव और सभी धर्मों में एकता से सम्बन्धित विभिन्न मूल्यों पर बल दे सकते हैं।

(ग) मूल्य–उन्मुख दृष्टिकोण (Value-oriented outlook) – अध्यापक विद्यार्थियों में विविध मूल्यों का निर्माण तभी कर सकता है जब उसका दृष्टिकोण मूल्य-उन्मुख हो। यह ठीक कहा गया है कि मूल्य-उन्मुख शिक्षा की किसी भी पद्धति में महत्त्वपूर्ण भूमिका वे अध्यापक निभाते हैं जो स्वयं बुनियादी जीवन-मूल्यों का सच्चाई से अनुसरण करते हैं। ऐसे स्नेहपूर्ण एवं ईमानदार अध्यापकों का विद्यार्थियों पर गहरा प्रभाव पड़ता है। ऐसे अध्यापकों का अनुसरण करते हुये माता-पिता एवं समाज अपने आप सद्मार्ग पर चलने लगते हैं।

मूल्य पुस्तकों द्वारा नहीं सिखाये जाते। अध्यापकों, माता-पिता, पड़ोसियों, मित्रों एवं समाज के अन्य लोगों के दैनिक जीवन द्वारा विद्यार्थियों में इनका निर्माण किया जाता है। अतः हमें जीवन के प्रत्येक पल में इन के प्रति सचेत रहना चाहिए।

अध्याय – 3
पांच सार्वजनिक मूल्यबोध
प्रेम, सत्य, सदाचार, शान्ति और अहिंसा
Five Universal Values
Love, Truth, Righteous Conduct, Peace and Non-violence

मनुष्य को अपना दिल दया से भर लेना चाहिए। सर्वदा सत्यभाषी रहकर सामाजिक कल्याण के लिए अपने तन को समर्पित कर देना चाहिए। मनुष्य के विचार, वचन व कर्म हमेशा पवित्र होने चाहिए। हृदय इच्छाओं व क्रोध से दूषित न हों; जिह्वा असत्य दोष से मुक्त हो तथा शरीर हिंसक क्रिया-कलापों के कलुष से रहित हो, ये ही सच्चे मानव मूल्य हैं। इन मूल्यों के अभाव के कारण ही देश आजकल कठिनाइयां झेल रहा है। शिक्षकगण तथा माता-पिता यह जान लें कि भारत के गौरवशाली अतीत की पुनर्स्थापना केवल छात्रगण ही कर सकते हैं। किसी समय भारत आध्यात्मिकता का खजाना था किन्तु आज सांसारिक एवम् क्षणिक भोगों की भूमि हो गया है। पढ़ाई-लिखाई में बच्चों को पिछड़ते देख जिस प्रकार माता-पिता दुखी हो जाते हैं उसी प्रकार भारत माता भी अपने बच्चों में नैतिक एवम् आचरणगत मूल्यों के अभाव से संतप्त है।

प्रेम (Love)

सर्वे भवन्तु सुखिनः, सर्वे सन्तु निरामयाः।
सर्वे भद्राणि पश्यन्तु, मा कस्यचित् दुःख भागभवेत्।।

सांसारिक शिक्षा का संबध मस्तिष्क से है और यह क्षणभंगुर है। पढ़ना, लिखना, जीविका कमाना, नाम और यश अर्जित करना, इन सब की प्राप्ति सांसारिक शिक्षा से है। सांसारिक शिक्षा से व्यक्ति बड़ा बनता है जबकि आध्यात्मिक शिक्षा उसे अच्छा बनाती है। आध्यात्मिक शिक्षा का संबंध हृदय से है तथा इससे करूणा, सत्य, सहिष्णुता तथा प्रेम जैसे पवित्र गुण उद्‌भव होते हैं।

आजकल माता-पिता अपने बच्चों से अपेक्षा करते हैं कि वे ऊँची शिक्षा लें, धन प्राप्त करें और बड़े बनें किन्तु बहुत कम लोग यह चाहते हैं कि उनके बच्चे

'अच्छे' बनें। महानता अल्पजीवी होती है किन्तु 'साधुता' हमेशा रहती है। साधुता, आध्यात्मिक जीवन का आधार है। अच्छा बनने का प्रयास करो, महान बनने का नहीं।

ऊँची शिक्षा पा लेने मात्र से मनुष्य 'अच्छा' नहीं बन सकता। सांसारिक शिक्षा से मनुष्य को अर्थ (धन) मिलता है व उसका स्वार्थ पूरा होता है। ऐसी शिक्षा मनुष्य के पतन का कारण है। सांसारिक शिक्षा जानकारी मूलक है यह मनुष्य को कम्प्यूटरिकृत बनाती है। आध्यात्मिक शिक्षा ह्रदय परिवर्तनमूलक है और यह मनुष्य को रचनाकार बनाती है।

जीवित रहना, अपने आप में प्रेम का प्रमाण है। जीवन, प्रेम से प्रारम्भ होता है। श्री सत्य साई बाबा का कहना है :

पत्तियों के हरा-भरा रहने तक ही हम पौधों की देखभाल करते हैं। जब पत्तियां सूख जाती हैं तथा पौधा जीवनविहीन, ठूँठ रह जाता है तब हम उसे प्यार नहीं करते । जब तक जीवन है, तब तक ही प्रेम है . . . प्रेम, जीवन से जुड़ा है। वस्तुत प्रेम ही जीवन है। ऐसा व्यक्ति जो प्यार नहीं बाँट सकता मृत है।

प्रत्येक हिन्दू कार्य आरम्भ करते समय यह प्रार्थना गाता है। इस श्लोक का यह अर्थ है कि सभी सुखी हों, सभी कपट रहित हों, सभी की भलाई हो और किसी को कोई विपदा न हो। इस प्रार्थना की पूर्ण भावना प्रेम के अर्थ में अन्तर्निहित है। पाश्चात्य दर्शन का उपभोगवादी आदर्श भी यही कहता है कि अधिक से अधिक लोगों का अधिक से अधिक सुख प्राप्त करना ही मनुष्य मात्र का आदर्श है। (The greatest happiness of the greatest number is the ideal of the man) प्रेम का भी यही अर्थ है। गांधी जी रसकिन की पुस्तक– "Unto The Last" से अत्यधिक प्रभावित हुए थे। रसकिन का सिद्धान्त है– "the good of the individual is contained in the good of all." यह ही प्रेम का आधार बना है। रसकिन की पुस्तक "Unto The Last' में अर्थशास्त्र व राजनीति को नैतिक दृष्टिकोण से प्रस्तुत किया गया है। ठीक उसी प्रकार का दर्शन सर्वोदय भी है और गांधी जी स्वयं इस बात को मानते हैं कि वे टाल्सटॉय (Tolstoy) व रसकिन (Ruskin) से सबसे अधिक प्रभावित हुए हैं। भगवद् गीता का निष्काम योग तो सर्वोदय का प्राण है। सर्वोदय का दर्शन आधुनिक काल के एफ.एच. ब्रैडले (F.H. Bradley) की विचारधारा से भी मिलता-जुलता है। यह उसने अपनी पुस्तक Ethical Studies में प्रतिपादित की है, जिस के अनुसार व्यक्ति को अपने व्यवसाय (स्थान) को कर्त्तव्य कुशलता पूर्वक करते रहना चाहिए, क्योंकि इससे वह न केवल अपनी भलाई करता है बल्कि समाज की भलाई भी होती है। यह विचारधारा है "मेरा स्थान और उसके कर्त्तव्य" (My Station and its Duties) यह विचारधारा गीता के निष्काम कर्मयोग व गांधी जी के सर्वोदय के समान है।

गांधी जी कहते हैं कि पवित्र साधन प्रेम व अहिंसा पर आधारित होने चाहिए। अहिंसा का अर्थ दूसरे को दुःख न देना है, उसकी हत्या, क्षति व हानि न करना है। यह निषेधात्मक सिद्धान्त लगता है। इसका विधानात्मक सिद्धान्त प्रेम है। सभी से प्रेमभाव रखना ही अच्छी भावना है। प्रेम त्याग व बलिदान वह है जो मनुष्य को अपने हित की भी परवाह न करके सभी की भलाई करने के लिए प्रेरित करता है। गांधी जी कहते हैं कि ईश्वर ही हमारे जीवन का उद्देश्य है और सत्य ही ईश्वर है। इसलिए सत्य को प्राप्त करना व जीवन में धारण करना हमारा सबसे बड़ा कर्त्तव्य है। ईश्वर मानवता से अलग नहीं है। ईश्वर जनता में विद्यमान है– "जनता जनार्दन"। इसलिए जनता की सेवा ही सच्ची ईश्वर की भक्ति है। यह सेवा मानवता के प्रेम द्वारा हो सकती है। प्रेम और सेवा एक ही है। प्रेम ही दूसरों के लिए कार्य करने की प्रेरणा देता है। अतः यह यहां स्पष्ट है कि सत्य को प्राप्त करना है, जो केवल सेवा द्वारा सम्भव है। सेवा प्रेम है और प्रेम अहिंसा है। सत्य ही ईश्वर है और ईश्वर लोगों में बसता है। सत्य को प्राप्त करने का मार्ग सत्याग्रह है। यह सत्याग्रह और लोक सेवा का एकमात्र लक्ष्य सर्वोदय है। गांधी जी व विनोबा जी ने भगवद् गीता के जीवन दर्शन से बहुत कुछ ग्रहण किया है। सर्वोदय का सीधा सम्बन्ध गीता के निष्काम कर्मयोग के साथ है। सर्वोदय के लिए प्रेरणा निष्काम भाव द्वारा ही पैदा हो सकती है। सर्वोदय भी कर्म करने पर बल देता है। फल की इच्छा के त्याग को आवश्यक मानता है।

प्रेम और अहिंसा

यदि उपरोक्त सिद्धान्तों को जीवन में कार्यान्वित किया जाए, तो आधुनिक युग की सभी समस्याओं का समाधान हो सकता है। विश्व युद्ध का कारण पारस्परिक घृणा व वैरभाव है, जो केवल प्रेम से दूर हो सकता है। युद्ध को कभी युद्ध द्वारा समाप्त नहीं किया जा सकता। हिंसा को रोकने के लिए यदि हिंसा करते हैं, तो दो हिंसाएं हो जाएंगी और हिंसा फिर नहीं रूकती, क्योंकि दूसरी हिंसा को तीसरी हिंसा से रोकने का विफल यत्न किया जाएगा। अतः हिंसा को केवल अहिंसा ही रोक सकती है। युद्ध को केवल अहिंसावाद व प्रेम ही रोक सकते हैं। यदि लोगों में स्वार्थपरता के कारण बुराइयां उत्पन्न हो गई हैं, तो स्वार्थ को केवल निःस्वार्थ भाव से ही दूर किया जा सकता है, जो सेवा व त्याग से पैदा होता है। सभी की भलाई का आदर्श ही बढ़ते स्वार्थ को थाम सकता है।

युद्धों से विक्षुब्ध विश्व को अहिंसावाद और प्रेम का पाठ गांधी जी की अद्भुत देन है। अहिंसावाद उनके दर्शन की महत्वपूर्ण कड़ी है। यदि ईश्वर प्रेमस्वरूप है और वही सामाजिक सम्बन्धों का आधार है, तो प्रेम द्वारा ही ईश्वर को प्राप्त किया

जा सकता है। यह प्रेम स्वार्थपूर्ण या वासनायुक्त नहीं हो सकता। सच्चा तथा शुद्ध प्रेम दूसरों के हित के लिए प्रक्रट होता है। दूसरों की रक्षा करना प्रेम का धर्म है। प्रेम ही अहिंसा है। प्रेम एक विधानात्मक पद और अहिंसा एक निषेधात्मक पद नजर आते हैं, परन्तु ये दोनों एक ही हैं। अहिंसा का अर्थ हत्या को त्यागना नहीं हैं, अपितु प्राणीमात्र से प्रेम करना तथा उसकी सेवा करना है। यह उसकी भलाई में प्रकट होता है। गांधी जी यह सिद्ध करते हैं कि ईश्वर प्रेमस्वरूप है, उसको प्राप्त करने का एक मार्ग अहिंसावाद है जो लोकसेवा का मार्ग है।

प्रेम रूपी गोंद से सभी परमाणु परस्पर बंधे हैं, प्रेम के कारण ग्रह अपनी-अपनी कक्षाओं में चक्कर लगा रहे हैं, इसी के कारण एक व्यक्ति दूसरे की ओर आकर्षित होता है। जीवित रहने का उद्देश्य प्रेम करना है। प्रेम का प्रवाह सीधा आत्मा से होता है। जहाँ प्रेम है, समझो कि वहाँ आत्मा की अभिव्यक्ति को एक माध्यम मिल गया है। अतएव यह मनुष्य के आत्मिक विकास का सूचक है। प्रेम, एक विकिरण है, एक ऐसा प्रकाश है जो मनुष्य की चेतना की आन्तरिक गहराइयों से उमड़ता है।

विशुद्धतम रूप में प्रेम निस्वार्थ एवम् शर्त रहित होता है। माँ का अपने बच्चे के प्रति प्रेम, उसके हृदय की गहराइयों से स्वभवतः स्फूरित होता है। माँ के शरीर की प्रत्येक कोशिका से प्रेम रूपी ऊर्जा विकिरित होती है। अतएव माँ का अपने बच्चों के प्रति प्यार, मनुष्यों में दिव्य प्रेम के स्तर के निकटतम है।

'हमारी सभी भावनाओं में मधुरतम् भाव, मातृ प्रेम भाव है।'

प्रेम निःस्वार्थ है (Love is self-less)

सामान्यतः माता-पिता का अपने बच्चों के प्रति प्यार, पड़ोस में रहने वाले बच्चों तक नहीं पहुंचता। तन से जुड़े प्यार में स्वार्थ की गंध होती है। किसी विचारधारा, किसी सिद्धांत या एक विशेष समुदाय अथवा संपत्ति या भौतिक पदार्थों या नजदीकी रिश्तेदारों के प्रति मोह बंधनकारक होता है। श्री सत्य सांई बाबा का कहना है कि 'सम्पत्ति' में समबद्धता नहीं रहती। सांसारिक प्यार सशर्त, सीमित, सँकरा और अनित्य है। दिव्य प्यार विस्तारित, शुद्ध, स्वार्थरहित और मुक्तिदायी है।

प्रेम का सार, विस्तार में है। जब एक दीपक से दूसरा दीपक जलाया जाता है तब एक की बजाय दो दीपक हो जाते हैं। दूसरे दीपक के प्रज्वलित होने पर पहला दीपक बुझता नहीं है। एक दीप से लाखों दीप प्रज्जवलित किए जा सकते हैं, तथापि उस एक दीप पर कोई प्रभाव नहीं पड़ता। प्रेम भी इसी तरह है। इसे दस लाख लोगों में बांटों तथापि यह उतना ही जीवन्त रहेगा जितना कि यह अकेले रहने पर था।

अन्तः प्रवाह (Internal Circulation)

यदि विचार, प्रेम में सराबोर हैं तब हमारे दिलों में सत्य प्रकट होगा। यदि हमारे कार्य प्रेम में आप्लावित हैं तो हमारे सभी कर्मों से सदाचरण प्रकट होगा। यदि हमारी भावनाएं प्रेम में होंगी तो हम शांति का आनंद ले सकेंगे; यदि हम सर्वव्यापी प्रकृति में विस्तरित प्रेम के नियम को समझने व अनुभव करने लगेंगे तो 'अहिंसा' का मूर्तिमान रूप हो जाएंगे।

अतः सभी मूल्यों में प्रेम अन्तःप्रवाहित है। यह उन्हें दिव्य बनाता है। लौकिक मूल्यों को दिव्य प्रेम से भर देने पर ये आध्यात्मिक मूल्य हो जाते हैं। निःस्वार्थ प्रेम में डूबकर सापेक्षिक मूल्य, निरपेक्ष (पूर्ण) मूल्य हो जाते हैं।

वही एक शक्कर, चाय, कॉफी, बिस्किट इत्यादि में मिलती है और उसकी मिठास को तुम अनुभव कर सकते हो। इसी प्रकार तुम इस प्रेम को किसी भी क्षेत्र में मिला सकते हो। किन्तु इसे 'आत्मिक प्रेम' से करना होगा। यदि तुमने इसमें सांसारिक प्यार मिला दिया तो फिर तुम्हारे भार में नई वृद्धि होगी।

प्रेम एवं 3एच (Love & 3Hs i.e. Head, Heart & Hand)

महत्त्वपूर्ण प्रश्न यह है कि दैनिक जीवन में सभी के प्रति ऐसे निःस्वार्थ प्रेम का विकास कैसे किया जाए। हार्ट (हृदय), हैंड (हाथ) व हैड (सिर) में समन्वय द्वारा। इस तरह शुद्ध अन्तःकरण से प्रेरित कार्य शुद्ध एवम् पवित्र होते हैं।

तुम अपनी पसंद का संसार रचते हो। तुम्हें अनेकत्त्व दिखता है क्योंकि तुम अनेक को चाहते हो एक को नहीं। अनेक को 'एक' में सम्मिलित करने का प्रयास करो। धीरे-धीरे, अधिकाधिक निष्ठापूर्वक उस एक की ओर बढ़ो और मन, वचन, कर्म की एकता के लक्ष्य को पा लो। यही प्रेम की आध्यात्मिक साधना है। घृणा, लोभ, ईर्ष्या, दुर्भावना की प्रवृत्तियों को दबा दो तथा उत्तरोत्तर सभी के प्रति सब जगह प्यार के विस्तार के प्रति सजग रहो।

जिव्हा हृदय की राजदूत है। यह विचारों से उद्भूत संदेश को अभिव्यक्त करती है। शब्द के रूप में संदेश को मुंह से निकालने के पहले तीन चौकियों से गुजरना चाहिए। पहली चौकी पर इसे इस प्रश्न का उत्तर देनाा चाहिए। 'क्या ये सच है ?' यदि इस प्रश्न का उत्तर हां हो तब दूसरी चौकी पर यह प्रश्न पूछना चाहिए कि 'क्या यह आवश्यक है ?'

सकारात्मक उत्तर मिलने पर तीसरी चौकी पर किया गया प्रश्न है कि 'क्या यह दयालुता और प्रसन्नतायुक्त है ?' सत्य साई बाबा का कहना है कि तुम हमेशा भलाई से बात कर सकते हो। इन तीन चौकियों पर प्राप्त संतोषजनक

उत्तर के बाद जीभ को अपना संदेश देना चाहिए। इस प्रकार विचार (हैड) शब्द, (हार्ट) हृदय तथा कार्यों (हैंड) में सामंजस्य स्थापित होगा।

प्रेम के आनुषंगिक मूल्य (उपमूल्य) (Relevant Value of Love)

प्रत्येक बालक में सुप्तावस्था में मौजूद, किन्तु फूट पड़ने को लालायित स्वाभाविक झरना है। प्रेम प्रत्येक बच्चे का हृदय शुद्ध, निष्कलंक एवम् सहज रखता है। एक महान शिक्षाविद् मारिया मान्टेसरी ने कहा था, "अपने परिवेश के प्रति बच्चे के प्यार में आध्यात्मिक ऊर्जा है, नैतिक सौन्दर्य है, यह सृष्टि के सृजन के साथ-साथ चलता है।"

अतः मौन 'मानसदर्शन' के माध्यम से हम बच्चों में प्रकृति के प्रति प्यार की भावनाओं को प्रोत्साहित कर सकते हैं। बच्चे, चिड़ियों को चुग्गा देने तथा पौधों को पानी देने का कार्य मन लगाकर करेंगे। दयालुता का यह कार्य निःस्वार्थ प्रेम की दिशा में पहली अभिव्यक्ति होगा, इसमें बिना किसी अपेक्षा के अपना सब कुछ देने का गुण है। पौधों व चिड़ियों से हम कुछ अपेक्षा नहीं करते; उनको कुछ देना कर्त्तव्य की श्रेणी में भी नहीं है। कृषक हल चलाते समय उपज की अपेक्षा रखता है, माली कर्तव्य भाव से बगीचा संभालता है। इसके विपरीत बच्चे के लिए प्यार देने में ही पुरस्कार अन्तनिर्हित है। 'सिंह एवं चूहे की कहानी' जैसी कथाओं से उन्हें ज्ञात होता है कि बिना अपेक्षा के किए गए दयालुतापूर्ण कार्यों का भी लाभप्रद फल मिलता है।

प्रारंभ में, माँ का प्रेम बच्चे की नजर में एक आदर्श प्रेम रहता है। विद्यालय में शिक्षक व दोस्त के प्रेम के उदाहरण, अनुकरणीय बनते हैं। इस प्रकार बच्चे में अन्तर्निहित प्रेम का झरना फूट पड़ता है तथा बड़ों की नकल के रूप में इसे दिशाएं मिलती हैं। मां जब भक्तिभाव से पूजा करती है या पेड़ की परिक्रमा करती है, जब आंखें बंद कर आनंदविभोर भक्तिगीत गाती है या जब वह सुस्वादु भोजन के आकर्षण को त्याग कर उपवास करती है तब ये सब दिनचर्या बच्चों के मस्तिष्क पर जबर्दस्त प्रभाव डालते हैं। इस छोटी आयु में बोए गए भक्ति बीज का प्रभाव सुदूरगामी होता है। साथ ही, बड़ों के प्रति प्यार से ईश्वर के प्रति प्यार का स्थानांतरण एक स्वाभाविक एवं सुगम प्रक्रिया है।

इस काल में बच्चा आत्मनिर्भरता विषयक कौशलों को सीखता है तथा उसकी जिज्ञासा बढ़ती है। विश्वास एवम् प्यार पर आधारित सामाजिक संबंधों को भी बच्चा अनुभव करता है। इससे बालक को संतोष प्राप्त होता है। मैत्री एवम् निष्ठा ऐसे आनुषंगिक मूल्य हैं जो बाल्यावस्था में मन में बैठाना चाहिए।

बांटने से व देने से प्यार बढ़ता है। 8 से 11 वर्ष की आयु के दौरान बालक

अपनी थोड़ी अधिक स्वतंत्रता का तथा अवसरों का उपयोग करूणा, दयालुता, सहानुभूति, सहयोगवृति से प्रदर्शित करता है। स्वयम् की अपेक्षा कम भाग्यशाली लोगों अथवा समाज द्वारा उपेक्षित व्यक्तियों की मदद, भावना व करूणा से ही उपजती है। छात्रगण ऐसे लोगों के प्रति प्यार विकसित करते हुए अथवा उनसे तादाम्य स्थापित करते हुए दिख पड़ते हैं। परिणामस्वरूप, छात्रों के व्यक्तित्व में शांति एवम् प्रसन्नता दिखाई पड़ती है।

छात्र को इस बात की अनुभूति होती है कि दूसरों को जानने की प्रक्रिया में प्यार बढ़ता है। जब हम किसी वस्तु या व्यक्ति के प्रति मोहग्रस्त हो जाते हैं तब हमें उसे अधिकाधिक मात्रा में पाने की इच्छा रखते हैं और जो लोग हमारी इस इच्छा में बाधक बनते हैं उनके प्रति हम क्रोध रखते हैं। इस प्रकार लोभ, लालसा, क्रोध इत्यादि मस्तिष्क को दूषित करते हैं और ऐसे मस्तिष्क में प्यार का कोई स्थान नहीं रह जाता। जिस तरह राख से ढका अंगारा नहीं दमकता, उसी प्रकार क्रोध, ईर्ष्या इत्यादि की राख से ढक जाने के कारण ह्रदय तल में स्थित प्रेम सतह पर नहीं आ पाता। इसके लिए व्यक्ति को अपने स्वभाव में सत् असत् की विवेचना बुद्धि विकसित करनी होगी, उसे अपने ह्रदय को शुद्ध बनाना होगा।

जहां घृणा हो वहां प्यार बो सकूं
जहां हिंसा हो वहां – क्षमा
जहां संदेह हो वहां – विश्वास
जहां अंधेरा हो वहां – प्रकाश
जहां उदासी हो वहां – खुशी
क्योंकि देकर ही हम प्राप्त करते हैं। संत फ्रांसिस

इससे सहिष्णुता एवम् परानुभूति के आनुषंगिक मूल्यों का ह्रदय में विकास होता है। प्रेम का स्रोत सबल है, निर्बल नहीं; अतः छात्र भौतिक एवम् भावनात्मक बाधाओं को पार करने के लिए प्रोत्साहित हो जाता है। छात्र को इस बात की अनुभूति होती है कि प्रेम एक शक्तिशाली ऊर्जा है जिससे दूसरों का ह्रदय परिवर्तन किया जा सकता है।

प्रेम एक ऊर्जा (Love as Energy)

प्रेम, ऊर्जा का एक ऐसा रूप है जिसे प्रत्येक व्यक्ति दे व पा सकता है। संसार भर में पूर्व में हुए प्रयोगों से यह निर्विवाद रूप से साबित हो गया है कि प्रेम जीवन के सभी रूपों को प्रभावित करता है। श्री जे.सी. बोस द्वारा 'छुईमुई' के पौधे पर किए गए प्रयोग, चूलालांगकार्न विश्वविद्यालय, बैंकाक में आर्ट ऑंग जुमसाई द्वारा गैंदे के पौधे पर किए गए प्रयोग सर्वविदित हैं। कोपेनहैगेन के

जादूगर समझे जाने वाले उद्यान विशेषज्ञ लूथर बरबैंक ने प्रेम की तरंगे कैक्टस के पौधों तक प्रेषित कर उनकी काँटेविहीन प्रजाति विकसित की थी। जब कण्व ऋषि के आश्रम से शकुंतला विदा ले रही थी तब लता वल्लरियों ने भी आंसू बहाए थे, वे उसे इतना प्यार करते थे। बालक कृष्ण की मुरली की तान सुनकर पशुपक्षी आनंदविभोर होकर निश्चल रह जाते थे।

यदि पशु-पक्षी व पौधे भी प्यार के माध्यम से चेतना के उच्चतर स्तरों तक पहुंच सकते हैं तो फिर क्या मनुष्य पर इसके प्रभाव को अनेदखा किया जा सकता है? एक जापानी कहावत है कि "एक नेक शब्द या कार्य से तीन माह तक ठंडी रातों में गर्मी आ सकती है।" एक शिक्षक के प्यार से बच्चे के व्यवहार में परिवर्तन हो सकता है। जॉन हॉपकिन्स विश्वविद्यालय में किए गए एक अध्ययन से यह साबित हो गया है कि प्रेम रूपी ऊर्जा के माध्यम से शिक्षक, बच्चों पर जबर्दस्त प्रभाव डाल सकते हैं।

इस बात को यों समझाया जा सकता है। किर्लियन फोटोग्राफी की तकनीक से फिल्म पर, पुराने ग्रंथों में वर्णित 'शारीरिक प्रभा मंडल' को अंकित किया जा सकता है। वैज्ञानिकों की भाषा में इसे 'जैविक चुम्बकीय ऊर्जा विकिरण क्षेत्र' (Bio-magnetic energy field radiation) कहते हैं। इस तकनीक के द्वारा जीवित एवम् मृत व्यक्तियों में अन्तर किया जा सकता है। व्यक्ति की भावना के आधार पर यथा घृणा, कुंठा, दया तथा निःस्वार्थ प्रेम के कारण ऊर्जा क्षेत्र के आकार व रंगों में भी परिवर्तन होता है। किर्लियन फोटोग्राफी तकनीक के द्वारा एक व्यक्ति से दूसरे व्यक्ति के शरीर में ऊर्जा क्षेत्र के संचरण को भी रिकॉर्ड किया जा सकता है।

एक प्रयोग में एक छात्र को 0-9 तक की संख्या के कार्ड दिए गए। दूसरे कमरे में बैठे छात्र द्वारा उठाए गए कार्ड के बारे में पूछा गया। अनेक प्रयोगों के बाद ज्ञात हुआ कि सैद्धांतिक संभावनाओं की तुलना में दुगनी राफलता मिली। दो मित्रों के बीच यह प्रयोग अधिक सफल रहता है।

"देशभक्ति" अपने देश के प्रति प्रेम की अभिव्यक्ति है; इसमें व्यक्ति आत्मोत्सर्ग तक कर सकता है। इस प्रकार के उदाहरण स्वतंत्रता सेनानियों तथा हजारों सैनिकों में हैं। पन्ना दाई ने आत्मोत्सर्ग का सबसे बड़ा उदाहरण प्रस्तुत किया। गांधी जी के नेतृत्त्व में अहिंसात्मक सत्याग्रह के जरिए की गई प्रेम की अभिव्यक्ति में सत्य और सदाचरण चालक शक्ति थी।

अपनी मातृभूमि के प्रति भक्ति उतनी ही महत्त्वपूर्ण है जितनी कि ईश्वर के प्रति भक्ति। किसी व्यक्ति के उज्ज्वल भविष्य के लिए ईमानदारी और निष्ठा की आवश्यक है। इसी प्रकार राष्ट्रीय चरित्र व देशभक्ति, देश के कल्याण के लिए आवश्यक है।

ईश्वर के प्रति प्यार के जरिए हम अपने आपको अगले कदम के लिए तैयार करते हैं – वह है, सभी मनुष्यों में व्याप्त ईश्वर को प्यार करना। हम दूसरों की निःस्वार्थ सहायता करते हैं जिससे हमें ईश्वरीय प्रेम की अभिव्यक्ति होती है। श्री सत्य साई की शिक्षाओं में निःस्वार्थ सेवा विषयक आध्यात्मिक साधना पर बारबार जोर दिया गया है।

प्रेम ईश्वर है; ईश्वर प्रेम है। अधिकाधिक लोगों से प्यार करो, उन्हें अधिकाधिक तीव्रता से प्यार करो। प्रेम को सेवा में व्यक्त करो, सेवा को पूजा बनाओ। यही सर्वोच्च आध्यात्मिक साधना है।

अन्य लोगों से बन्धुभाव अनुभव करने पर हृदय में स्वभाविक रूप से प्रेम प्रगट हो उठता है। शरीर के चोटग्रस्त हिस्से की सहायता के लिए लाखों कोशिकाएं मदद के लिए सक्रिय हो उठती हैं और क्षतिग्रस्त ऊतक का नवनिर्माण करती हैं। आँखें सहानुभूति में रोती हैं और हाथ मदद के लिए सक्रिय हो जाते हैं। यह मनुष्य के शरीर व मन की एकता का प्रमाण है जिसका नियमन आन्तरिक सत्य करता है।

इस प्रकार हम मानववाद उपमूल्य के द्वार खोलते हैं जिसे श्री सत्य साई बाबा ने महज चार शब्दों के माध्यम से सार रूप में प्रकट किया है –

सबसे प्यार, सबकी सेवा।Love All, Serve All.

सत्य (Truth)

हमारी मातृभूमि, भारत में जीवन में सत्य पर डटे रहने की एक गौरवशाली परम्परा रही है। राजा हरिश्चन्द्र के काल से लेकर अभी कुछ समय पूर्व महात्मा गांधी तक, हम अनेक राजाओं, ऋषि-मुनियों व सामान्य जनों द्वारा सभी परिस्थितियों में सत्य के पथ पर डटे रहने के कारण किए गए त्यागों का पुनर्स्मरण कर सकते हैं। इसीलिए स्वतंत्र भारत ने राष्ट्रीय ध्येय वाक्य के रूप में 'सत्यमेव जयते' को चुना। हम सत्य का मूल्य सर्वोच्च इसलिए मानते हैं कि इसकी अमोघता में हमारी आस्था है। हम सत्य पर डटे रहते हैं क्योंकि हमारा दृढ़ विश्वास है कि यह हमारी अन्तर्चेतना को मुखर करने वाला उद्घोष है।

चर्चा के लिए बिन्दु (Point of Discussion) – एक अच्छी आँख वाला अंधों के गांव में जाता है। अंधे उससे पूछते हैं कि देख सकने की योग्यता का क्या अर्थ है ? ऐसे लोगों को वह कैसे समझाएगा। उन्हें कौन से उदाहरण देगा ?

ऐसी ही बात 'सत्य क्या है ?' प्रश्न के संदर्भ में भी है। इसकी वास्तविकता को समझने के लिए हमें अनेक उदाहरणों की आवश्यकता पड़ती है। आइए अपनी समझ के अनुसार सत्य के अनेक स्तरों को जानने का प्रयास करें।

अनुभवजन्य सत्य (Experienced Truth)

हम जो कुछ देखते व सुनते हैं उसे जैसे का तैसा बता देने को हम 'सत्य' समझते हैं, यह पहली सीढ़ी है। सत्य विषयक यह अवधारणा हमारी इन्द्रियों से प्राप्त अनुभव पर आधारित है। 'आज रविवार है', 'मैं उनींदा अनुभव कर रहा हूं' या 'अग्नि जलाती है' आदि सांसारिक सत्यों के ऐसे उदाहरण हैं जो इन्द्रियगम्य ज्ञान पर आधारित हैं। तथापि, प्रत्येक 'आज का दिन' 'रविवार' नहीं होता, न ही सम्पूर्ण विश्व में एक साथ 'रविवार' का दिन पड़ता है, 'मैं उनींदा अनुभव कर रहा हूं' यह सर्वकालिक सत्य नहीं है। अग्नि सब पदार्थों को नहीं जलाती; कागज की थैली में पानी भर कर आग पर रखा जाए तो कागज नहीं जलता। इस प्रकार इन्द्रियगम्य ज्ञान पर आधारित सत्य, समय, स्थान, परिस्थिति अथवा व्यक्ति भेद होने पर बदलता रहता है। यह सापेक्षिक है। इसमें तथ्य और उसकी अभिव्यक्ति में पारस्परिक एकरूपता आवश्यक रूप से सुस्पष्ट नहीं होती। एक मूल्य के रूप में इन्द्रियगम्य ज्ञान पर आधारित सत्य पूर्ण सत्य नहीं है।

हम सोचते हैं कि जैसा देखा गया, कहा गया, सुना गया उसे उसी रूप में पुनः प्रस्तुत कर देना सत्य है। सत्य का यह मूल्य नहीं है। सत्य, समय एवम् स्थान के बंधन में नहीं है। सभी देशों, कालों, ऋतुओं के लिए सत्य अपरिवर्तित रहता है। सत्य नित्य है।

निष्कर्षजन्य सत्य (Conclusive Truth)

निष्कर्षजन्य सत्य, उच्चतर स्तर पर है। यह केवल इन्द्रियगम्य ज्ञान पर आधारित नहीं होता। घटनाओं का अवलोकन एवम् तथ्यों का संग्रहण निःसंदेह आवश्यक है किंतु सत्य तक पहुंचने के लिए वैज्ञानिक तर्क प्रणाली प्रयुक्त होती है। 'सभी मनुष्य नश्वर हैं', 'सभी कौए काले होते हैं', 'हर सुबह सूरज पूर्व दिशा में उगता है' आदि निष्कर्षजन्य सत्य के उदाहरण हैं। इनका सभी परिस्थितियों में सत्यापन तथा निर्देशन नहीं हो सकता अथवा इन्हें हमारी अपनी इन्द्रियों द्वारा अनुभव नहीं किया जा सकता फिर भी हम इन्हें सत्य के रूप में स्वीकार करते हैं।

विज्ञान सम्मत सत्य उक्त श्रेणी के अंतर्गत आते हैं। एक त्रिभुज के तीनों कोणों का योग 180° होता है, एक परमाणु की सामान्य संरचना, ऊर्जा की अविनाशिता का नियम, ये सब निष्कर्षजन्य सत्य के उदाहरण हैं। विज्ञानसम्मत सत्य में नए प्रमाणों के प्रकाश में परिवर्तन या परिवर्द्धन होता रहता है। अतः इन्हें भी सापेक्षित सत्य कहते हैं। वास्तव में तो कुछ लोग विज्ञान को घटते हुए छल की प्रक्रिया मानते हैं।

सत्य, समय, स्थान एवम् गुणों से अप्रभावित रहना चाहिए। तब ही सत्य

होगा। किसी बाद की घटना अथवा ज्ञान से यह गलत साबित नहीं होना चाहिए।

परम् (निरपेक्ष) सत्य – पूर्ण सत्य (Truth as a Whole)

विज्ञान का संबंध सापेक्षिक सत्यों से है। आध्यात्मिकता का चरम लक्ष्य, परम सत्य है। इन्द्रियगम्य अनुभवों व निष्कर्षजन्य तर्कों के आधार पर विज्ञान सीमित जगत का ज्ञान कराता है। 'अनंत' को जानने की अपनी प्रविधि तथा तर्क पद्धति है। जहां विज्ञान तर्कों के कार्य-कारण संबंध के संख्यात्मक तथ्यों के आधार पर ज्ञान प्राप्त करता है, वहीं दूसरी ओर आध्यात्मिकता, अंतर्बोध और सहजानुभूति से सब कुछ जान लेती है। विज्ञान, बुद्धिशास्त्र है जबकि आध्यात्मिकता सहजानुभूति का शास्त्र है।

विज्ञान का अध्ययन क्षेत्र बाह्य (वस्तुनिष्ठ) विश्व है, इसके उपकरण हैं इन्द्रियां और बुद्धि और ये व्यक्तिनिष्ठ हैं; आध्यात्मिकता का अध्ययन क्षेत्र मनुष्यों का आंतरिक जीवन यानि व्यक्तिनिष्ठ जगत है और उपकरण हैं वस्तुनिष्ठ आत्मन से प्राप्त प्रेरणाएं। फ्रैंच दार्शनिक देकार्ते ने कहा था, "मैं हूँ, इसलिए मैं हूँ" जबकि उपनिषद के ऋषि की घोषणा है कि "मैं हूँ, इसलिए मैं सोचता हूँ।" उपनिषद के ऋषि के लिए मनुष्य की सारगर्भिता उसके 'अस्तित्त्व' में है।

अन्तर्निहित दिव्यत्व

हमें जो दिखता है, उसका आधार अदृश्य में है। जो कुछ सुनाई देता है उसका स्रोत सुनाई न देने वाला है। उदाहरण के लिए हमें दीवारें दिखती हैं किंतु नींव नहीं दिखतीं। फूलों का हार दिखता है किंतु फूलों को गूंथने वाला धागा नहीं दिखता। बिजली के पंखे की घूमती हुई पत्तियाँ दिखती हैं किंतु विद्युतधारा नहीं दिखती। तब इस मानव देह का क्या आधार है ?

जब मैं कहता हूं कि 'मेरा स्कूटर' तब निश्चय ही 'मैं स्कूटर नहीं हूँ।' जब मैं कहता हूं कि 'मेरा हाथ' 'मेरा शरीर' तब इस हाथ और शरीर का मालिक कौन है ? इस शरीर, बुद्धि और मन का स्वामी यह "मैं" कौन है ? जीवन से मृत्युपर्यंत कौन उच्छवासोच्छ्वास के लिए उत्तरदायी हैं। मृत्यु उपरांत वह क्या है जो शरीर से निकल जाता है जिसके कारण हम मृत शरीर को आग के हवाले कर देते हैं। उपनिषदों का उद्‌घोष है कि शरीर का स्वामी परम सत्य है। इसे विविध नाम दिए गए हैं जैसे कि आत्मा, शुद्ध चैतन्य या अंतर्निहित दिव्यत्व।

प्रत्येक में सत्य की चिंगारी है। यह चिंगारी, यह ज्योति ही ईश्वर है। वही सारे सत्य एवं सारे प्रेम का स्रोत है। मनुष्य सत्य की खोज में है। वह सच्चाई जानना चाहता है क्योंकि उसकी वह प्रकृति स्वयं ईश्वर से उद्‌भूत है, जो सत्य है।

वर्षाकाल में हम बारिश की बूंदों को देखकर उन्हें यों ही गुजर जाने देते हैं किंतु इन्हीं बूंदों को देखकर कोई चित्रकार, चित्रांकन करता है, गीतकार गीत लिखता है, गायक गाते हैं, मयूर नाच उठता है, और दार्शनिक स्वप्न संसार रचता है। इन सब प्रेरणाओं के मूल में 'आत्मन' है। आत्मन, स्वयंसद्धि है। किसी प्रमाण के जरिए 'आत्मन' पुष्ट नहीं होता, किसी इंकार से यह निर्बल नहीं होता। यह किसी तर्क अथवा प्रमाण पर आश्रित नहीं है। तर्क और प्रमाण को यह जन्म देता है, उनका स्रोत है। अन्य वस्तुओं को प्रमाणित या अप्रमाणित किया जा सकता है, किन्तु 'आत्मन्' को नहीं। आत्मन् की अनुभूति की यह आध्यात्मिक प्रविधि है।

लेटिन भाषा का शब्द है 'एडूकेअर', जिससे अंग्रेजी शब्द 'एड्यूकेशन' की व्युत्पत्ति हुई है। उसका अर्थ है, 'बाहर लाना' या सुप्त को उद्‌घाटित करना। शिक्षा को सदा ही ऐसी प्रक्रिया माना गया है, जिससे खाली बर्तनों को भरा नहीं जाता अपितु दीप प्रज्वलित किया जाता है।

विवेकानंद ने शिक्षा की शास्त्रीय परिभाषा दी है – "शिक्षा, व्यक्ति में अन्तनिर्हित पूर्णता का प्रकटीकरण है।"

ज्यों-ज्यों हमारी अन्तर्निहित पूर्णता के प्रकटीकरण की मात्रा बढ़ती है त्यों-त्यों हमें सच्चे स्वभाव की अनुभूति भी हो जाती है। अगर रामकृष्ण और रमन को 'दृष्टि' मिली तो क्या हम भी उस स्तर पर पहुंचने की आकांक्षा नहीं कर सकते? ध्रुव द्वारा स्थायी आवास को पाने विषयक तुरंत संकल्प, सत्यान्वेषण के लिए नचिकेता का अटल संकल्प, हमारी परंपरा के भंडार के कुछ ऐसे चमकदार रत्न हैं जिनसे ज्ञात होता है कि इस मार्ग में सभी विजेता हैं। 'तत्वमसि' तुम वह हो। ऋषि का यह उद्‌घोष भ्रम नहीं है अपितु सहजानुभूति का प्रत्यक्ष अनुभव है।

सर्वोच्च स्थिति में सत्य शाश्वत है – समय एवं स्थान के बंधनों से परे है। सभी प्राणियों पर सामान्य रूप से लागू होने वाली स्वतः प्रमाणित सच्चाई है। इस परिवर्तनशील जगत में अंतरम में स्थित स्रोत ही एक एकमात्र स्थाई वास्तविकता है। यह समझ और अनुभव कि संसार केवल सापेक्षिक सत्य है, हमें परम निरपेक्ष सत्य की ओर ले जाता है।

ईश्वर किसी ऊँचे स्वर्ग में विराजित नहीं है। वह हममें है, हमारे साथ है, आगे, पीछे, सामने है, वह प्रत्येक कोशिका में जीवन रूप है। वह प्रत्येक परमाणु में स्पन्दित है। वह यह सब कुछ है और इससे अधिक भी बहुत कुछ है।

सारभूत सत्य को जानने के लिए, उसकी खोज, जांच पड़ताल और अनुभव के लिए प्रत्येक मनुष्य को बुद्धि दी गई है। ईश्वर स्वयंभू सत्य है।

बुद्धि की खोज से शुरू हुई प्रक्रिया में ही सत्योद्‌घाटन प्रारंभ होता है और प्रक्रिया तब फलीभूत हो जाती है जब बुद्धि का परिवर्तन सहजानुभूति में हो जाता

है। यह एक बेजोड़ प्रक्रिया है, डॉ. राधाकृष्णन के शब्दों में, "बुद्धि, सहजानुभूति की, हठधर्मिता की, अनुभव की तथा बाह्य अभिव्यक्ति, आंतरिक अनुभूतियों की अनुवर्ती है।"

अब हम जानेंगे कि शिक्षा की इस क्रमिक प्रक्रिया का मानवीय उत्कृष्टता के पाठ्यक्रम में किस प्रकार समावेश किया गया है।

आनुषंगिक मूल्यों (उपमूल्यों) का अनुक्रम

सत्य का अनुक्रम

एकल धारणा	1. सत्यवादिता
	2. जिज्ञासा
	3. ज्ञान पिपासा
	4. खोज वृत्ति
	5. विवेचन (विवेक)
	6. आत्मावलोकन
	7. धर्मनिरपेक्षता
बहुल धारणा	8. सभी धर्मो का आदर
	9. सार्वभौमिक स्वयंभू सत्य

प्रत्येक लक्ष्य का अपना मार्ग और गंतव्य तक पहुंचने की मार्गदर्शक पट्टिकाएं होती हैं। राष्ट्रीय शैक्षिक अनुसंधान और प्रशिक्षण परिषद (NCERT) द्वारा जिन 83 आनुषंगिक मूल्यों को सूचीबद्ध किया गया है उनमें से 9 मूल्यों को सत्य के आधारभूत मूल्य के अंतर्गत रखा जा सकता है। इन आनुषंगिक मूल्यों को शालेय शिक्षा पाठ्यक्रम में क्रमानुसार मनोवैज्ञानिक सिद्धांतों के आधार पर सजाया जा सकता है – यथा सरल से जटिल मूल्य, एकल से बहुल अवधारणा। जटिलता के क्रमानुसार जो आनुषंगिक मूल्य नीचे दिये हैं, उन्हें शाला के आरंभिक वर्षो में परिचित कराया जा सकता है। प्रत्येक आनुषंगिक मूल्य के साथ, व्यवहारपरक विशिष्टता को भी जोड़ा जा सकता है। मानवीय उत्कृष्टता की दिशा में प्रत्येक व्यवहारपरक उद्देश्य, एक ऐसा मील का पत्थर है जिसे प्राप्त किया जा सकता है।

1. सत्यवादिता प्रथम आनुषंगिक मूल्य है। इसका संदर्भ इन्द्रियानुभूति पर आधारित सत्य है। वस्तुनिष्ठ की दिशा में यह प्रारंभिक कदम हैं। हम जो देखें व सुनें उसे बिना घटाए, बिना बदले उसी रूप में बता दें। नैतिक दृष्टि से इसका अर्थ है कि हम सत्य बोलें, विचार और वचन में ऐक्य हो इसमें हमारी अपनी भावनाओं का रंग न मिले। असत्यवादिता या झूठ एक विरोधाभास है। सत्यवादिता की इन्द्रियानुभूति के साथ पूर्ण संगति रहती है।

सत्यवादिता में तथ्य व उसकी अभिव्यक्ति में सटीक सामंजस्य रहता है। यहां दार्शनिक भाव यह है कि असत्य मस्तिष्क को भ्रष्ट करता है उसके समत्व को नष्ट करता है, परिवेश को दूषित कर समाज को हानि पहुंचाता है।

2. जिज्ञासा, ज्ञानपिपासा व खोजवृत्ति ये तीनों इसी अनुक्रम में अगले आनुषंगिक मूल्य है। आत्मविकास की आंतरिक ललक से प्रेरित होकर व्यक्ति प्रश्न पूछता है, जानकारी लेता है, एवं प्रयोग करता है। सभी वैज्ञानिक प्रविधियों में पद्धतिपरक मूल्यों की आधारभूत भूमिका है। इनसे छात्र को बाह्य जगत की विश्वसनीय जानकारी प्राप्त करने का प्रशिक्षण मिलता है। इन्द्रियों के अलावा, इन पद्धतियों में सोचने की प्रक्रिया, स्मरण शक्ति तथा जानकारियों के विश्लेषण उपरांत निष्कर्ष निकालने की बौद्धिक क्षमता का उपयोग होता है।

3. विवेचन (विवेक) अगली पायदान है। सत्य की मंजिल तक पहुंचने के पूर्व सत्य और झूठ, उपयोगी और निरूपयोगी के बीच अंतर कर पाने की क्षमता आवश्यक है। बाह्य जगत के अध्ययन में वस्तुनिष्ठ इस प्रकार आवश्यक हो जाती है। पूर्वाग्रहों, वैयक्तिक पसंद व नापसंद तथा संबंधों को एक तरफ रखना पड़ता है। भावनाओं के ऊपर बुद्धि के नियंत्रण को वैज्ञानिक अध्ययन पद्धतियों में आवश्यक माना गया है।

मनुष्य के अंतर में स्थित आसुरी प्रवृत्तियों पर काबू पाने व दैविक तत्वों को स्वप्रयत्नों से उजागर करने के लिए उसे दी गई विवेक शक्ति उसकी अंतरात्मा की आवाज सुनने से आती है।
श्री सत्य साई बाबा (मार्च 1968)

4. आत्मानुशीलन यह छठवां आनुषंगिक मूल्य है। यह स्पष्ट है कि हम अब व्यक्तिनिष्ठता के क्षेत्र में प्रवेश कर रहे हैं। हमारे अपने आंतरिक जीवन की निष्पक्ष जांच पड़ताल में शुरू में बताए गए सभी (पांच) कदम महत्वपूर्ण एवं आवश्यक हैं। – सत्यवादिता, बौद्धिक प्रशिक्षण एवं विवेक। इतिहास साक्षी है कि विज्ञान में हमें अंधविश्वासों की बेड़ियों से मुक्त होने में मदद की है। तर्क की उसी प्रक्रिया एवं वस्तुनिष्ठता की आवश्यकता 'आत्मन्' के अध्ययन के लिए आवश्यक है। चूंकि हमारे विचार और कार्य हमारी क्रियाओं को प्रभावित करते हैं अतएव एक जैसा वैज्ञानिक जो सांसारिक लाभ-हानि से उद्वेलित है एवं ईर्ष्या या जलन से प्रभावित होता है वह अपने कार्य में वस्तुनिष्ठता एवं तर्कसंगतता नहीं ला सकता।

चर्चा के लिए विचार बिंदु :– खोज, आविष्कार एवम् सृजन में क्या अंतर है ? उदाहरण दें।

शिक्षा के बारे में पाश्चात्य दृष्टिकोण, तर्क करने की शक्ति को बढ़ाने, समस्या की समाधान मूलक क्षमता विकसित करने तथा निर्णय लेने की प्रक्रिया को

स्वरूप देने से संबंधी है। यह बौद्धिक विकास है, आध्यात्मिक नहीं। सहजानुभूति को जगाना ही होगा, जैसे दीप प्रज्वलन किया जाता है। इससे छात्र की भावना पवित्र होगी और प्रत्यक्ष ज्ञान का द्वार साफ होगा। डॉ.वी.के. गोकाक

इस प्रकार एक सायास प्रयास करके हमारे भीतर के नैतिक एवं मूल्यपरक धागे को मजबूत करना आवश्यक है ताकि सहजानुभूति जागृत हो सके और जीवन के विविध पहलुओं में वस्तुनिष्ठता आ सके। इसकी सच्ची परीक्षा यह है कि इस सबसे आंतरिक बदलाव हुआ है या नहीं या ये जानकारियां केवल एक निरूपयोगी बहस के ही काम आती हैं।

यदि हम अपनी छवि पानी में देखना चाहें तब दो आवश्यक पूर्व शर्तें हैं – पानी साफ होना चाहिए तथा पानी की सतह शांत होनी चाहिए। उसी प्रकार अपने आत्मन की गहराई में जाने के पूर्व मन की पवित्रता (प्रदूषित विचार निकाल फेंकें) आवश्यक है और उसे शांत करना होगा, यानि आंतरिक सामंजस्य और शांति पानी होगी। जे. कृष्णामूर्ति ने कहा है :

इस मौन में ऐसी रचनात्मक अवस्था होती है कि वह आधारभूत बदलाव ले आती है।

ईसा मसीह ने कहा था : शुद्ध हृदय के लोग भाग्यवान हैं क्योंकि वे ईश्वर का दर्शन प्राप्त करेंगे।

श्री सत्य साईं बाबा ने कहा है कि "केवल मौन की गहराइयों में ही ईश्वर की आवाज सुनाई देती है।

यह ईश्वर की आवाज दरअसल हमारी अंतःचेतना है। श्री सत्य साईं बाबा आगे कहते हैं कि –

अन्तःचेतना ही वास्तविक सत्य है। शब्द झूठ से लबरेज हो सकते हैं किंतु अन्तःचेतना (अन्तरात्मा) हमेशा सत्य कहती है। जब शब्द अन्तःचेतना का अनुगमन करते हैं तब शब्द भी सत्य हो जाते हैं।

5. धर्मनिरपेक्षता एवं सभी धर्मो का आदर सत्य की अनुक्रमणिका में ये उपमूल्य सातवीं एवं आठवीं पायदान पर हैं। इनसे मनुष्यों में भ्रातृभाव व ईश्वर के पितृत्व विषयक हमारी आस्था को बल मिलता है। सत्य केवल एक ही है। आपमें और मुझमें एक ही सत्य है। जब सभी धर्मो का उद्देश्य उसी सत्य का दिग्दर्शन कराना है, और हम सभी लोगों में उन्हीं मानवीय गुणों का अनुभव करते हैं तब हम दूसरों के साथ अपने व्यवहार में पूर्वाग्रह अथवा घमण्ड को प्रदर्शित नहीं करेंगे। हम यह समझ जाते हैं जैसा कि श्री सत्य साईं बाबा कहते हैं –

केवल एक जाति है, मानवता की जाति
केवल एक भाषा है, हृदय की भाषा
केवल एक धर्म है, प्रेम धर्म

6. सार्वभौमिक स्वयंभू सत्य यह नौवां उपमूल्य है। इसके साथ हो यह वृत पूरा हो जाता है। डॉ. राधाकृष्णन ने कहा है कि–

प्रायोगिक स्तर से शुरू हुई हमारी खोज पुनः उसी में लय हो जाती है। यहां प्रक्रिया और उत्पाद मिल जाते हैं।

इस खोज का प्रारम्भ हमारे एक सायास बौद्धिक प्रयास से होता है कि बाह्य विश्व में सत्य की खोज करें। इस खोज का प्रतिफलन, बुद्धि के उदात्तीकरण व उसके सहजानुभूति में लय के अलावा अंतर में व्याप्त प्रेम के प्रकटीकरण में होता है। सत्य साईं बाबा का कथन है कि 'विचार के रूप में प्रेम सत्य है।' उन्होंने आगे कहा है–

यह ब्रह्माण्ड ईश्वर का शरीर है; इसके जर्रे-जर्रे में ईश्वर, उसकी महिमा, उसकी शक्ति, उसकी रहस्यमयता व्याप्त है। विश्वास रखो कि ईश्वर प्रत्येक वस्तु एवं प्रत्येक प्राणी का आंतरिक सत्य है। वह ही सत्य है; वह ही विवेक है। वह ही शाश्वत है।

पद्धति : हाथ हृदय एवम् मस्तिष्क से संबंधित छात्र की संपूर्ण क्षमता के उपयोग को दृष्टिगत रखते हुए ऐसा पाठ्यक्रम तैयार करना चाहिए कि सत्य की समझ हो जाए। खोज, अवलोकन, परीक्षण, व्याख्या, अवधारणा के द्वारा हमारी बुद्धि हमारी समझ को विकसित कर पाती है।

स्मरण शक्ति की भी महती भूमिका है। इसकी सहायता से घटनाओं व अनुभवों की तुलना अंतरज्ञान से करके उनके बीच समानताएं अथवा असमानताएं समझी जा सकती हैं। प्रार्थना गायन से, सुभाषित कंठस्थ करने से, कहानियों व रूपकों के अलावा संतों एवं गुणी लोगों के जीवन के प्रेरक उदाहरणों से तथा संगीत से इस कार्य में बहुत सहायता मिलती है।

हृदय के विस्तार एवं शुद्धिकरण के माध्यम से सहजानुभूति को जागृत करना एक अन्य शक्तिशाली उपाय है। आंतरिक सच्चाई से सुर मिलाने में मौन बैठक का छात्रों को अभ्यास करना चाहिए। कुछ अन्य प्रविधियों जैसे कि अभिवृत निर्माण, रोल प्ले, सामुदायिक सेवा का प्रयोग विवेक शक्ति, वस्तुनिष्ठता व सभी धर्मों के प्रति आदर भाव की वृद्धि के लिए किया जा सकता है।

सत्य का स्वरूप

दैनिक जीवन में हमारे सामने बहुधा यह समस्या उपस्थित होती है कि अमुक बात सत्य है अथवा नहीं। हम कोई बात सुनते हैं या पढ़ते हैं तो उसे ज्यों का त्यों न मानकर उसके सत्य अथवा असत्य का पता लगाते हैं। कभी-कभी हमें जो दिखाई पड़ता है उसमें संदेह उत्पन्न हो जाता है और यह समस्या उपस्थित

हो जाती है कि हमारा देखना सत्य था अथवा असत्य। सत्यात निर्णय (Judgment) का गुण है। निर्णय सत्य या असत्य होते हैं। कोई निर्णय सत्य है अथवा असत्य इसकी परीक्षा उसे सत्य की कसौटी पर कसने से होती है। सामान्य रूप से प्रत्येक व्यक्ति इस प्रकार की कोई न कोई कसौटी रखता है। उदाहरण के लिए अधिकतर लोग यह समझते हैं कि यदि हमारे निर्णय वस्तु जगत में यथार्थ वस्तु-स्थिति के अनुरूप हैं तो वे सत्य हैं और यदि ऐसा नहीं है तो वे असत्य हैं। यह सामान्य बुद्धि (Common Sense) का मत दार्शनिक विवेचन के सम्मुख थोड़ी देर भी नहीं ठहर सकता। प्रश्न यह है कि आप यह कैसे जान सकते हैं कि आपके निर्णय वस्तु स्थिति के अनुरूप हैं या नहीं क्योंकि वस्तु-स्थिति को आप ज्यों का त्यों नहीं जानते, बल्कि जो कुछ आपने इन्द्रियों के द्वारा अनुभव किया है और अपने पिछले अनुभव के आधार पर वर्तमान प्रत्यक्षों का जो कुछ अर्थ लगाया है, उसी के आधार पर आप वस्तु जगत को जानते हैं और इन्द्रियां तथा मनुष्य का अनुभव वस्तु को ज्यों का त्यों नहीं, बल्कि विशेष रूप से उपस्थित करते हैं। अस्तु, वस्तु-स्थिति यह है कि हम केवल अपने अनुभव को जानते हैं, वस्तुओं को नहीं और इसलिए हमारे पास यह निश्चित करने का कोई साधन नहीं है कि हमारे अनुभव और उन पर आधारित निर्णय वस्तु स्थिति के अनुरूप हैं या नहीं। इसलिए कुछ दार्शनिक यह सोचते हैं कि सत्य की कसौटी अनुभव ही है और जो निर्णय हमारे अनुभव से समीचीन है, वह सत्य है और जो नहीं है, वह असत्य है। परन्तु फिर क्या किसी व्यक्ति के अनुभव पूर्णतया वस्तुगत कहे जा सकते हैं ? यदि नहीं तो फिर अनुभव को सत्य की कसौटी मानना कहां तक उपयुक्त है। अस्तु, कुछ दार्शनिक यह सोचते हैं कि हमें वस्तुगत होने की चिन्ता न करते हुए उपयोगिता को देखना चाहिए। जो निर्णय जीवन में उपयोगी हैं, या हमारी आवश्यकताओं को सन्तुष्ट करते हैं वे निर्णय सत्य हैं और दूसरी ओर जो निर्णय हमारे प्रयोजनों की सिद्धि के मार्ग में बाधा अटकाते हैं, वे असत्य हैं। इस सिद्धान्त में सबसे बड़ी कठिनाई यह है कि उपयोगिता क्या है अथवा क्या उपयोगी है, क्या नहीं, इस सम्बन्ध में व्यक्ति , देश और काल में भारी अन्तर पड़ जाता है। तब फिर उपयोगिता को सत्य की कसौटी किस प्रकार बनाया जा सकता है ?

सत्य के सिद्धान्त (Theories of Truth)

उपरोक्त विवेचन से स्पष्ट है कि दार्शनिक क्षेत्र में सत्य और असत्य के विषय में अनेक सिद्धान्त प्रचलित हैं जिनकी अपनी-अपनी कठिनाइयां हैं। संक्षेप में, इनमें से मुख्य सिद्धान्त निम्नलिखित हैं–

1. स्वतः प्रामाण्यवाद (Self-Evidence Theory)– सत्यासत्य के विषय में

स्वतः प्रामाण्यवाद (Self-Evidence Theory) का सिद्धान्त देकार्ते और लॉक ने उपस्थित किया। देकार्ते ने स्पष्ट बौद्धिक धारणा को सत्य ठहराया। जो धारणा जितनी ही अधिक स्पष्ट है, वह उतनी ही अधिक सत्य है। दूसरी ओर अस्पष्टता बढ़ने के साथ-साथ असत्य भी बढ़ता है। लॉक के अनुसार सरल प्रत्यय स्पष्ट होते हैं और इसलिए वे सत्य हैं। इस प्रकार स्वतः प्रामाण्यवाद सहज, सरल और स्पष्ट अनुभव को सत्य मानता है। इस सिद्धान्त के अनुसार इन गुणों के होने से सत्यता तुरन्त दिखलाई पड़ने लगती है। उदाहरण के लिए ज्यामितिशास्त्र की स्वयं सिद्ध मान्यताओं के सत्य में संदेह नहीं किया जा सकता। इनके लिए किसी बाह्य प्रमाण की आवश्यकता नहीं है। ये स्वतः प्रामाण्य हैं।

कठिनाइयां– सत्य के इस सिद्धान्त के विरुद्ध निम्नलिखित आक्षेप उठाये जाते हैं–

(क) स्पष्टता सत्य की कसौटी नहीं हो सकती– दर्शन और विज्ञान के इतिहास में ऐसे सैंकड़ों सिद्धान्त दिखलाई पड़ते हैं जो किसी समय नितान्त परिस्पष्ट (Obvious) जान पड़ते थे और जिनमें बाद में अनेक दोष पाये गये जिनके कारण वे क्रमशः असत्य सिद्ध हो गये। उदाहरण के लिए आरम्भ में देश काल के विषय में न्यूटन का सिद्धान्त प्रचलित था और उसकी परिस्पष्टता में किसी को सन्देह नहीं था। क्रमशः उसमें अनेक कठिनाइयां दिखलाई पड़ीं और आइन्सटाइन का सिद्धान्त उपस्थित होने के बाद न्यूटन का सिद्धान्त असत्य मान लिया गया।

(ख) अनुभव सत्य की कसौटी नहीं है– उपरोक्त सिद्धान्त के अनुसार, मुझे जो स्पष्ट अनुभव हो रहा है, उसके सत्य में सन्देह नहीं होना चाहिए। ध्यान से देखा जाए तो हमारे दैनिक जीवन में कितने ही उदाहरण ऐसे हैं जिनमें यह बात गलत सिद्ध होती है। उदाहरण के लिए सब देखते हैं कि सूर्य पूर्व में उदय होता है और पश्चिम में अस्त होता है। परन्तु क्या वह अनुभव सत्य है अर्थात् क्या वास्तव में सूर्य पूर्व से पश्चिम की ओर चलता है। इसी प्रकार पृथ्वी चपटी दिखलाई पड़ती है गोल नहीं। परन्तु क्या वह चपटी है ? इसी प्रकार ऐसे सैंकड़ों उदाहरण दिये जा सकते हैं जहां हम अपने अनुभव को सत्य नहीं मान सकते चाहे कितना ही स्पष्ट क्यों न हो।

2. अनुरूपतावाद (Correspondence Theory) – अस्तु, कुछ दार्शनिकों के अनुसार सत्य की कसौटी वस्तु से अनुरूपता(Correspondence) है। पाश्चात्य दार्शनिकों में लॉक ने इस सिद्धान्त का समर्थन किया है। लॉक के अनुसार अपनी धारणाओं के सत्य-असत्य की परीक्षा करने के लिए हमें यह देखना चाहिए कि वे कहां तक वास्तविक वस्तुओं से मेल खाती हैं। यदि वे वस्तु स्थिति के अनुरूप हैं तो वे सत्य हैं और यदि वे प्रतिरूप हैं तो वे सत्य नहीं है।

कठिनाइयाँ– सत्य के अनुरूपतावादी सिद्धान्त में निम्नलिखित मुख्य कठिनाइयां हैं–

(क) वस्तु का स्वतन्त्र ज्ञान सम्भव नहीं है– लॉक के अनुसार हमारे मानसिक प्रत्यय यथार्थ वस्तुओं के प्रतिनिधि (Representation) हैं। हम यह कैसे जान सकते हैं कि ये प्रतिरूप वस्तुओं से मिलते-जुलते हैं या नहीं क्योंकि प्रतिरूपों से स्वतन्त्र वस्तु का ज्ञान तो सम्भव नहीं है। जैसा कि कान्ट ने दिखलाया है, हम वस्तु-स्वयं को नहीं जानते बल्कि उसके रूप को जानते हैं, जो हमें दिखलाई पड़ता है। ऐसी स्थिति में हम अपने ज्ञान की तुलना यथार्थ वस्तु से कैसे कर सकते हैं ? जिस व्यक्ति ने असली मनुष्य को देखा ही नहीं है, वह यह कैसे बतला सकता है कि दिया हुआ फोटोग्राफ उस व्यक्ति का है या नहीं। स्पष्ट है कि हमारे समस्त निर्णय वस्तुओं की प्रतीतियों (Appearances) पर आधारित होते हैं और इन प्रतीतियों से बाहर स्वयं वस्तु कैसी है यह जानने का हमारे पास कोई साधन नहीं है। अस्तु, अनुरूपता की कसौटी कोई काम नहीं दे सकती।

(ख) इससे भ्रम की व्याख्या नहीं होती – अनुरूपतावादी सिद्धान्त से बहुधा भ्रम भी सत्य प्रतीत होता है। उदाहरण के लिए मुझे कमरे में सर्प दिखलाई पड़ता है और चाहे वह रस्सी ही हो, इससे मेरे अनुभव में कोई अन्तर नहीं पड़ता। मुझे सर्प का जो पिछला अनुभव है, प्रस्तुत अनुभव अनुकूल है, इसलिए तो मैं कहता हूँ कि यह सर्प है। अनुरूपता की कसौटी के अनुसार मेरा यह निर्णय सत्य है जबकि जबकि वास्तव भें यह भ्रम है।

3. फलवादी सिद्धान्त (Pragmatic Theory) –निरपेक्षतावादियों के विपरीत फलवादी 'सत्य' शब्द को सद्वस्तु के अर्थों में प्रयोग न करके जीवन में कार्य करने वाले ज्ञान का एक विशेषण मात्र मानते हैं। जैसा कि पीयर्स (Pierce) ने लिखा है, "मान लिया कि कोई विचार अथवा विश्वास सत्य है तो उसके सत्य होने से किसी यथार्थ जीवन में क्या मूर्त अन्तर पड़ेगा?" फलवादियों के हाथ में हाथ मिलाकर भाववादी (Positive) तथा मानववादी प्रोटेगोरस के **Homo Mensura** के सिद्धान्त का समर्थन करते हैं। मानव सभी वस्तुओं की कसौटी है। सत्य कोई यथार्थ अथवा सत्तात्मक मूल्य नहीं है, बल्कि तात्विक रूप में मानवीय है। वह मानव के लिए सत्य है। जैसा कि जेम्स ने लिखा है, "किसी विचार का सत्य उसका कोई स्थिर गुण नहीं हैं। विचार सत्य होता है। वह सत्य बन जाता है, घटनाओं द्वारा सत्य बना दिया जाता है। उसकी प्रामाणिकता वास्तव में एक घटना अथवा उसकी अपनी प्रामाणिकता को जांचने की प्रक्रिया है।" इस प्रकार तार्किक अनुरूपता नहीं बल्कि उपयोग और मानवीय व्याख्या ही सत्य भी सापेक्ष हैं। शिलर के अनुसार लन्दन के कुछ वर्ग (Square) वास्तव में

गोलाकार हैं। इस प्रकार निरपेक्ष सत्य जैसी कोई वस्तु नहीं है। सभी सतय केवल सम्भाव्य ही हैं। 'विचार', जैसा कि डीवी ने लिखा है, "सत् के अनुभवपूर्व परम गुणों के अनुरूप मानस के आन्तरिक गुण नहीं हैं न ही वे इन्द्रिय जगत पर सदैव के लिए एक बार थोपे हुए अनुभवपूर्व वर्गीकरण ही हैं, उस अनुभव के पूर्व जो कि उन्हें सम्भव बनाते हैं।" सत्य शुभ की जाति का मूल्य है। इसका उद्गम उपयोग में है। शिलर के अनुसार "वास्तव में सत्य तो यह है कि विचारों की यथार्थ अनुरूपता और एकमात्र अनुरूपता जो कि तर्क शुद्ध कही जा सकती है उनके किसी विचारक के हित और प्रयोजन के प्रसंग में होने से उत्पन्न होती है।"

इस प्रकार समस्त सत्य मानवीय रूप में मनस से सम्बन्धित हैं। परन्तु इससे यह सिद्ध नहीं होता कि समस्त सत्य मानवीय हैं और अपनी उपयोगिता पर निर्भर हैं। व्यावहारिक मूल्य के परे सत्य का यथार्थ मूल्य भी है जो कि उसके तत्व को निर्माण करता है। जैसा कि श्री अरविन्द ने संकेत किया है, "परम सत्य का अपना नियम है जो कि सभी मानदण्डों से परे हैं।" पूर्णतया मानव बनने के लिए मानव का उत्क्रमण करने की आवश्यकता है। मानव नहीं बल्कि अतिमानव ही सत्य का लक्ष्य है। पूर्ण होने के लिए निम्न को उच्च स्तर के लिए उत्क्रमण करना चाहिए। वहाँ पहुंचकर ही वह पूर्ण हो सकता है। श्री अरविन्द के शब्दों में, "सब कुछ जानने के लिए हमें उसकी ओर दृष्टि फेरनी चाहिए जो कि सबके परे है। उसको जानने से शेष सबका ज्ञान हो सकता है।"

शिलर का मत है कि वास्तविक सत्य केवल सत्य के अधिकार को प्रमाणित होने का अधिकार है क्योंकि प्रमाणित करने की प्रक्रिया कभी भी अन्तिम नहीं होती। जैसा कि वह कहता कि

"हम सत्य की परिभाषा (1) बाह्य रूप में एक तर्कगत मूल्य के नाते, (2) मनोवैज्ञानिक दृष्टि से एक ज्ञान सम्बन्धी प्रयोजन की सिद्ध के रूप में, (3) भौतिक रूप से एक ऐसा सतय का अधिकार जो कार्य करता है और लाभदागक है, (4) व्यावहारिक रूप में उसको सत्य समझने के परिणामों पर आधारित तत्व के रूप में कर सकते हैं।"

यह एक प्रातीतिक सत्य है। परन्तु यदि हम शिलर के व्यावहारिक सिद्धान्त के अतिरिक्त अन्य सिद्धान्तों की आलोचना को देखें तो हम प्रतीतिमात्र और दार्शनिक सत्य में गड़बड़ी पाते हैं। प्रतीतिमात्र व्यावहारिक सत्य हमारे दैनिक जीवन में निश्चय ही मूल्यवान है परन्तु दर्शन एक ऐसे सत्य की खोज करता है जो कि चिरंतन, निरपेक्ष और सर्वांग है। स्पष्ट है कि ऐसा सत्य तर्कसंगत न होकर आध्यात्मिक है। उसकी कसौटी सर्वांग अनुभव है।

4. सामंजस्यवादी सिद्धान्त (Coherance Theory)—समकालीन दार्शनिकों

में अधिकतर सत्य के सामंजस्यवादी सिद्धान्त (Coherence Theory) को मानते हैं। इस सिद्धान्त के अनुसार, जैसा कि इसके नाम से स्पष्ट है, किसी निर्णय के सत्यासत्य की कसौटी हमारे ज्ञान से उसका सामंजस्य है। उदाहरण के लिये यदि मैं अपने पिछले अनुभव से जानता हूं कि अमुक व्यक्ति सच्चरित्र है तो यदि कोई मुझसे आकर उसके बारे में कोई दुश्चरित्रता की बात बतलाता है तो मैं उसे असत्य ठहराता हूं। इसके विरुद्ध यदि आप जानते हैं कि अमुक व्यक्ति दुश्चरित्र है तो आप उसके बारे में सुनी बातों को उसी प्रकार से तौलते हैं। वैज्ञानिक खोजों में नई परिकल्पनाओं के सत्यासत्य का अनुमान इस तथ्य से लगाया जाता है कि वे हमारे प्राप्त ज्ञान से कहां तक समीचीन हैं और उन्हीं परिकल्पनाओं में सत्य की सम्भावना मानी जाती है जो इस प्रकार समीचीन है। उदाहरण के लिये एक बालक चोरी करना सीख जाता है। इस आदत का कारण क्या है, इस विषय में हजारों परिकल्पनायें उपस्थित की जा सकती हैं। इन सभी की परीक्षा करना सम्भव नहीं है क्योंकि किसी के पास भी इतनी शक्ति और समय नहीं होते। होता यह है कि हम इनमें से बहुत सी परिकल्पनाओं को तो जांचे जाने के अवसर ही नहीं देते क्योंकि हमें वे असत्य मालूम पड़ती हैं। इस असत्य की कसौटी यह है कि यह हमारे अब तक के अनुभव के विरूद्ध है। अस्तु, केवल वे ही परिकल्पनायें ली जाती हैं जो कि हमारे अनुभव से सामंजस्य रखती हैं और इन्हीं की परीक्षा की जाती है। कभी-कभी ऐसा भी होता है कि कोई ऐसी परिकल्पना ही सच पाई जाती है जो हमारे पूर्व अनुभव से सामंजस्य नहीं रखती। परन्तु इससे सामंजस्य का नियम भंग नहीं होता। वास्तव में सत्य क्या है और क्या असत्य है इसको जानने के लिये मनुष्य के पास पूरे साधन नहीं हैं और न कभी होंगे। हम इस जगत को अपने अनुभव से जानते हैं। यह अनुभव गलत भी हो सकता है और सही भी परन्तु इस अनुभव से बाहर निकलकर हम जगत को जान नहीं सकते। हमारे पास हमारा अनुभव और ज्ञान ही एकमात्र सहारा है। उसी को सामंजस्य की कसौटी पर तौलकर हमें निर्णयों के सत्यासत्य का विवेचन करना होगा। हो सकता है कि वह विवेचन कभी-कभी गलत सिद्ध हो परन्तु ऐसी स्थिति होते हुए भी हमारे पास कोई अन्य उपाय नहीं है। आखिरकार मनुष्य एक सीमित, दुर्बल और अपूर्ण प्राणी है और अधिक सत्य को जानने का प्रयास मात्र ही कर सकता है, पूरी तरह सत्य को जानने का दावा कभी नहीं कर सकता।

सामंजस्य के उपरोक्त विस्तृत विवेचन से स्पष्ट है कि सत्यासत्य के विभिन्न सिद्धान्तों में यह सबसे अधिक उपयुक्त सिद्धान्त है। जैसा कि पीछे बतलाया जा चुका है, सामंजस्य दो प्रकार से देखा जा सकता है एक तो तथ्यात्मक (Factual) सामंजस्य जिसमें किसी तथ्य की परीक्षा अन्य ज्ञात तथ्यों से सामंजस्य के

आधार पर की जा सकती है और दूसरे तार्किक (Logical) सामंजस्य जिसमें उपस्थित विचार या निर्णय के अर्थ की तार्किक परीक्षा की जाती है अर्थात् यह देखा जाता है कि वह कहां तक तर्कयुक्त है।

सद्आचरण (Righteous Conduct)

अंग्रेजी भाषा में संस्कृत शब्द 'धर्म' का समानार्थी कोई शब्द नहीं है। 'धर्म' की अवधारणा रूढ़ धर्म, सदाचरण, आचार संहिता, कर्तव्य या उत्तरदायित्व बोध के प्रचलित अर्थों से भी अधिक व्यापक है। धर्म में स्वयं के अन्यान्य के व ईश्वर के प्रति उत्तरदायित्व का भाव है। श्री सत्य साई बाबा का कहना है कि –

किसी क्षण विशेष की आवश्यकताओं एवं दबावों के मद्देनजर समय एवं परिस्थितियों के अनुसार आचरण में फेरबदल का नाम धर्म नहीं है। इसका अर्थ है आंतरिक सांमजस्य एवं बाह्य शांति की यात्रा के लिए आवश्यक आधारभूत सिद्धांत।

सभी समाजों एवं सभी कालों में आचार-व्यवहार के स्वीकृत मानदण्डों पर लोगों के चलने पर हमेशा ज़ोर दिया गया है। घर पर और विद्यालय में बच्चों को अच्छे व्यवहार के बारे में हमेशा ही बताया जाता है। सामाजिक जीवन में भी शिक्षकों, चिकित्सकों, सांसदों आदि के लिए आचरण संहिता बनाई जाती है।

प्रत्येक देश में प्रति वर्ष अनेक नए नियमों द्वारा समाज के नियमन का प्रयास होता है। समाज के विभिन्न वर्ग के लोगों के अधिकारों की रक्षा के लिए भी अनेक कानून बनाए जाते हैं तथापि हम यह पाते हैं कि हमारे चहुं ओर कानून की अवज्ञा हो रही है। नियम तोड़े जाते हैं, लोग दण्डित नहीं होते। नियम बनते ही उनसे बचने के उपाय ढूंढ़ लिये जाते हैं।

जो आधारभूत प्रश्न पूछे जा रहे हैं वे ये हैं कि 'क्या हम अमल करा सकने योग्य कानून बनाते हैं ?' 'क्या हम जिन कानूनों को बनाते हैं उनका पालन कराते हैं ?' और भी महत्त्वपूर्ण बात यह है कि 'क्या कानून बना देने मात्र से ही कोई समाज नैतिक और न्यायी हो सकता है ?' 'क्या हमें हमारी समस्याओं के लिए बिल्कुल अलग मार्ग अपनाने की आवश्यकता है ?' श्री सत्य साई बाबा ने इनका जबाव दिया है–

आजकल लोग अपना कर्तव्य नहीं निभाते किन्तु उनका फल पाना चाहते हैं। इससे उन्हें सुख नहीं मिलेगा। प्रत्येक को यह जान लेना चाहिए कि उसका जन्म उत्तरदायित्वों को निभाने के लिए हुआ है न कि बिना सेवा किए उसका पुरस्कार पाने के लिए। मनुष्य को यह जान लेना चाहिए कि उसका अधिकारों पर कोई दावा नहीं है। उसका कर्तव्य यह है कि वह अपने उत्तरदायित्व निबाहे।

यदि वह अपना कर्तव्य करता रहे तो उसे समय आने पर प्रतिफल मिलेगा। आजकल लोग अपना कर्तव्य नहीं निभाते पर अधिकारों के लिए लड़ते हैं।

नैतिक अधिकार एवं कर्त्तव्य (Moral Rights and Duties)

नैतिक अधिकार (Moral Rights) :

(1) जीने का अधिकार (Right to Live) :– जीने का अधिकार मनुष्य का सर्वप्रथम मुख्य अधिकार है। नैतिक जीवन का लक्ष्य आत्मलाभ है और आत्मलाभ करने के लिए जीवन एक अनिवार्य शर्त है। जीवन का अधिकार मौलिक (Fundamental) अधिकार है। यह एक पवित्र अधिकार है। जीने के अधिकार में काम करने का अधिकार भी सम्मिलित है। जीविकोपार्जन के बिना जीवन की आवश्यकतायें पूरी नहीं की जा सकतीं। बेकार व्यक्ति का जीवन ही कठिन हो जाता है। जीवन के अधिकार के साथ जीवन के सम्मान का कर्त्तव्य भी लगा हुआ है। यदि प्रत्येक व्यक्ति को अपने जीवन को रखने का अधिकार है तो उसका कर्तव्य है कि दूसरों को ऐसा करने में सहायता दे अथवा कम से कम ऐसा करने में बाधक न बने। इस कर्त्तव्य की अवहेलना करने पर जीने का अधिकार छिन सकता है। इसीलिए हत्या करने का अपराध होने पर मृत्युदण्ड की सज़ा मिलती है। अतः मनुष्य को अपने तथा दूसरों के जीवन की वृद्धि करनी चाहिए।

परन्तु यह ध्यान रखने की बात है कि मानव के इस मौलिक अधिकार को सदा से नहीं माना जाता था। प्राचीनकाल में कहीं बच्चों की हत्या कर दी जाती थी तो कहीं विधवाओं को जीवित जला दिया जाता था। किसी देश में विधर्मियों को मार डाला जाता था तो कहीं युद्ध के कैदियों को मौत के घाट उतार दिया जाता था। मानव जाति का इतिहास निरीह व्यक्तियों के भयंकर हत्याकाण्ड से भरा पड़ा है। आज भी युद्ध के रूप में सहस्रों व्यक्तियों का खुलेआम वध कर दिया जाता है। यह सर्वथा अनैतिक है। सभ्यता के युग में प्रत्येक मानव को बिना किसी रूप, रंग, जाति, वर्ग अथवा लिंग आदि के भेद-भाव के जीने का अधिकार मिलना चाहिए।

(2) स्वतन्त्रता का अधिकार (Right to Freedom) :– जीने के अधिकार के पश्चात् स्वतन्त्रता का अधिकार भी महत्त्वपूर्ण है। समस्त नैतिक कार्य की कल्पना असंभव है। मानव की संकल्प की स्वतन्त्रता नीतिशास्त्र की मौलिक मान्यता है। आत्म-लाभ के सर्वोच्च श्रेय की प्राप्ति के लिये स्वतन्त्रता का अधिकार आवश्यक है। व्यक्ति किसी अन्य के लाभ का साधन नहीं बनाया जा सकता। प्रत्येक व्यक्ति स्वयं साध्य है। उसको अपना श्रेय प्राप्त करने की स्वतन्त्रता है। प्रकृति ने उसको स्वतन्त्र उत्पन्न किया है। वह किसी का दास नहीं है।

परन्तु मनुष्य की स्वतन्त्रता का अर्थ निरंकुशता न होकर आत्मा द्वारा नियन्त्रण है। इसका एक कारण यह भी है कि स्वतन्त्रता के अधिकार के साथ दूसरों की स्वतन्त्रता में बाधा न डालने का कर्त्तव्य भी लगा हुआ है। सुव्यवस्थित समाज में व्यक्ति और समाज के स्वार्थों में विरोध नहीं होता। स्वार्थ और परार्थ एक ही आत्मा के हित के दो पक्ष हैं। अनियन्त्रित दुराचार मानव की स्वतन्त्रता नहीं बल्कि इन्द्रियों की दासता का परिणाम है। स्वतन्त्रता का वास्तविक अर्थ है उचित कार्यों की स्वतन्त्रता। अनुचित कार्यों की स्वतन्त्रता का किसी को भी अधिकार नहीं है।

(3) सम्पत्ति का अधिकार (Right to Property) :– स्वतन्त्रता के अधिकार के साथ सम्पत्ति का अधिकार भी लगा हुआ है। जीवित रहने के अधिकार के लिये भी सम्पत्ति का अधिकार आवश्यक है। धन के बिना मनुष्य की आवश्यकताओं की पूर्ति असम्भव है और सम्पत्ति धन का ही एक रूप है। सम्पत्ति के स्वामित्व की प्रवृति मानव की स्वाभाविक प्रवृत्ति है। परन्तु यहाँ ध्यान रखने की बात है कि सम्पत्ति के अधिकार का दुरूपयोग मानव स्वभाव की प्रकृति नहीं बल्कि विकृति का परिचायक है। यह ठीक है निजी सम्पत्ति को समूल नष्ट कर देने में अनेक मनोवैज्ञानिक कठिनाइयाँ हैं और किसी सीमा तक सम्पत्ति का अधिकार व्यक्तित्व के विकास के लिए आवश्यक है परन्तु सम्पत्ति के अधिकार के साथ सामाजिक कल्याण का कर्त्तव्य भी लगा हुआ है। अतः किसी भी व्यक्ति को सम्पत्ति का इस सीमा तक अधिकार नहीं है जिससे समाज के अन्य लोगों को भारी असुविधा हो। वास्तव में सम्पत्ति का समाज कल्याण से इतना प्रगाढ़ सम्बन्ध है कि गांधी जी इत्यादि अनेक विचारकों ने सम्पत्ति के अधिकारियों को सम्पत्ति का 'ट्रस्टी' मानने पर जोर दिया है। अतः सम्पत्ति के अधिकार अत्यन्त सीमित अर्थों में लेना पड़ेगा। कुछ विचारक तो इस अधिकार से सर्वथा इन्कार करते हैं। प्लेटो के अनुसार आदर्श जनतन्त्र में सभी को समान साधन उपलब्ध होने चाहिए और व्यक्तिगत सम्पत्ति का अधिकार नहीं होना चाहिए। अरस्तु के अनुसार आदर्श राज्य में प्रत्येक को सामान्य शुभ के लिये सम्पत्ति का स्वतन्त्रतापूर्वक उपयोग करने का अधिकार होना चाहिए। मार्क्स और इंजेल्स ने निजी सम्पत्ति के अधिकार का विरोध किया है। वास्तव में आज की पूँजीवादी व्यवस्था में इतने दोष आ गये हैं कि व्यक्तिगत सम्पत्ति का उन्मूलन करने का विचार एक दम निरर्थक नहीं लगता। परन्तु इसमें अनेक व्यावहारिक कड़िनाइयां हैं। गांधी जी और श्री अरविन्द आदि का सम्पत्ति के ट्रस्टी रूप का विचार एक ऐसा विकल्प उपस्थित करता है जिसने सम्पत्ति के अधिकार को बनाये रखते हुए भी निजी विकल्प के दोषों का परिष्कार किया गया है। व्यक्ति को चाहिए वह सम्पत्ति को समाज के कल्याण के लिये

प्रयोग करे। कहना न होगा कि सम्पत्ति को समाज कल्याण के लिये प्रयोग करने के कर्त्तव्य की अवहेलना करने पर सम्पत्ति का अधिकार छिन जाना अनुचित नहीं है। यहाँ यह ध्यान रहे कि समाज कल्याण में व्यक्ति का कल्याण भी सम्मिलित है क्योंकि व्यक्ति समाज का एक अंग है।

(4) समझौते की पूर्ति का अधिकार (Right to Fulfilment of Contract):– सम्पत्ति के अधिकार के साथ समझौते की पूर्ति का अधिकार भी लगा हुआ है। वास्तव में समझौते की पूर्ति का अधिकार तभी अर्थपूर्ण हो सकता है जबकि समझौते की पूर्ति के साधनों पर व्यक्ति का अधिकार हो। इन साधनों में मुख्य साधन सम्पत्ति है। अतः जहां एक ओर समझौते की पूर्ति के अधिकार के लिये सम्पत्ति का अधिकार आवश्यक है वहाँ दूसरी ओर सम्पत्ति के अधिकार की सीमायें समझौते के अधिकार पर भी लागू होती हैं। समझौते के अधिकार के साथ व्यक्ति का यह भी कर्त्तव्य है कि वह न्यायोचित समझौता करे जिसे पूरा किया जा सके। इस प्रकार किसी को अपने स्त्री, बच्चों का सौदा करने अथवा अपने को दास बनाने का समझौता करने का अधिकार नहीं है। अतः समझौते के अधिकार को अत्यन्त बुद्धिमता से सीमित अवस्थाओं में ही प्रयोग किया जा सकता है।

(5) शिक्षा का अधिकार (Right to Education) :– जीने के अधिकार के बाद मनुष्य का शिक्षा का अधिकार सर्वाधिक महत्त्वपूर्ण है क्योंकि शिक्षा से ही मनुष्य व्यक्ति बनता है। शिक्षा ही उसे पशु के स्तर से मनुष्य के स्तर पर पहुंचने का सर्वोच्च साधन है। नैतिक दृष्टि से तो प्रत्येक व्यक्ति अपनी योग्यता के अनुसार सर्वोत्तम शिक्षा पाने के लिए बाध्य है। मनुष्य का नैतिक श्रेय आत्मलाभ शिक्षा के बिना प्राप्त नहीं हो सकता। शिक्षा मनुष्य की शक्तियों का विकास करके उसको आत्मोत्कर्ष के योग्य बनाती है। समाज में प्रत्येक व्यक्ति को शिक्षा के द्वारा अपनी मानसिक और आध्यात्मिक शक्तियों के विकास का अवसर मिलना चाहिए।

नैतिक कर्त्तव्य (Righteous Duties)

उपरोक्त नैतिक अधिकारों के समान ही मनुष्य के कुछ नैतिक कर्त्तव्य भी हैं। मुख्य नैतिक कर्त्तव्य निम्नलिखित हैं–

(1) जीवन का सम्मान (Respect for Life)

अपने और दूसरों के जीवन का सम्मान मनुष्य का प्रथम कर्त्तव्य है। आत्महत्या तथा हत्या दोनों ही घोर अनैतिक कार्य हैं। प्रत्येक व्यक्ति को अपने जीवन की रक्षा करने का अधिकार है। साथ ही प्रत्येक व्यक्ति का यह भी कर्त्तव्य है कि दूसरों के जीवन की भी रक्षा करे अथवा उसे हानि न पहुँचाये। अहिंसा परम

धर्म है। किसी भी व्यक्ति को दूसरों के स्वास्थ्य अथवा जीवन को हानि नहीं पहुँचानी चाहिए।

(2) स्वतन्त्रता का सम्मान (Respect for Freedom)

स्वतन्त्रता के अधिकार के साथ स्वतन्त्रता के सम्मान का कर्त्तव्य भी लगा हुआ है। आधुनिक काल में इस कर्त्तव्य पर अत्यधिक जोर देने की आवश्यकता है; क्योंकि संसार में चारों ओर सभी मनुष्य सभी प्रकार की पराधीनता के विरुद्ध आवाज उठा रहे हैं। प्रत्येक मानव स्वयं साध्य है, उसको साधन के रूप में प्रयोग करने का किसी को भी अधिकार नहीं है। मनुष्य को वस्तु समझकर नहीं बल्कि व्यक्ति समझकर व्यवहार किया जाना चाहिये। इस प्रकार दूसरों को गुलाम बनाना और उनका शोषण करना घोर अनैतिक कर्म है।

(3) चरित्र का सम्मान (Respect for Character)

चरित्र का सम्मान करना भी मानव का नैतिक कर्त्तव्य है। चरित्र ही मनुष्य में सर्वोच्च गुण है। वही उसकी नैतिकता का आधान है। प्रत्येक व्यक्ति को स्वयं व्यक्ति बनना चाहिये और दूसरों को व्यक्ति समझकर उनका सम्मान करना चाहिये। चरित्र व्यक्तित्व का एक आवश्यक अंग है और नैतिक दृष्टि से तो चरित्र ही व्यक्तित्व का मूलाधार है। अतः हमें स्वयं में और दूसरों में चरित्र का सम्मान करना चाहिये।

(4) सम्पत्ति का सम्मान (Respect for Property)

सम्पत्ति के अधिकार के साथ सम्पत्ति के सम्मान का कर्त्तव्य भी लगा हुआ है। प्रत्येक व्यक्ति को अपनी निजी सम्पत्ति का सदुपयोग करने का अधिकार है। अतः हमें दूसरों के ऐसा करने में भी बाधक नहीं बनना चाहिये। इसी कारण चोरी करना नैतिक अपराध है। अतः सम्पत्ति के सम्मान के साथ साध्यों के औचित्य का विचार भी लगा हुआ है।

(5) सामाजिक व्यवस्था का सम्मान (Respect for Social Order)

इस प्रकार प्रत्येक व्यक्ति का कर्त्तव्य है कि वह सामाजिक व्यवस्था का सम्मान करे। ऐसा करने पर व्यक्ति और समाज का कल्याण होगा। व्यक्ति के अधिकारों की रक्षा तभी हो सकती है जबकि सामाजिक व्यवस्था बनी रहे। सामाजिक व्यवस्था छिन्न-भिन्न हो जाने पर सभी के अधिकार खतरे में पड़ जायेंगे। इससे व्यक्तियों का नैतिक विकास भी कठिन हो जायेगा। परिवार आदि सामाजिक संस्थाओं के संगठित रूप में रहने से व्यक्ति का नैतिक विकास समुचित रूप में हो सकता है। अतः सामाजिक व्यवस्था एक पवित्र व्यवस्था है। उसका सम्मान करना चाहिए।

(6) सत्य का सम्मान (Respect for Truth)

समझौते के अधिकार के साथ सत्य के सम्मान करने का कर्त्तव्य भी लगा हुआ है। नैतिक आदेश है कि तुम मिथ्या भाषण नहीं करोगे। मनुष्य को अपने को वचनों में संयत रहना चाहिये और वचनों का पालन करना चाहिये। उसको चाहिये कि जो सोचे वही कहे और जो कहे वही करे। इस प्रकार मन, वचन तथा कर्म में सत्यका सम्मान करना नैतिक कर्त्तव्य है।

(7) प्रगति का सम्मान (Respect of Progress)

नीतिशास्त्र मानव प्रगतिशीलता में आस्था रखता है। प्रत्येक व्यक्ति को प्रगति में आशा रखनी चाहिये और प्रगति का सम्मान करना चाहिये। परिश्रम ही पूजा है। समाज की प्रगति व्यक्ति की प्रगति से ही हो सकती है। जगत में वस्तुतः प्रगति कहां तक हो रही है, यह एक विवादास्पद प्रश्न है, परन्तु इसके विवाद में न पड़ते हुए प्रगति के लिए प्रयास करने में ही मनुष्य की परम नैतिकता है।

प्रकृति धर्म (Law of Nature)

सब इससे सहमत होंगे कि यदि प्रकृति से छेड़छाड़ न की जाए तो वह व्यवस्था, सामंजस्य तथा शांति का एक बढ़िया उदाहरण है। राष्ट्रीय उद्यानों व सुरक्षित वन क्षेत्रों का हम निर्माण करते हैं। उनमें प्राकृतिक सौन्दर्य एवं ईमानदारी के व्यवहार का भरपूर नजारा दिखाई देता है। प्रकृति हमें अनुगमन करने के लिए अनेक आदर्शो तथा आदर्श आचरण करने वाले नमूने प्रदान करती है। प्रकृति अपनी भौतिक अभिव्यक्ति में सदाचरण के मूल्य का पालन करती है।

हम जानते हैं कि ब्रह्माण्ड में प्रत्येक वस्तु व्यवहार के निश्चित नियमों का अनुसरण करती है। सूर्य अपने पथ पर नियमित रूप से चलते हुए बिना किसी भेदभाव के सबको प्रकाश एवं ऊर्जा प्रदान करता है। वृक्ष, भूमि एवं जल रक्षण करते हैं कार्बनडाईऑक्साइड लेकर ऑक्सीजन देते हैं ताकि अन्य लाभान्वित हो सकें।

ईश्वर ने अपनी पहल पर यह संसार रचा और इसके रख-रखाव तथा सुगम संचालन हेतु कुछ नियम बनाए। प्रत्येक प्राणी के उचित व्यवहार के नियम बने थे। इनसे धर्म बना है।

प्रत्येक वस्तु का धर्म है। पानी का धर्म है, प्रकृति है और उत्तरदायित्व है – बहना और गीला करना, अग्नि का धर्म है जलना और भस्म करना, चुम्बक का धर्म है अपनी ओर आकर्षित करना। इनमें से प्रत्येक अपने धर्म का निर्वाह कर रहा है। बिना रूके, बिना बदले यह सौर मण्डल और गगन मण्डल के तारे अपना

धर्म निबाह रहे हैं।

जब बड़ी से बड़ी आकाशगंगा से लेकर लघुतम परमाणु भी इस प्रकार प्रकृति के दिव्यत्व को प्रकट कर रहा है, तब हम मनुष्यों को स्पष्ट रूप में जान लेना चाहिए कि हम भी अपनी दिव्य प्रेरणा का अनुसरण करें।

यदि सूरज अपनी प्राणदायक किरणें भेजने में असफल हो जाये तो प्रलय आ जाएगा। केवल विकलांग मधुमक्खी ही अपने मधु को छत्ते तक नहीं ले जाती; अग्नि जलने और ऊर्जा देने से इंकार करती है तो दयनीय है। इसी प्रकार जब भी हम कृतज्ञता एवं प्यार से अपने कर्तव्य निभाने से पीछे इटते हैं तब हम ही कुछ खोते हैं। प्रकृति हमें सदाचरण की ओर प्रेरित करती है, यह हमारा धर्म है।

धर्म को कहीं बाहर से आयात नहीं करते, न ही इसे हटा सकते हैं। यह तो तुम्हारी अपनी सच्ची प्रकृति है, तुम्हारा अपना अनोखापन है। यह तुमको पशुत्व स्थिति से ऊपर उठा कर मनुष्य बनाता है। धर्म पालन कैसे करें ? अपनी सहजता को प्राप्त करके। यदि कोई धर्म से च्युत हो कर सनकपूर्ण व्यवहार करने लगे तब इसे अधर्म करना कहेंगे।

हमने जाना है कि सद्आचरण के अनुसार जीवन-यापन का अंतिम लक्ष्य यह है कि अपने परिवेश को व स्वयम् अपनी वास्तविक प्रकृति को जान लेना। इसका अर्थ है कि पृथकत्व की भावना को त्याग देना तथा अपनी अन्तर्निहित दिव्यता के अनुकूल आचरण करना। अपने इस विशिष्ट कर्तव्य को निश्चित करने का तरीका यह है कि हम अपने अंदर की आवाज़ को सुनें। कोई अन्य हमें हमारा कर्तव्य नहीं बता सकता। सभी परिस्थितियों में केवल हमारी अंतरात्मा ही सच्ची मार्गदर्शक है। जब हम उसका मार्गदर्शन स्वीकार कर लेते हैं तब हमें प्रसन्नतादायक व संतोषपूर्ण जीवन की ओर ले जाती है।

ईश्वर की इच्छा पर चलना सच्चा धर्म है। यह स्वधर्म है। अंतःकरण की आवाज़ का अनुगमन ही स्वधर्म है। परा-धर्म का संबंध शरीर से है यह इन्द्रियों का अनुसरण करता है। यदि तुम सांसारिक धर्म का पालन करोगे तो यह कभी भी स्थायी नहीं होगा।

धर्म एवं 3 एच.(Religion and 3H's)

क्रिया भौतिक स्तर पर होती है; प्रत्येक क्रिया का प्रेरक एक विचार होता है। यदि इस विचार की पोषक शक्ति मानवीय स्वार्थपूर्ण इच्छा के बजाय मानवीय सद्इच्छा हो तब परिणामी कर्म, नेक व न्यायसंगत होंगे। सद्इच्छा, मानवीय संकल्प का ऐसा अंश है जो हमें सत्य के अनुकूल कर्म करने के लिए प्रेरित और प्रोत्साहित करती है।

हृदय – सद्इच्छा
उच्चतर मन (अंतःकरण)
हाथ – क्रिया

हेड – (मस्तिष्क) स्वार्थपूर्ण इच्छा
निम्नतर मन

स्वार्थपूर्ण इच्छाएं हमें सांसारिक पदार्थों की ओर आकर्षित करती हैं ये हमारे मोहबंधों का स्रोत हैं। हमारे अंदर (अंतःकरण) सद्इच्छा और स्वार्थपूर्ण इच्छा के बीच और अंतरात्मा की आवाज और सांसारिक आकर्षणों के खिंचाव के बीच एक किस्म की रस्साकशी चलती रहती है।

अपने अंदर स्थित ईश्वर की आवाज सुनो। जैसे कोई गलत काम के बारे में सोचता है यह आवाज उसे सचेत करती है, विरोध करती है और सलाह देती है कि दुष्कर्म छोड़ो। यह तुम्हें सही एवं गलत के बीच भेद करने को प्रोत्साहित करती है।

प्रेम रहित कर्तव्य कर्म दुखद है। प्रेम सहित कर्तव्य कर्म वांछनीय है। किंतु ऐसे प्रेम कर्म जो किसी कर्तव्य भाव से नहीं अपितु अपनी प्रकृति या स्वभाव के कारण किए जाते हैं, वास्तव में दिव्य कर्म हैं।

नैतिक दायित्वों का निष्पादन प्रेमपूर्वक किया जाना चाहिए न कि बेमन से किए गए कर्तव्य के रूप में; ईश्वर की सृष्टि में हमारी भूमिका एवं स्थान को समझ लेने से यह बात स्पष्ट हो जाती है।

अपना कर्तव्य अच्छी तरह पूर्ण कर लेने पर ही जीवन में सच्ची खुशी प्राप्त होती है। नैतिक दायित्वों की पूर्ति के लिए किया गया कठोर परिश्रम सर्वाधिक संतोष प्रदान करता है।

प्रत्येक व्यवसाय का अपना धर्म है। इसके पालन के लिए नैतिक मर्यादायें व नियम हैं। यदि इनका पालन किया जाए तो लोगों की प्रसन्नता बढ़ती ही जाएगी। प्रत्येक के लिए एक जैसा धर्म नहीं हो सकता, क्योंकि इसका निर्धारण परिवर्तनशील बातों जैसे आयु, पेशा, अधिकार, विद्वता के अलावा इन बातों से भी होता है कि व्यक्ति पुरुष है या स्त्री, शिक्षक है या विद्यार्थी, मालिक है या नौकर, बच्चा है या नौजवान, पिता है या पुत्र, आश्रित है या स्वतंत्र।

हमारे कर्तव्य हमारी परिस्थितियों पर निर्भर रहते हैं। कुछ कर्तव्य स्वयं के प्रति होते हैं कुछ अन्यों के प्रति होते हैं। यह उचित ही है कि युवा लोग कार्य करें और संसार में स्वयं के लिए स्थान बनाएं; रोजगार पाना, पैसा और नाम कमाना तब तक एकदम ठीक है जब तक कि इनकी प्राप्ति के प्रयत्नों में ईमानदारी है।

युवा अवस्था में हमारे पारिवारिक और सामाजिक उत्तरदायित्व होते हैं। किंतु उम्र बढ़ने पर यह हमारा कर्तव्य है कि हम सांसारिक मामलों में निःस्पृह होकर आध्यात्मिक लक्ष्यों की पूर्ति करें।

यह जानना भी आवश्यक है कि परिवार के भरण-पोषण अथवा ऊपरी तौर पर अध्यात्म से विलग कार्य भी ईश्वर की ही सेवा है। ईश्वर ही हमें जीवन में विविध कार्य सौंप कर आध्यात्मिक लक्ष्यों की पूर्ति के योग्य बनाता है। कोई भी कार्य छोटा या महत्वहीन नहीं है। ईश्वर 'मेरा' काम और 'अन्य' काम के बीच में कोई विभाजक रेखा नहीं खींचता। यह संभव नहीं है कि लौकिक व आध्यात्मिक कार्यों को अलग-अलग किया जाए।

हमारे नियंत्रण के परे कुछ ऐसे तत्व व परिस्थितियां हो सकती हैं जो हमारे कर्तव्यों को निर्धारित करें। कुछ अन्य बाधाओं के कारण, वांछित कर्मपथ पर चलने की हमारी स्वतंत्रता सीमित हो सकती है। किसी एक व्यक्ति को दूसरे की अपेक्षा कर्मपथ के चुनाव में अधिक स्वतंत्रता प्राप्त हो सकती है। दूसरे व्यक्ति के पास सीमित अवसर हो सकते हैं। अतएव, हमारे क्रिया-कलाप के तात्कालिक परिणाम उतने महत्वपूर्ण नहीं है जितना कि उन कार्यों के करने का उद्देश्य या चालक शक्ति है। हमें अपनी संपूर्ण योग्यता के साथ कार्य करने चाहिए तथा परिणाम ईश्वर पर छोड़ देना चाहिए।

इसका यह अर्थ भी है कि हम अपने को सौंपे गए कर्तव्य पर ध्यान दें किसी दूसरे के कार्य को न करें, भले ही वह कार्य ज्यादा आकर्षक लगता हो। श्री सत्य साई बाबा का कहना है कि–

प्रसन्नता का रहस्य यह नहीं है कि व्यक्ति अपनी पसंदगी का काम करे, बल्कि यह है कि जो काम उसे करना ही है उसे वह पसंद करे।

आनुषंगिक मूल्य (उपमूल्य : कौशल)

1. **आत्मनिर्भरता विषयक कौशल** : शैशवकाल से ही बच्चों को कौशल सिखाए जाने चाहिए, ताकि बारंबार के अभ्यास से ये उन की आदत में आ जाएं, ये ही कौशल हैं–

(अ) साफ-सफाई एवम् आरोग्यवर्धक रहन-सहनः शारीरिक साफ-सफाई, जैसे नियमित स्नान, दंतमंजन, नाखून काटना, बाल संवारना, खान-पान की अच्छी आदतें व तौर तरीके इसके अंतर्गत आते हैं। भोजन के पूर्व व उपरांत हाथों की ढंग से सफाई, शौचालय का प्रयोग, इधर-उधर न थूकना आदि बातें बचपन में ही सीखी जाती हैं।

(आ) नियमितता एवम् समयबद्धता से समय के बेहतर उपयोग की कला

सीखी जाती है। सादे-सरल जीवन का महत्व भी सिखाना चाहिए। फिजूलखर्ची, अपव्यय को रोके जाने के बारे में भी बताना चाहिए।

(इ) अगले कदम पर बच्चों की आयु के अनुरूप अपने आप अपने काम का शिक्षण देना चाहिए। विद्यालय की पुस्तकों का उचित रख-रखाव, अपना गृह कार्य अपने आप करना, सुबह जल्दी उठना, स्कूल के लिए तैयार होना, छोटे-छोटे कार्यो को जिम्मेदारीपूर्वक करने से बच्चों में आत्मनिर्भरता बढ़ती है। इन सब आदतों से बच्चों में आत्मविश्वास बढ़ता है।

2. **सामाजिक कौशल** : आत्मविश्वास की नींव पर बालक अपने सामाजिक परिवेश के साथ सार्थक संबंध एवं तादात्म्य स्थापित करता है। दूसरों का आदर करना, बड़ों की आज्ञा मानना एवं सामान्य रूप से स्वीकृत विचारों एवं कार्यो के करने के प्रति वह अपने आप आस्था पा लेता है। दल के सदस्य के रूप में बालक टीम भावना तथा श्रम की महत्ता को आत्मसात कर लेता है। सौंपे गए कार्य को करने व दूसरों की सेवा करने में उसे संतोष एवं सुख प्राप्त होने लगता है।

इन सभी सामाजिक कौशलों से उसे आत्मसंतोष प्राप्त होता है।

3. **नैतिक कौशल** : अनुकूल परिवेश तथा माता-पिता व शिक्षकों के मार्गदर्शन से बालक की सामाजिक अंतःक्रियाओं के माध्यम से उसकी सद्इच्छा बलवती होती है तथा उसमं अनेक प्रशंसनीय गुणों जैसे ईमानदारी, हिम्मत, पहल, साहस, नेतृत्व, न्यायपरायणता और विश्वसनीयता का उदय होता है।

शिक्षकों द्वारा वर्षो तक प्रयुक्त विधियों से, विचार विमर्श से एवं प्रयोगात्मक अनुभवों से प्राप्त अंतर्दृष्टि से आंतरिक बदलाव होता है जिससे विद्यार्थी आत्मोत्सर्ग (समर्पण) के लिए तैयार होता है।

बच्चे की आयु के हिसाब से उचित कौशलों का एक सोचा-समझा अनुक्रम रखा गया है। इस बात का ध्यान दिया जाना चाहिए की सरल और स्पष्ट कौशल प्रथमतः लिए गए हैं, जटिल व अवधारणात्मक कौशलों को पाठ्यक्रम के अगले हिस्से में रखा गया हो एवं : आत्मविश्वास, आत्मसंतोष, आत्मत्याग और आत्मानुभूति का भी चिन्तन हो।

मानवीय उत्कृष्टता का मुकुलन छात्रों के एक साथ दो दिशाओं में ले जाता है – (अ) सामाजिक परिवेश के साथ योग्य क्रियाकलाप, (आ) आंतरिक जीवन की खोज। आंतरिक जीवन में बच्चे जितना अधिक पैठेंगे, उतने ही प्रभावी रूप से धर्ममय उनका संसारी जीवन होगा। इसका अंतिम उद्देश्य, आत्मानुभूति है।

शांति (Peace)

हम ऐसे विश्व में रह रहे हैं जहां संघर्षग्रस्त देशों में शांति स्थापना के लिए संयुक्त राष्ट्र को भी सेना भेजना पड़ती है। राष्ट्रों के मध्य विवाद युद्धों को जन्म देते हैं और हम शांति स्थापना के नाम पर युद्ध लड़ते हैं। यहां तक कि युद्ध के अभाव की शांति के रूप में प्रशंसा होती है। यद्यपि ऐसी शांति सतही होती है। इस स्थिति को 'शीतयुद्ध' यास 'परोक्ष युद्ध' भी कहा जाता है। निष्क्रियता वास्तव में शांति का चिन्ह नहीं है; शमशान की चुप्पी से क्या हमें शांति मिलती है ? जड़ अवस्था में भी हम विचलित महसूस करते हैं।

शस्त्रों के संतुलन से शांति नहीं मिलती बल्कि मनों के संतुलन से मिलती है। संयुक्त राष्ट्र के प्रथम महासचिव यू थांट ने कहा था, "युद्ध मनुष्यों के दिमाग में जन्म लेते हैं और उन मनों में प्यार व सहानुभूति द्वारा ही शांति की रक्षा की जा सकती है।"

मन का संताप ही मनुष्यों के सभी दुखों का मूल कारण है। अनेक कारणों से हमारा मन उद्वेलित हो उठता है और हमारी शांति भंग हो जाती है।

मन रूपी पवन के ज़रिए संसार की गंध खुशबू या बदबू, हम तक पहुंचती है। जब मन बदबू की ओर झुकता है तब जुगुप्सा या घृणा पैदा होती है, जब मन खुशबू की ओर मुड़ता है तो प्रसन्नता होती है। चारों दिशाओं के बादलों का हवा इकट्ठा करती है। उसी प्रकार मन भी चेतना संसार में अपूर्ण आशाओं से जन्मे नैराश्य को लाता है। यह भी सच है कि पवन की तरह मन भी बादलों को छिन्न-भिन्न करता है। मन पर नियंत्रण करो और आप अविचलित रहो। यह शांति का रहस्य है। यही वह पाठ है जिसका व्यक्ति को अधिकारी बनना है और ह्दयंगम करना है।

अवचेतन मन

आइए अवचेतन मस्तिष्क की भूमिका को समझने का प्रयत्न करें। संसार की जानकारी हमें पंचेन्द्रियों से होती है। इस जानकारी का लगभग 83 प्रतिशत भाग आंखों तथा 11 प्रतिशत भाग कानों से प्राप्त होता है। जब यह जानकारी शरीर को मिलती है तब यह स्नायु तंत्रिकाओं के माध्यम से मस्तिष्क में पहुंचती है वहां इसका विश्लेषण होता है। चेतन मन तब प्राप्त सूचना से अवगत होता है।

इंद्रियों पर बाह्य उत्प्रेरकों से पड़ने वाले प्रभाव के कारण, चेतन मन में विचार उत्पन्न होते हैं। प्रत्येक विचार ऊर्जा की नपी तुली मात्रा है। चेतन मन यह जानकारी स्मृति में संजोकर रखने के लिए संदेश भेजता है, यह स्मृति कोष

अवचेतन मन में रहता है। अवचेतन मन को निम्नतर मन भी कहते हैं। जैसे ही अवचेतन मन में स्थित स्मृति कोष को जानकारी मिलती है, वैसे ही अवचेतन मन स्वयंमेव उस जानकारी की पूर्व सूचनाओं के साथ तुलना प्रारंभ कर देता है। यदि जानकारी से जुड़े संवेग नकारात्मक हैं तब वह चेतन मन को नकारात्मक भावनात्मक प्रतिक्रिया भेजता है, जो क्रोध, भय आदि के माध्यम से प्रकट होती हैं।

यदि अवचेतन मन में प्राप्त विचारों से सकारात्मक उद्रेक होते हैं, तब वे ही चेतन मन को सकारात्मक भावनात्मक क्रिया रूपों जैसे प्रसन्नता, उल्लास इत्यादि के रूप में प्रकट होते हैं। दोनों ही स्थितियों में अवचेतन मन की प्रतिक्रिया, अनुगामी प्रतिक्रियाओं के लिए उत्प्रेरक का कार्य करती हैं और इससे भूतकाल के भावात्मक अनुभवों के निर्माण या उनके सुदृढ़ीकरण का कार्य होता है।

अवचेतन मन में हमारे सभी पूर्व अनुभवों का समाकलन या कुल जोड़ मौजूद रहता है। हमारे क्रियाकलाप व शब्द, अवचेतन मन की प्रतिक्रिया के परिणाम हैं। भूतकाल के अनुभवों के कारण हम भूतकाल के आचरण पथ की ओर झुक जाते हैं। एक उदाहरण से बात समझें –

चर्चा बिंदु : सड़क पर या ट्रेन में आप किसी से टकरा जाते हैं। क्या खीजते व नाराज होते हैं ?

आप मुड़ते हैं और पाते हैं कि जिससे टकराए वो अभिन्न मित्र है; क्या आपके व्यवहार में परिवर्तन होता है ?

आपको धक्का लगने आप किसी अन्य से टकरा जाते हैं; उसकी प्रतिक्रिया क्या होगी? और तब क्या होगा जब उस व्यक्ति को आप नापसंद करते हों ?

उपर्युक्त उदाहरण में यदि अवचेतन मन में सकारात्मक वृत्तियों का बाहुल्य हो तो हम इस घटना को हंस कर टाल देंगे। लेकिन यदि अवचेतन मन में नकारात्मक वृत्तियों का बाहुल्य हो तो हमारी प्रथम प्रतिक्रिया क्रोधपूर्ण होगी। तथापि, यह देखकर कि टकराने वाले व्यक्ति मित्र हैं, हम क्रोध नहीं करेंगे।

इच्छाएँ (Desires)

विचारों का स्थान मन है। विचारों की श्रृंखला से इच्छा जन्म लेती हैं। इच्छाओं के मूल में इंद्रियों द्वारा कुछ अनुभव पाने की लालसा होती है। इंद्रियों को उनकी इच्छित दिशा में स्वतंत्र छोड़ देने पर इच्छाएं उठ खड़ी होती हैं। तथापि इन्द्रियों को हम जितना अधिक तुष्ट करते हैं उतनी ही परेशानियां हमें बाद में उठानी पड़ती हैं।

जीवन में आनंद का इच्छाओं से उलटा संबंध है; इच्छाएं कम तो आनंद अधिक। जीवन यात्रा में, रेल यात्रा के समान जितना कम सामान (इच्छाएं) होगा

उतनी ही अधिक आरामदायक यात्रा होगी।

आधुनिक युग में हमें इस बात पर विश्वास करना सिखाया जाता है कि हमारे सभी कर्म इच्छाओं की पूर्ति के लिए हों ताकि मन की शांति मिल सके। कभी-कभी इच्छापूर्ति से अस्थाई तौर पर मन को मौन कर देते हैं तथापि, शीघ्र ही हम यह पाते हैं कि दुर्दम इच्छाएं दुगुने वेग से पुनः आ खड़ी होती हैं। इच्छापूर्ति से मन को शांत बनाने से मन की विकलता बढ़ती ही है।

इन्द्रियों की रूचि के अनुकूल मन को खुला छोड़ देने के परिणाम हम सबने अनुभव किए हैं। ऐसा करने पर हम दुःखी होते हैं और पश्चाताप करते हैं कि इन्द्रियों के घोड़ों की लगाम ढीली क्यों छोड़ दी; उसे कस कर क्यों नहीं रखी ?

महज इस कारण से इन्द्रियों को खुला छोड़ देना कि वे तुम्हारी हैं, मूर्खतापूर्ण हैं। भले ही तुम्हारा घोड़ा हो किंतु सवारी करते समय तुम उसकी लगाम छोड़ नहीं देते। यदि ऐसा करोगे तो विनाश झेलोगे। इसी प्रकार भले ही तुम यह कहो कि 'यह मेरी कार है' किंतु यदि जहां आवश्यक हो वहां तुमने ब्रेक नहीं लगाए तो तुम्हारी अपनी कार तुम्हें खतरे में डाल देगी। इसलिए सभी मनुष्यों में, इन्द्रिय नियंत्रण आवश्यक रूप से अनिवार्य है। यह केवल संतों व ऋषियों के लिए नहीं बताया है।

बुद्धि की भूमिका (Role of Intelligence)

ऊपर वर्णित उपमान में घोड़े, इन्द्रियां हैं और लगाम मन है; अगर हमारे हाथों में लगाम नियंत्रण में न हो तो घोड़े स्वच्छन्द होकर चहुं ओर दौड़ेंगे तथा हमारा विनाश करेंगे। अतः मन को प्रशिक्षित करना होगा ताकि वह बुद्धि के आदेश का पालन करे।

मनुष्य, मन को, इच्छाओं की विचारों की गठरी मात्र है, यह स्वतंत्रता देता है कि यह उसके कार्यों की दिशा तय करे; बजाए इसके कि वह उस बुद्धि का अवलम्बन ले, जो खोज, विश्लेषण, जांच और विवेचन कर सकती है। किंतु मन बिना आगा-पीछा सोचे हर सनक एवं ललक अनुगमन करता है। बुद्धि की मदद से व्यक्ति अपने कर्तव्यों व उत्तरदायित्वों के बारे में जान पाता है।

हमारे अंदर हमेशा ही भावनाओं का अस्तित्व बना रहता है। भावनाएं हमारे भूतकालीन अनुभवों के परिणामस्वरूप बनी हैं। अतः उन्हें आसानी से मिटाया नहीं जा सकता। जब बुद्धि अपनी पूर्ण प्रखरता के साथ अपना दायित्व संभाल लेती है तब हमें संतुलन रखना एवं मन की शांति प्राप्त करना सहज हो जाता है। अतएव हमें विचारपूर्वक नकारात्मक संवेगों को न्यूनतम करना होगा ताकि सद्यजात नकारात्मक प्रतिक्रियाएं भी कम हो सकें।

अगर तुम बंद कमरे का अंधेरा दूर करना चाहते हो तो वहां तुम प्रज्वलित दीप ले जाओ। जहां प्रकाश है वहां अंधेरा अपने आप गायब हो जाता है। नकारात्मक भावनाओं की तुलना अंधकार से की जा सकती है। ज्ञान, प्रकाश है। इसलिए हमारा सजग प्रयास 'असतो मा सद्गमय, तमसो मा ज्योतिगर्मय' अंधकार से प्रकाश की ओर बढ़ने का है। अनेक व्यावहारिक उपायों की आगे चर्चा होगी, जिनके जरिए मन को अनुभवात्मक अंतर्दृष्टि मिल सके और उसे स्वाभाविक रूप से सकारात्मकता की ओर मोड़ा जा सके।

फिर भी, व्यक्ति को यह सुनिश्चित करना होगा कि ज्ञानदीपक की ज्योति हमेशा प्रदीप्त रहे; अन्यथा अंधेरा हमें फिर से ढंक सकता है। जब हम किसी चीज को बार-बार करते हैं तो वह काम हमारे अवचेतन मन में एक कार्यक्रम बन जाता है; फिर इसी कार्यक्रम के प्रभाव से आदत बन जाती है। सकारात्मक प्रवृत्तियों के सबलीकरण के दौरान हमें इस सम्यक संबंध के प्रति लगातार जागरूकता रखनी चाहिए। सतत एकात्मक चैतन्य शांति है।

मन की शांति पाने के लिए हमें निम्नतर मन से उठने वाली भावनाओं के उफानों को बुद्धि के माध्यम से रोकना होगा। भावना एक तरंग के समान है; इसमें निश्चित क्रम से उतार-चढ़ाव आते हैं। जब तक मन सांसारिक वस्तुओं में रमा रहेगा, हमें सुख दुःख, आनंद और कष्ट, उत्फुल्लता और नैराश्य के दौरे आते रहेंगे। हमारा प्रयास होना चाहिए कि भावुकतापूर्ण उफानों की तरंगों के शिखर और तल तब तक घटाते जाएं, जब तक कि तरंग का अस्तित्व शून्य न हो जाए, सतह शांत न हो जाए।

कई बार हम दूसरों के कहने पर उनके अनुमोदन अथवा प्रशंसा पाने की दृष्टि से कार्य करते हैं। किंतु दूसरी बार जब यह अपेक्षित सराहना नहीं मिलती तो हम विचलित हो जाते हैं। हमें यह स्पष्ट हो जाना चाहिए कि शांति को बाजार में खरीदा नहीं जा सकता। "वे लोग जो दूसरों से प्रशंसा चाहते हैं, अपनी प्रसन्नता को दूसरों के हाथों में गिरवी रख देते हैं।" शांति की खोज में इधर-उधर भटकने के बाद धीरे-धीरे हम अनुभव करते हैं कि शांति का स्रोत हमारे अपने अंदर है।

परम चेतन मन (Supreme Conscious Mind)

परम चेतन मन एक विशुद्ध चैतन्य है। यह मन का वह हिस्सा है जिसमें सम्पूर्ण ज्ञान है। यह अंतर्निहित चैतन्य है। इसे ही सत्य, आत्मा एवं अंतर्भूत देवत्व कहते हैं। चूंकि प्रेम का स्रोत, सत्य है, अतः परम चेतन मन को आध्यात्मिक हृदय भी कहते हैं। अपने अंदर के इस क्षेत्र में हमारी शांति की तलाश पूर्ण होगी।

विशुद्ध चैतन्यावस्था का प्रयास क्यों करें ? अगर किसी कुंए में गंदला जल हो तब उसकी तली नहीं देखी जा सकेगी। इसी प्रकार मनुष्य के हृदय के अंदर,

उसकी चेतना की गहराई में, आत्मा का वास है। किंतु उसकी पहचान तब हो सकेगी जब चैतन्य को पारदर्शी (शुद्ध) बना दिया जाए। तुम्हारी कल्पना से, तुम्हारे पूर्वाग्रहों से तुम्हारे मनोवेग और भावनाओं से तथा इच्छाओं से चैतन्य गंदला और अपारदर्शी हो जाता है।

चूंकि इच्छाओं का संपूर्ण उन्मूलन कठिन है, हमें अपनी इच्छाओं को भौतिक जगत से हटाकर, सत्य की और ईश्वर की ओर मोड़ देना चाहिए। तब चेतन मन उच्चतर मन से संकेत प्राप्त करेगा। ऐसा करने के लिए हमें सबसे प्रेम करना होगा। जब हम अपने विचार, वचन और कर्म को शुद्ध प्रेम से भर देते हैं और बातचीत व व्यवहार में सहजता ले आते हैं तब हमें मन एवं इन्द्रियों के शासन से मुक्ति मिल जाती है।

उस समय मन शांत और शुद्ध हो जाता है; शांति मिल जाती है। शांति का अनुभव कैसा होता है ? कैसे जानें कि हमारे पास शांति है ? शांति, सफलता और असफलता को, आनंद और कष्ट को समत्व भाव से लेने की क्षमता में परिलक्षित होती है। योजनाएं असफल होने पर नैराश्य नहीं होगा, सफलता में उत्फुल नहीं होंगे, होगा यह कि जो भी आस-पास घटेगा उससे एक गहरा संतोष प्राप्त होगा। किसी के द्वारा असफलता का ठीकरा अपने सिर पर मढ़ने पर क्रोध नहीं आएगा और सफलता के कसीदे पढ़े जाने पर अपनी अनोखी उपलब्धि का अहसास भी न होगा।

मन की यह अवस्था कुंठाग्रस्तता से उपजा वैराग्य नहीं है। यह तो एक परिष्कारक, उत्रायम अनुभव है और यह उस स्थिति में मिलता है जब व्यक्ति अपने अस्तित्व के मूलस्रोत के साथ एकाकार स्थिति में पहुंचता है। शांति तो शक्ति से परिपूर्ण निश्चलता है। इसका आधार है संतोष, आत्मविश्वास और आत्मज्ञान।

'मैं शांति चाहता हूं' इस कथन पर गौर करें। श्री सत्य साईं बाबा का कहना है कि यदि तुम शांति चाहते हो तो 'मैं' और 'चाहता हूं' को हटा दो। 'मैं' अहंकार का प्रतिनिधित्व करता है, इसकी पहचान शरीर और मन से है। जब तक हम इनमें अपने को तलाशेंगे, आत्मन् से हमारा सम्पर्क टूटा रहेगा और शांति हमारी पहुंच के बाहर रहेगी। अहंकार में व्यक्ति तुलना करता है, सांसारिक बातों से संबंध स्थापित करता है। इसी प्रकार वासनाओं का मूल कारण इच्छा या 'चाहिए' है। जब 'मैं' हट जाता है तथा इच्छाएं कम की जाती हैं तब शांति जन्मसिद्ध अधिकार के रूप में प्राप्त हो जाती है।

भूमण्डल की शांति सीधे तौर पर व्यक्ति की शांति पर आधारित है। श्री सत्य साईं बाबा ने कहा है कि –

यदि ह्रदय में सदाचारिता है
तो चरित्र में सौन्दर्य होगा
यदि चरित्र में सौन्दर्य है
तो घर में सामंजस्य होगा
जहां घरों में सामंजस्य है
वहां राष्ट्र में सुव्यवस्था होगी
जब राष्ट्र में सुव्यवस्था होगी
तब विश्व में शांति होगी।

शांति के आनुषंगिक मूल्य (उपमूल्य)

सभी मूल्य एक दूसरे से संबधित हैं और उनमें से यदि कुछ को विकसित करने का प्रयास हो तब अन्य मूल्यों का भी निश्चिय ही पुष्पीकरण होने लगेगा। श्री सत्य साई बाबा का कहना है कि "जब हम सत्य व सदाचरण का पल्लू पकड़े रहते हैं तब हम सर्वोच्च शांति अनुभव करते हैं।"

छोटे बच्चों के लिएं पहला कदम यह होगा कि उन्हें 'एकाग्रता' व 'अनुशासन' के लिए प्रोत्साहित किया जाए। इससे उनके विचार शुद्ध होंगे। मौन बैठक व प्रार्थना की तकनीक सबसे पहले इस अवस्था में लागू कर देना चाहिए।

कहानियां, भक्तिपूर्ण समूह गीत तथा सरल समूह गतिविधियां कुछ एक गुणों यथा, सन्तोष, दया, दान, विनम्रता आदि को आत्मसात करने में सहायक होंगी। मन पर नियंत्रण के लिए जब बुद्धि की लगाम लगाई जाती है तब उससे आत्म नियंत्रण व विरक्ति में सहायता मिलती है।

बड़े छात्रों के लिए पाठों में समाहित मूल्य शिक्षा से सेवा गतिविधियों से तथा ध्यान से, क्रोध, ईर्ष्या, लोभ और मद जैसे शत्रुओं से मुक्ति पाने में सहायता मिलेगी। इस प्रकार शुद्ध चैतन्य की प्रभावशीलता से ईमानदार निष्ठा एवं पूर्ण आत्मानुभूति प्रकट होगी। मन की शांति पाना प्रमुख उद्देश्य है। तथापि, इस प्रक्रिया में आसपास की शांति से सहायता मिलती है। उदाहरण के लिए मानसिक शांति से हमेशा शारीरिक शांति भी मिलती है। लेकिन शारीरिक कष्टों की स्थिति प्रारंभ में मन को बहुत विचलित करती है। कहीं गहरे स्तर पर, आसपास के परिवेश में शांति के लिए मानसिक शांति एक आवश्यक कदम है। इस कारण से हमारे ऋषियों ने त्रि-स्तरीय शांति की कामना की थी। ये स्तर हैं – भौतिक, मानसिक, आध्यात्मिक। आइए वैदिक शांति प्रार्थना का पुनर्स्मरण करें –ऊँ शान्ति, शान्ति, शान्ति।

शान्ति स्थापना के उपाय

शान्ति स्थापना के लिए सामान्यता वे सब उपाय काम में लाये जाते हैं जिनसे अन्तर्राष्ट्रीय तनाव दूर होते हैं। Psychological Bulletin में प्रकाशित आलपोर्ट के प्रसिद्ध निबन्ध "Human Nature and Peace" में अमेरिकन समाचारपत्रों में दस सिद्धान्तों के एक वक्तव्य का उल्लेख किया गया है जिसमें द्वितीय महायुद्ध के समय दो हजार से अधिक अमरीकन मनोवैज्ञानिकों ने हस्ताक्षर किये थे। इस वक्तव्य के सिद्धान्तों का साराँश निम्नलिखित हैं –

(1) युद्ध अनिवार्य नहीं है– युद्ध से बचा जा सकता है क्योंकि वह जन्मजात नहीं होता। कोई भी प्रजाति, राष्ट्र या सामाजिक समूह अनिवार्य रूप से युद्ध-प्रेमी नहीं होता। युद्धों के मूल में कुछ हताशायें और स्वार्थों के संघर्ष होते हैं। शिक्षा और सामाजिक दशाओं के सुधार से युद्ध के कारणों को दूर किया जा सकता है।

(2) शान्ति की योजना में भावी पीढ़ी का महत्व- शान्ति की योजना भावी पीढ़ी पर आधारित होनी चाहिए क्योंकि उसका स्वभाव नमनीय होता है। बालक सरलता से एकता के सिद्धान्तों को समझ सकते हैं और ऐसा व्यवहार अपना सकते हैं जिसमें साम्राज्यवाद, पक्षपात, असुरक्षा और अज्ञानता के दुर्गुण कम से कम हों।

(3) घृणा और पक्षपात पर नियन्त्रण– शिक्षा और अनुभवों के द्वारा मनुष्यों के राष्ट्रीय और सामूहिक पूर्वाग्रहों और घृणा को नियन्त्रित किया जा सकता है। मनुष्य यह जान सकते हैं कि सभी प्रजातियों, राष्ट्रों और समूहों के सदस्य एक से होते हैं और उनमें एक सी ही आशायें, आकांक्षायें और आवश्यकतायें भी होती हैं। इस बात को जानने से लोगों में पूर्वाग्रह दूर हो सकते हैं।

(4) समानता का प्रचार– युद्ध को रोकने और स्थायी शान्ति की स्थापना के लिए हर प्रकार का भेद-भाव दूर किया जाना चाहिए। धर्म, प्रजाति, राष्ट्र अथवा किसी भी अन्य भेद पर आधारित पृथक्करण की नीति से तनाव बढ़ते हैं।

(5) स्वशासन में अनावश्यक हस्तक्षेप का प्रभाव– शान्ति के लिये यह आवश्यक है कि विभिन्न राष्ट्र के लोगों को स्वशासन का अधिकार दिया जाये और साथ ही उसमें अन्य देशों की ओर से कम हस्तक्षेप हो। ऐसा न होने पर जनता के अन्दर-अन्दर विद्रोह की आग सुलगती रहती है जो स्थायी शान्ति के लिये भारी खतरा है।

(6) उचित दण्ड और पुरस्कार– युद्ध में हारे हुए और युद्ध में जीते हुए व्यक्तियों को दण्ड और पुरस्कार देने में बड़ी बुद्धिमता से काम लेने की जरूरत है जिससे केवल दोषी व्यक्तियों को ही दण्ड मिले और निर्दोष व्यक्ति के साथ सख्ती न हो।

(7) आत्म-सम्मान बनाए रखते हुए पुनर्वास– युद्ध के दोषी राष्ट्र अथवा समूहों के समर्पण करने के बाद उनका पुनर्वास किया जाना चाहिए और उनके आत्म-सम्मान को चोट नहीं लगनी चाहिए। आत्म-सम्मान को चोट लगने पर भी कभी न कभी उनके विद्रोह का खतरा उपस्थित हो जाता है। आत्म-सम्मान से आत्मनिर्भरता और आत्मविश्वास उत्पन्न होता हैं जो सहयोग के लिये बड़े आवश्यक हैं। कोई भी सहायता भीख या घूस के रूप में नहीं दी जानी चाहिए और न किसी प्रकार से आत्मसम्मान को चोट पहुंचनी चाहिये।

(8) साधारण व्यक्ति का ध्यान और सम्मान– स्थायी शान्ति जनता पर आधारित है, इसलिए उसकी योजना में सर्वसाधारण लोगों की इच्छाओं को सन्तुष्ट करने का ध्यान रखना जरूरी है।

(9) सामूहिक सुरक्षा के लिये बड़ी-बड़ी इकाइयाँ– मानव सम्बन्धों का दायरा जितना ही अधिक विस्तृत होगा विश्व शान्ति उतनी ही अधिक स्थायी हो सकती है। यदि राष्ट्रों की सीमाओं के ऊपर क्षेत्रीय या अन्तर्राष्ट्रीय सरकारों की स्थापना हो सके तो इससे सामूहिक सुरक्षा अधिक सम्भव हो सकेगी।

(10) वायदों की सच्चाई– युद्ध के बाद की प्रतिक्रियाओं को सही दिशा में मोड़ने के लिये यह आवश्यक है कि युद्ध के दिनों में जो वायदे किए जायें उन पर बाद में अमल किया जाये। यदि ऐसा नहीं होता तो अविश्वास बढ़ता है और फिर से युद्ध छिड़ने की सम्भावना उत्पन्न हो जाती है।

शान्ति के लिये अन्य सुझाव

स्थायी शान्ति स्थापित करने के लिये उपरोक्त सुझावों के अलावा इस सम्बन्ध में कुछ अन्य बातों का ध्यान रखना भी जरूरी है। ये बातें निम्नलिखित हैं–

(1) शान्ति की शिक्षा – जिस तरह मनुष्य युद्ध करना सीखता है उसी तरह वह शान्ति से रहना भी सीख सकता है। इसके लिये जनता को, विशेषतया नई पीढ़ी के युवक युवतियों को शान्ति की शिक्षा देनी होगी जिससे कि वे अपने को विश्व का नागरिक समझें और अन्तर्राष्ट्रीय संगठन के रूप में कार्य करें।

(2) अन्तर्राष्ट्रीय सम्बन्धों का विकास – युद्ध के मूल में उपस्थित पूर्वाग्रहों, रूढ़ियुक्तियों आदि को दूर करने के लिये अन्तर्राष्ट्रीय सम्बन्धों का अधिक से अधिक विकास किया जाना चाहिए। इसके लिये प्रत्येक क्षेत्र में अधिक से अधिक अन्तर्राष्ट्रीय संगठन के रूप में कार्य करें।

(3) सामाजिक औरं आर्थिक कल्याण– संसार में युद्ध को स्थाई रूप से

हटाने के लिये यह जरूरी है कि दुनिया में कहीं भी सामाजिक और आर्थिक विषमताएं, गरीबी, असुरक्षा, हताशायें आदि न रहें। संसार के हर राष्ट्र में लोगों का सामाजिक और आर्थिक कल्याण किया जाना चाहिए।

अहिंसा (Non-Violence)

विश्व इतिहास में सर्वाधिक हिंसा पूर्ण कालों में से एक वर्तमान काल है जिसमें हम जी रहे हैं। इसे जानने के लिए आपको अखबार के पहले पेज एवं टी. वी. को ऑन कर नजर भर देखने की ही आवश्यकता होगी। वर्तमान दौर के तथाकथित "शांतिपूर्ण" समय में प्रति मिनट दस करोड़ रुपये का खर्च, शस्त्रों के उत्पादन व उनके रख-रखाव पर किया जा रहा है। इन शस्त्रों का एक बड़ा हिस्सा अंतर्राष्ट्रीय व राष्ट्र के अंदर स्थित समूहों में संघर्ष में काम आता है। और, यह सब तब है जब आंकड़ों की जुबानी हम यह सब जानते हैं कि बीमारियों से, इलाज में लापरवाही से और भूख के कारण प्रतिवर्ष हो रही मौतों की संख्या द्वितीय विश्व युद्ध की मृत्यु संख्या से अधिक है।

न केवल व्यक्ति एक दूसरे के प्रति हिंसक है बल्कि ऐसा लगता है कि हम प्रकृति के विरुद्ध भी युद्धरत हैं। आज के विश्व में आसपास देखें तो आप पाएंगे कि जीवन के हर क्षेत्र में मनुष्य प्राकृतिक नियमों का उल्लंघन कर रहा है। वनों एवं अन्यान्य संसाधनों के बेरहमी से किए जा रहे विनाश से पृथ्वी के जीव-मण्डल को अपूरणीय क्षति पहुंची है। नदियों में रासायनिक प्रदूषण तथा नगरों में ध्वनि प्रदूषण के अनुपात में हुई वृद्धि अत्यंत चिंताजनक है। लगता है कि मनुष्य इन सब तरीकों से अपनी 'मृत्यु की इच्छा' का प्रदर्शन कर रहा है, जैसे उसे अपने संतति एवं पृथ्वी के अन्यान्य जीवधारियों के जिंदा बचे रहने की कोई परवाह ही नहीं है। प्रकृति विध्वंस का यह खेल हम क्यों खेल रहे हैं ?

अखिल ब्रह्माण्ड में मनुष्य धूलिकण की भांति है। मनुष्य एवं प्रकृति के बीच दरअसल कोई संघर्ष नहीं है। जैसे कि बच्चे को माँ का दूध पीने का अधिकार है और मधुमक्खी को फूलों से मधु प्राप्त करने का अधिकार है, उसी तरह प्रकृति के स्रोतों का लाभ मनुष्य उठाए उससे किसी को कोई आपत्ति नहीं होगी। किंतु दुर्दम्य इच्छाओं के परिणामस्वरूप, प्राकृतिक संसाधनों के अराजकतापूर्ण दोहन से प्रकृति डरावनी अव्यवस्था दिखा रही है। प्राकृतिक विपदाएं जैसे कि भूकम्प, ज्वालामुखियों का फटना, सूखा एवं बाढ़ आदि का कारण प्रकृति के संसाधनों के अंधाधुंध दोहन से पैदा हुआ असंतुलन है। मनुष्य के हाल तो उस मूर्ख मनुष्य की तरह हैं जो उसी डाल को कुल्हाड़ी से काट रहा है जिस पर वह बैठा हुआ है।

सृष्टि की एकता (Unity of Universe)

सम्पूर्ण सृष्टि की एकता को समझने से, हमारे विचारों, हमारे शब्दों और हमारे कर्मों में अहिंसा कुसुमित, प्रस्फुटित होती है। मानवीय उत्कृष्टता की हमारी खोज को अहिंसा सार्थक बनाती है। ईश्वर के सर्वव्यापकत्व को जान लेने पर हम यह समझ पाते हैं कि हम सब 'एक शरीर, एक चेतना हैं।' सरल रूप में सबसे पहले आइए यह जानें कि हमारे अपने शरीर के स्तर पर हम 'एक' कैसे हैं ?

जब तुम्हारा दांत तुम्हारी जीभ को काट लेता है तो तुम अपने दांत को दण्डित नहीं करते। जीभ एवं दांत दोनों ही तुम्हारे हैं और तुम्हें दोनों से समान रूप से प्यार है।

दाहिना हाथ, बाएं हाथ को तब तक कोई कष्ट नहीं पहुंचाता जब तक कि ऐसा करना उसके एवं पूरे शरीर के हित में न हो। बाएं हाथ में कांटा चुभने पर दाहिना हाथ उसे फौरन निकालता है। शरीर के विभिन्न अंगों के कार्य भले ही अलग-अलग हों किंतु वे सब आपस में मिलकर सहयोग, सहभागिता व सहानुभूतिरत हैं। पैर में चोट लगने पर आंख रोती है, यद्यपि दोनों के बीच बहुत दूरी है और दोनों के कार्य भी अलग-अलग हैं।

व्यापक परिप्रेक्ष्य में देखने पर सभी जीवों के प्रति प्यार एवं आदर का नैतिक सिद्धांत है, अहिंसा। जिस समझदारी की अपेक्षा है वह यह है कि सभी मनुष्यों, पशुओं, वनस्पतियों, झीलों, पहाड़ों, हिमनदियों को हम अविभाज्य परम् सर्वोच्च ब्रह्म के अलग न किए जाने वाले हिस्से मानें।

प्रेम + समझदारी = अहिंसा

अहिंसा से यह भावना बलवती होती है कि ब्रह्माण्ड की प्रत्येक वस्तु के प्रति हमारा कुछ उत्तरदायित्व है। इसमें यह भावना भी सम्मूहित है कि ईश्वर के उपहारों तथा प्राकृतिक नियमों के साथ हम खिलवाड़ न करें और इनका सबके हित में सकारात्मक उपयोग करें। इस प्रकार अहिंसा का मूल्य हमें 'मैं' से 'हम' की ओर यानि एक बड़े परिवार की ओर ले जाता है।

ईश्वर सर्वव्यापक है। वह प्रत्येक में समान मात्रा में है। अतः मनुष्य को इसे अपने में और अन्यों में स्पष्ट रूप से देखना ही चाहिए। इसका यह अर्थ है कि वह सबमें केवल ईश्वर को ही देखे। अब भला वह दूसरों को कोई नुकसान कैसे पहुंचाएंगा और उसे यह डर भी क्यों लगेगा कि अन्यों से उसे कोई नुकसान हो सकता है ? अहिंसा के आदर्श का यह आधार है।

अहिंसा और सत्य (Ahimsa and Truth)

ब्रह्माण्ड में सम्पूर्ण जीवन की एकता व परस्पर निर्भरता की अनुभूति होने पर

हमारे विचारों, वचनों व कार्यों में बदलाव आ जाता है। वह प्रेममय और करूणामय हो जाता है। यह अनुभूति कि मेरा 'मैं' और तुम्हारा 'मैं' न तो अलग-अलग हैं और न ही पृथक-पृथक हैं, एक महत्त्वपूर्ण बात है। और यह अनुभूति हम में निहित मानवीय मूल्यों के उजागर होने के लिए अत्यंत आवश्यक है।

सड़क पर चल रहा अंधा किसी से टकरा जाए तो उसे दोष नहीं दिया जाता क्योंकि वह 'नहीं जानता कि वह क्या कर रहा है।' इसी प्रकार जो लोग वास्तविकता से अनभिज्ञ हैं उन्हें माफ कर देना चाहिए। इस दृष्टिकोण से हम दूसरों द्वारा किए गए अपमान एवं कष्ट को सहन कर लेते हैं और क्रोधपूर्ण प्रतिक्रिया की इच्छा के आगे नतमस्तक नहीं होते। सम्पूर्ण सृष्टि की एकता को पहचान न पाने से हम दूसरों की भूल-चूक को भूलने और क्षमा करने की योग्यता प्राप्त नहीं कर पाएंगे। हिंसा की इच्छा का एक शक्तिशाली प्रतिकारक, सत्य है।

यदि प्रेम सभी मानवीय मूल्यों की अंतर्धारा है तो अहिंसा उसकी पूर्णता है; सभी मानवीय मूल्यों की परिणति है। जब सभी मूल्यों का उस 'एक' में लय हो जाता है तब इस एकता की समझ और दृष्टि के आधार की समझ अहिंसा के मूल्य की ओर ले जाती है।

इच्छाओं पर नियंत्रण (Control on desires)

यह जान लेने के बाद कि सम्पूर्ण जीवन एवं पृथ्वी के तत्व, परस्पर, एक विराट जीव अंग-उपांग के रूप में गुंथे हैं, तब हम, अपने अंतर्भूत चैतन्य (अन्तरात्मा) की चेतावनी भरी आवाज की अनदेखी नहीं कर सकते जो हमें इंद्रियों की एक सीमा से अधिक भोगवृत्ति के विरूद्ध खबरदार करती हैं। इच्छाओं की संतुष्टि की मात्रा को धीरे-धीरे घटाकर हम अहिंसा का पालन कर सकते हैं। जिन पांच प्रमुख क्षेत्रों के बारे में हम विचार करेंगे वे हैं, भोजन, धन, समय, ज्ञान व ऊर्जा।

विशेषज्ञ लोग बताते हैं कि विश्व में प्रत्येक प्राणी की आवश्यकता के अनुरूप पर्याप्त खाद्य सामग्री है। फिर भी, प्रति वर्ष करोड़ों लोग कुपोषण तथा भूख का शिकार होकर मर जाते हैं। अकेले अमरीका में प्रति वर्ष 25 प्रतिशत परोसा हुआ भोजन नष्ट हो जाता है। इतने भोजन से इथिओपिया जैसे पूरे राष्ट्र की भूख मिटाई जा सकती है। तृष्णा, भ्रष्टाचार और लापरवाही के कारण कुछ लोगों के पास आवश्यकता से कहीं अधिक खाद्य सामग्री है वहीं अन्यों के पास अत्यल्पता की स्थिति है। इस दृष्टिकोण का विकास कि हम "जीने के लिए खाते हैं" बजाए इसके कि हम "खाने के लिए जीते हैं", इच्छाओं पर नियंत्रण का काम करेगा।

भोगा न भुक्ता स्तपो वयमेव भुक्ता,
न तप्तम, वयमेव तप्तो
कालो न मातो वयमेवम माता
स्तृष्णा न जीर्णा वयमेव जीर्णा।

आधुनिक समाज भोगवाद से पूर्णतया प्रेरित है। सूचना के माध्यम से बनावटी ढंग से इच्छाएं पैदा की जाती है और फिर लोगों को इन इच्छित साधनों को खरीदने के लिए लुभाया जाता है, ये सब खरीदी उनकी आय की सीमाओं के बाहर की होती हैं। अतः ऋणग्रस्तता बढ़ती है और खरीदी गई वस्तुएं निरूपयोगी होती हैं। अपने सुख पर आवश्यकता से अधिक खर्च किया गया एक-एक पैसा उस जरूरतमंद व्यक्ति से लिया जाता है जिसको अन्यथा अपनी मजबूरियों में कुछ सहायता मिलती। सादे जीवन से धन की बचत होती है और यह बचत, एक तरह से धन की कमाई ही है। इससे जरूरतमंद लोगों के लाभार्थ अधिक संसाधन प्राप्त हो सकते हैं।

हम बार-बार कहते हैं कि 'मेरे पास समय नहीं है।' भला यह तो जांचें कि हम गप्पबाजी और निष्क्रियता में कितना समय नष्ट कर देते हैं? हममें से प्रत्येक को समय की समान मात्रा दी गई है। किंतु कुछ लोग समय के उचित प्रबंधन द्वारा बहुत कुछ हासिल कर लेते हैं। हमारे कार्यों की आवश्यकताएं तय हैं।

अध्याय – 4
मूल्यों के स्रोत
सांस्कृतिक, संवैधानिक और धार्मिक-आध्यात्मिक
Sources of Values
Cultural, Constitutional and Religio-Spritual

संस्कृति : मूल्य के स्रोत के रूप में
(Culture as the source of value)

मानव समस्त प्राणियों में सर्वश्रेष्ठ प्राणी है। उसकी श्रेष्ठता का प्रमुख आधार उसका सुसंस्कृत होना है। यह संस्कृति ही है जो उसे अन्य प्राणियों या पशुओं से अलग करती है। मनुष्य के पास यदि संस्कृति न हो तो वह एक साधारण पशु के अतिरिक्त और कुछ न रह जायेगा। मनुष्य ही एक ऐसा प्राणी है जो संस्कृति का निर्माता, संरक्षक और उसे अपनाने वाला होता है। व्यक्ति को अपने वंशानुक्रम से जैवकीय विरासत के रूप में शारीरिक और मानसिक गुण आदि मिलते हैं। किन्तु शारीरिक और मानसिक गुणों मात्र से ही वह एक उत्तम सामाजिक प्राणी नहीं बन सकता। इसके लिए उसमें समाज द्वारा मान्यता प्राप्त गुण होने चाहिए। यह गुण वह अपने समाज से ही विरासत के रूप में प्राप्त करता है। संस्कृति में सीखे जाने और संचारित या हस्तान्तरित होने का गुण निहित होता है। अतः बालक जन्म धारण करने के पश्चात् अपने समाज की संस्कृति को सीखता है। बालक की शिक्षा में जितना महत्त्व उसकी जैवकीय विरासत का है उतना ही उसकी सामाजिक या सांस्कृतिक विरासत का भी है। इस प्रकार शिक्षा और संस्कृति का घनिष्ठ सम्बन्ध है। इस अध्याय में हम संस्कृति का अर्थ एवं स्वरूप स्पष्ट करते हुए शिक्षा और संस्कृति के पारस्परिक सम्बन्धों की विवेचना करेंगे।

संस्कृति की धारणाएं (Concepts of Culture)

संस्कृति एवं मूल्य (Culture and Value)

किसी व्यक्ति के मूल्य उसकी संस्कृति पर निर्भर होते हैं। 'संस्कृति' शब्द का सही अर्थ कुविचारों तथा दुष्कर्मों को त्यागना है तथा पवित्र विचारों एवम् कर्मों का पोषण करना है। नागरिकगण व नेतागण इन पर तब तक अमल नहीं कर सकते जब तक कि वे बचपन से ही इन पर न चलें। जीवन के प्रारम्भिक वर्षों में यदि सदाचरण पर अमल न किया जाए तो सम्पूर्ण जीवन अर्थहीन हो जाता है।

पत्थर का एक अनघढ़ टुकड़ा तराशें जाने पर जैसे एक सुन्दर मूर्ति के रूप में श्रद्धा और आदर का पात्र हो जाता है, वैसे ही अच्छे वातावरण में पाले पोसे जाने पर छात्र भी आदर्श नागरिक बन सकते हैं। छात्रों में जो कुछ अच्छा अथवा बुरा है उसके लिए शिक्षकगण व माता-पिता जिम्मेदार हैं। दुर्भाग्यवश, उन्होंने छात्रों के निर्माण में अपनी भूमिका को नहीं समझा है।

1. **शाब्दिक अर्थ** (Derivative meaning) – 'कल्चर' शब्द लैटिन भाषा के शब्द 'कल्चयूरा' (Cultura) से निकला है जिसका अर्थ है पोषण करना (To cultivate)। अतः 'कल्चर' शब्द से अभिप्राय है कि 'कल्चर' को पोषित किया जाता है और स्वयं पनप सकती है।

2. **साधारण अर्थ** (General meaning) – साधारण अर्थ में 'संस्कृति' शब्द 'संस्कार' का रूपान्तर है। एक व्यक्ति को सुसंस्कृत (Cultured) कहलाये जाने योग्य बनने के लिये अपने समाज के अनेक संस्कारों को मानना अथवा करना पड़ता है।

3. **साहित्यिक अर्थ** (Literary meaning) – साहित्यिक अर्थ में 'संस्कृति' जीवन का प्रकाश और कोमलता है। इतिहासकारों ने देश या समाज के कलात्मक एवं बौद्धिक विकास को ही संस्कृति माना है।

4. **नैतिक अर्थ** (Ethical meaning) – नैतिक दृष्टिकोण वाले विद्वान् 'संस्कृति' शब्द का अर्थ नैतिक, आध्यात्मिक तथा बौद्धिक विकास के रूप में करते हैं।

5. **समाजशास्त्रीय अर्थ** (Sociological Meaning) – समाजशास्त्रियों और मानवशास्त्रियों ने 'संस्कृति' को मानव द्वारा निर्मित वह संपूर्ण वातावरण माना है जिसमें कि वह रहता है, सोचता-विचारता है, कार्य करता है, अपनी समस्त प्रकार की आवश्यकताओं की पूर्ति करता है और गुणों, आदतों, प्रथाओं, परंपराओं आदि को सीखता है। संक्षेप में इन के अनुसार संपूर्ण सामाजिक विरासत ही संस्कृति है।

परिभाषाएं (Definitions)

1. मैथ्यू आर्नल्ड का विचार (Mathew Arnold's view) – 'सर्वोत्तम विचार एवं ज्ञान संस्कृति है। ("The best that has been thought and known is culture.") वह संस्कृति में जीवन विधियां, आदतें, व्यवहार, वाणी का स्वर, साहित्य, समुदाय को आनन्द देने वाली वस्तुएं, शब्द, विचार आदि सम्मिलित करते हैं। व्यापक दृष्टिकोण से मैथ्यू आर्नल्ड संस्कृति को माधुर्य और प्रकाश मानते हैं।

(Mathew Arnold includes in culture "the way of life, the habits, the manners, the very tones of voices, the literature, the things which give pleasure to the community, the words, the thoughts which make the furniture of their minds." In a broad sense, he describes culture as "sweetness and light.")

2. ओटेवे का विचार (Ottaway's view) –'समाज की संस्कृति का अर्थ है– समाज की संपूर्ण जीवन विधि।'

("The culture of a society means the total way of life of a society.")

3. ई. बी. टायलर का विचार (E.B. Tylor's view) – श्री टायलर ने अपनी प्रसिद्ध पुस्तक 'प्रिमिटिव कल्चर' में लिखा है, 'संस्कृति वह जटिल समग्रता है जिसमें ज्ञान, विश्वास, कला, नैतिक आदर्श, नियम, प्रथाएं और समाज के सदस्य के रूप में अर्जित कोई भी अन्य क्षमताओं और आदतों का समावेश रहता है।'

("Culture is that complex whole which includes knowledge, belief, art, morals, laws, customs and any other capabilities and habits acquired by man as a member of society.")

4. एफ. जे. ब्राउन का विचार (F.J. Brown"s view) – संस्कृति किसी समुदाय के सम्पूर्ण व्यवहार का एक ढांचा है जो अंशतः भौतिक वातावरण से अनुकूलित होता है। यह वातावरण प्राकृतिक एवं मानव निर्मित दोनों प्रकार का हो सकता है किन्तु प्रमुख रूप से यह ढांचा सुनिश्चित विचारधाराओं, प्रवृत्तियों, मूल्यों तथा आदतों द्वारा अनुकूलित होता है जिनका विकास समूह द्वारा अपनी आवश्यकताओं की पूर्ति के लिये किया जाता है।'

("Culture is the total behaviour pattern of the group conditioned in part by the physical environment, both natural and man made, but primarily by the ideas, attitudes, values and habits which have been developed by the group to meet the needs.")

5. मकाइवर एवं पेज का विचार (View of MacIver and Page) – 'संस्कृति शैलियों, मूल्यों, भावात्मक सम्बन्धों, बौद्धिक कारनामों का प्रतीक है। इस प्रकार संस्कृति, सभ्यता के विपरीत है। यह हमारे रहने तथा सोचने के तरीकों में, दैनिक व्यवहार में, कला में, साहित्य में, धर्म में, मनोरंजन तथा आमोद-प्रमोद में हमारी संस्कृति की अभिव्यक्ति है।'

("Culture is "the realm of styles, of values, of emotional attachments, of intellectual adventures. Culture, then is the antithesis of civilisation. It is the expression of our nature in our modes of living and our thinking, in our every day intercourse, in art, in literature, in religion, in recreation and enjoyment.")

6. एलवुड का विचार (Ellwood's view) – 'संस्कृति में एक ओर मनुष्य की सम्पूर्ण भौतिक सभ्यता, औज़ार, शस्त्र, औद्योगिक विधि सम्मिलित होती है और दूसरी ओर अभौतिक अथवा आध्यात्मिक सभ्यता जैसे भाषा, साहित्य, कला, धर्म, नैतिकता, नियम एवं सरकार शामिल होती है।'

("Culture includes on the one hand the whole of man"s material civilisation, tools, weapons, system of industry, and on the other, all the non-material or spiritual civilisation such as language, literature, art, religion, morality, law and government.") यह संस्कृति की व्यापक परिभाषा है।

7. सदरलैण्ड एवं वुडवर्ड के विचार (Views of Sutherland and Woodward) – इन्होंने संस्कृति और सामाजिक विरासत (Social Heritage) को पर्यायवाची माना है और लिखा है, 'संस्कृति में कोई भी बात आ सकती है जिसे एक पीढ़ी से दूसरी पीढ़ी को हस्तान्तरित किया जा सकता है। किसी भी राष्ट्र की, 'संस्कृति' उसकी सामाजिक विरासत है। यह एक जटिल सम्पूर्णता है जिसमें ज्ञान, विश्वास, कला, नैतिकता, नियम, भोजन-विधियां, निर्माण एवं प्रयोग विधियां तथा संचार विधियां सम्मिलित हैं।'

("Culture includes anything that can be communicated from one generation to another. The culture of people is their social heritage, 'a complex whole", which includes knowledge, beliefs, art, morals, laws, techniques of food, fabrication, use and modes of communication.")

8. रेल्फ लिन्टन का विचार (Ralf Linton"s view) – 'संस्कृति सीखे हुए व्यवहारों के परिणाम वह समग्र रूप है जिसके निर्माणकारी तत्त्व किसी विशिष्ट समाज के सदस्यों द्वारा प्रयुक्त तथा संचारित होते हैं।'

("Culture is the configuration of learned behaviours whose component elements are shared and transmitted by the members of the particular society.")

9. जोसेफ रोसेक का विचार (Joseph Roucek"s view) – 'संस्कृति की परिभाषा साधारणतः इस प्रकार की जा सकती है– किसी विशेष समय और स्थान में निवास करने वाले विशेष व्यक्तियों के जीवन व्यतीत करने की सामूहिक विधि।'

("Culture might be defined simply as the total way of living of a particular time and place.")

इस प्रकार संस्कृति में वह सब कुछ सम्मिलित है जिसे मनुष्य ने अपने व्यक्तिगत एवं सामाजिक जीवन के मानसिक एवं बौद्धिक क्षेत्र में प्राप्त किया है। यह मनुष्य की सामाजिक विरासत है। व्यापक दृष्टिकोण से इसमें ऐसी उपयोगी वस्तुएं भी शामिल हैं जैसे रेलगाड़ी, कार, रेडियो, टेलीविज़न, मेजें, कुर्सियां आदि और ऐसे अभौतिक तत्त्व भी सम्मिलित हैं जैसे विश्वास, परम्परायें, धर्म, साहित्य, कला, दर्शन आदि। अधिकांश दार्शनिक संस्कृति और सभ्यता में भेद करते हैं। उन के अनुसार जीवन के भौतिक तत्त्व विश्व की सभ्यता–संस्कृति के अन्तर्गत आते हैं और अभौतिक तत्त्व संस्कृति के अन्तर्गत आते हैं। यह दृष्टिकोण व्यापक रूप से मान्य है। अतः संस्कृति में वे सभी तत्त्व सम्मिलित हैं जिन की प्रकृति अ-भौतिक (Non-material) है।

(Thus the culture includes all that man has acquired in the mental and intellectual sphere of his individual and social life. It can best be expressed as social heritage. In the broader sense it includes such material or utilitarian factors or instruments like railway train, cars, radio, television, tables, chairs, etc. that enrich the social life of man on the one hand and non-material factors or values, beliefs, traditions, religion, literature, art, philosophy etc. on the other. But most of the philosophers differentiate between culture and civilisation, and non-material by culture. This view is widely accepted. Hence we can include a good number of elements in culture which are non-material in character.)

संस्कृति के तत्त्व (Components of Culture) :

1. सामूहिक व्यवहार प्रतिमान (Group behaviour patterns) – संस्कृति में कई सामूहिक व्यवहार प्रतिमान सम्मिलित हैं जैसे (क) लोक रीतियां (Folkways), (ख) मान्यताएं (Mores), (ग) प्रथाएं (Customs), (घ) परम्पराएं (Traditions), (ङ) नियम (Laws), (च) रूढ़ियां (Stereotypes), (छ) पौराणिक कथाएं (Legends), (ज) फैशन (Fashion), (झ) मिथ (Myth)।

2. साहित्य तथा उसकी शाखाएं (Literature and its branches)

– जैसे नाटक, काव्य, गद्य, कहानी।

3. कला और उसके विभिन्न क्षेत्र (Art and its various aspects) – जैसे संगीत, नृत्य, मूर्तिकला, चित्रकला, फोटोग्राफी और भवन निर्माण कला।

4. धर्म (Religion) – जैसे पूजा, धार्मिक रस्में, बलिदान, सामूहिक पूजा।

5. नीति (Ethics) – जैसे नैतिक एवं सच्चरित्र कहानियां, मनुष्य के व्यक्तित्व की प्रतिष्ठा।

6. शिक्षा एवं मनोरंजनात्मक संस्थाएं (Educational and recreational institutions) – जैसे पुस्तकालय, संग्रहालय, स्कूल, सिनेमा, नाट्यशाला, क्लब आदि।

7. सामाजिक, आर्थिक एवं राजनीतिक संस्थायें (Social, economic and political institutions)।

8. वाणिज्य एवं उद्योग (Commerce and industries)।

संस्कृति की विशेषतायें या गुण (Characteristics or Qualities of Culture)

1. सीखा हुआ गुण (Learned quality) – संस्कृति ऐसा गुण है जिसे सीखा जाता है। यह जन्मजात नहीं होता। वस्तुतः यह समाज द्वारा ग्रहण किया जाता है। समाजीकरण द्वारा जिन आदतों एवं विचारों को ग्रहण किया जाता है उसे संस्कृति कहते हैं।

2. हस्तान्तरित गुण (Transmitive quality) – संस्कृति को एक व्यक्ति से दूसरे व्यक्ति को तथा एक पीढ़ी से दूसरी पीढ़ी को हस्तान्तरित किया जाता है। व्यक्ति अपने परिवार एवं समाज द्वारा सीखता है। नई पीढ़ी पुरानी पीढ़ी के अनुभवों से सीखती है। इसी में संस्कृति का हस्तान्तरित गुण निहित है।

3. सामाजिक गुण (Social quality) – संस्कृति मनुष्य की सामाजिक विरासत (Social heritage) है। समाज से दूर रह कर मनुष्य संस्कृति का निर्माण नहीं कर सकता। संस्कृति में समाज की आशाएं सम्मिलित होती हैं। समाज का प्रत्येक व्यक्ति दूसरों पर निर्भर करता है और दूसरों से कुछ आशा रखता है। इसी आशा के कारण समाज संस्कृति के द्वारा गठित होता है।

4. आदर्शवादी गुण (Idealistic quality) – संस्कृति आदर्शवादी होती है। यह मानव व्यवहार के आदर्शों पर आधारित होती है और समाज को यह आदर्श मान्य होते हैं। इनके अनुकूल आचरण से व्यक्ति को प्रशंसा और प्रतिकूल आचरण से निन्दा प्राप्त होती है।

5. संतुष्टि गुण (Gratifying quality) – (i) संस्कृति मनुष्य की

सामाजिक एवं नैतिक आवश्यकताओं को सन्तुष्ट करती है। सामाजिक आदतें संस्कृति का आवश्यक अंग होती हैं। ऐसी आदतों का निर्माण किया जाता है जो मनुष्य की कुछ आवश्यकताओं को पूरा कर सकती हों। इन आवश्यकताओं को संतुष्ट किये बिना संस्कृति का अस्तित्व नहीं रहता।

(ii) संस्कृति मनुष्य की प्रत्यावर्तित आवश्यकताओं (Recurring demands) को भी पूरा करती है। पुनः उत्पत्ति (Reproduction) की आवश्यकता, बच्चों के पालन-पोषण की आवश्यकता, मृतक शरीर को ठिकाने लगाने की आवश्यकता आदि आवश्यकताएं पीढ़ी दर पीढ़ी संस्कृति द्वारा ही पूरी होती आ रही हैं। इस प्रकार संस्कृति व्यक्तियों की स्थाई आवश्यकताओं को पूरा करने का निश्चित मार्ग बताती है।

6. अनुकूलन का गुण (Adaptive quality) – संस्कृति में अनुकूलन का गुण होता है। प्रत्येक संस्कृति अपने वातावरण के बाहर के गुणों को अपनाने का प्रयास करती है। दो संस्कृतियों का आपस में सम्बन्ध हो जाता है जो इसके अनुकूलन के गुण की ओर संकेत करता है।

7. संगठनात्मक गुण (Integrative quality) – संस्कृति में संतुलित एवं संगठनात्मक गुण होता है। संस्कृति के विभिनन तत्त्व संगठित परस्पर संगठित होते हैं और बाहर से प्राप्त किया गया कोई तत्त्व भी उसमें संगठित कर दिया जाता है।

8. दृढ़ता का गुण (Manifestation quality) – संस्कृति प्रकृति एवं वातावरण के विविध रूपों तथा परिवर्तनशील इतिहास में मानव मन की दृढ़ अभिव्यक्ति है। सभ्य समाजों की संस्कृति की प्रगति की अपनी गति होती है। ऐसे समाज के सदस्य विभिन्न सांस्कृतिक धाराओं से अलग नहीं रह सकते।

9. गत्यात्मक गुण (Dynamic quality) – संस्कृति में गत्यात्मक गुण होता है। यह परिवर्तनशील है। श्री जे.एफ. क्यूबर (J.F. Cuber) के शब्दों में 'संस्कृति निरन्तर परिवर्तनशील प्रतिमानों का सीखा हुआ व्यवहार है

("Culture is the continually changing patterns of learned behaviour)।

प्रत्येक पीढ़ी अपना कुछ नया उसमें जोड़ती है और कुछ पुरानी बातों में सुधार करती है।

संस्कृति के प्रमुख भाग (Main Parts of Culture)

संस्कृति का अर्थ एवं विशेषताएं समझ लेने के पश्चात् इसके प्रमुख अंगों का परिचय प्राप्त कर लेना भी उचित होगा। साधारण तौर पर आगर्बन (W.F.

Ogburn) आदि समाजशास्त्रियों ने संस्कृति के दो मुख्य भाग बतलाये हैं–

1. भौतिक संस्कृति (Material culture) – भौतिक संस्कृति के अन्तर्गत वे समस्त वस्तुयें आती हैं जिनका निर्माण भौतिक पदार्थों की सहायता से मनुष्य ने स्वयं किया है और जिनको मूर्त रूप में देखा जा सकता है। मकान, सड़क, पुल, रेलगाड़ी, मोटर, जहाज़, प्रेस, घड़ी, रेडियो, टेलीविज़न, अन्तरिक्षयान, विभिन्न प्रकार की अन्य मशीनें, यंत्र और वस्त्र आदि भौतिक संस्कृति के ही उदाहरण हैं।

2. अभौतिक संस्कृति (Non-material culture) – अभौतिक संस्कृति के अन्तर्गत अमूर्त बातें अथवा विचार आदि आते हैं। इनका विकास मनुष्य के सामूहिक रूप में रहने तथा अन्तःक्रियाओं के फलस्वरूप होता है। धर्म, भाषा, साहित्य, संगीत, कला, आदर्श, नियम, प्रथायें, रूढ़ियां, विश्वास, परम्परायें, संस्कार, संस्थायें और आचार-विचार आदि अभौतिक संस्कृति के उदाहरण हैं।

श्री पितिरिम सोरोकिन (Pitrim Sorokin) महोदय ने सम्पूर्ण सांस्कृतिक व्यवस्था के तीन प्रमुख कारक बताये हैं –

1. चेतनात्मक संस्कृति (Sensate culture) – चेतनात्मक संस्कृति के अन्तर्गत वे वस्तुएं आती हैं जिनका चेतना या इन्द्रियों द्वारा बोध हो सकता है और वे हमारी इन्द्रिय जनित आवश्यकताओं या इच्छाओं की पूर्ति करती हैं। इस प्रकार की संस्कृति में मनुष्य भौतिक सुखों को प्राप्त करने के लिये सतत् प्रयत्नशील रहते हैं। इसमें विज्ञान की प्रगति होती है और धर्म का महत्त्व घटता है।

2. भावनात्मक संस्कृति (Ideational culture) – चेतनात्मक संस्कृति के विपरीत भावनात्मक संस्कृति का सम्बन्ध इन्द्रियों से नहीं बल्कि विचार, भावना और आत्मा या ईश्वर से है। इसमें मनुष्य का ध्यान भौतिक, मूर्त और स्थूल चीजों से हटकर शाश्वत्, सत्य या ईश्वर की ओर उन्मुख रहता है। सम्पूर्ण समाज एक धार्मिक नैतिकता से बंधा होता है और इस समाज में धर्म, नैतिकता एवं दर्शन की प्रगति होती है।

3. आदर्शात्मक संस्कृति (Idealistic culture) – आदर्शात्मक संस्कृति चेतनात्मक संस्कृति और भावनात्मक संस्कृति के बीच की अवस्था है। अर्थात् इसमें चेतनात्मक और भावनात्मक दोनों प्रकार की संस्कृतियों के तत्त्व पाये जाते हैं।

भारतीय संस्कृति की विशेषताएं
(Characteristics of Indian Culture)

हमारी संस्कृति एक मिश्रित संस्कृति का प्रारूप (नमूना) है। इसका निर्माण

सदियों से होता आया है और यह भारत वर्ष के उत्तर से दक्षिण, पूर्व से पश्चिम अर्थात् पूरे देश और इसके पुराने उपनिवेशों जैसे बर्मा और इंडोनेशिया तक फैली है। विभिन्न युगों से होती हुई यह हमारी विशेष जीवन पद्धति को नियंत्रित करती है। इसमें वे संदेश समाहित हैं जिसमें हमारे महान् धर्म ग्रंथ गीता, वेदों, उपनिषदों, रामायण और महाभारत की व्याख्यायें, दयानंद सरस्वती, रामकृष्ण परमहंस, गांधी और अरबिन्दो घोष की जीवनियां और उनके संदेश आज के सर्वोत्तम परिभाषकों के रूप में हैं। यही कारण है कि हमारी संस्कृति अभी भी जीवित है और आज के सर्वोत्तम परिभाषिकों के रूप में है।

भारतीय संस्कृति की निम्नलिखित प्रमुख विशेषतायें हैं :–

1. प्रभु में पूर्ण विश्वास (Implicit faith in God) – परमात्मा के अस्तित्व में विश्वास भारतीय संस्कृति का आधारभूत सिद्धान्त है। हमें एक ऐसी दिव्य शक्ति (व्यक्तित्व) के अस्तित्व पर निर्विवाद विश्वास है। परमात्मा अनंत, अंतर्यामी, अन्तर्निहित, सर्वसमर्थ, सर्वज्ञ, सर्वव्यापक और पूर्व चैतन्य है। वह सत्, चित्, आनंद (Existence, Knowledge and Bliss) का मूर्तिमान रूप है। वह अन्तिम सत्य, सर्वोपरि शासक है। वह सत्य और प्यार है, नैतिकता और नीतिशास्त्र है। वह जीवन और प्रकाश का स्रोत है। वह विश्वास का निर्माता, संरक्षक और संहारक है। छंदोग्य उपनिषद के अनुसार इससे ही इस संसार तथा उसके वस्तुजगत का आरम्भ और विनाश होता है। प्रकृति की सक्रिया उसी ब्रह्म का अंग है। यह ब्रह्म की शक्ति है जो प्रकृति के अन्दर कार्य करती है। तैत्तरीय उपनिषद के अनुसार सजीव वस्तु जगत उसमें जन्म लेता है, उसमें निवास करता है और उसमें ही अपनी पराकाष्ठा को पहुंचता है। प्रभु प्रकृति और मन के पीछे अन्तिम शक्ति है। संसार के सारे पदार्थ ब्रह्म के कारण ही भास्कर हैं। कठोपनिषद के अनुसार 'उसके सामने सूर्य नहीं चमकता; चन्द्रमा, तारे और बिजली उसके सामने नहीं चमकती। उसके प्रकाश से ही ये सभी प्रकाशमान हैं। प्रभु वह सूक्ष्म तत्त्व है जो अचल संसार में व्याप्त है।'

2. आध्यात्मिकता में विश्वास (Faith in spiritualism) – भारतीय संस्कृति में आध्यात्मिकता का महत्त्वपूर्ण स्थान है। भारतवर्ष की वास्तविक विरासत उसकी आध्यात्मिक संपदा है जोकि उसने पिछले चार हजार वर्षों से इकट्ठी की है। भारतवर्ष धर्मों और आध्यात्मिकता का देश है। उपनिषद काल से लेकर वर्तमान काल तक यहां भगवान् श्रीकृष्ण, बुद्ध, शंकराचार्य, रामायण, गुरू नानक, रामानुज, स्वामी दयानंद, स्वामी विवेकानन्द, अरबिन्दो, टैगोर, गांधी आदि अनेक ऋषि, मुनि, साधु और दार्शनिक रहे जिन्होंने भारत वर्ष में आध्यात्मिकता की ज्योति जलाये रखी। सत्यं, शिवम् और सुन्दरं आध्यात्मिक

मूल्य हैं। आध्यात्मिकता मानव आत्मा और मानव को वास्तविक शक्ति प्रदान करती है। आध्यात्मिकता अराजकता, अव्यवस्था, निवारण, शोषण, स्वार्थ, द्वेष और आक्रमणात्मकता की प्रकृति को समाप्त करती है।

3. अहिंसा में विश्वास (Faith in non-violence) – अहिंसा अथवा अत्याचार न करना सत्य के लक्ष्य का प्राप्ति साधन है। अहिंसा से अभिप्राय हिंसा से पूर्णतः मुक्ति है अर्थात् घृणा, क्रोध, भय, अभिमान और द्वेष से मुक्ति। अहिंसा से अभिप्राय है विनम्रता, सदभाव, दयालुता, प्रेम, सहिष्णुता, हृदय की पवित्रता। अहिंसा संसार के सभी जीवों से प्यार करने के लिए प्रेरित करती है। यह आत्मा की शुद्धि करती है। अहिंसा से ही हम वचनों, कर्मों और यहां तक कि विचारों से दूसरों को हानि पहुंचाने से दूर रहते हैं।

4. कर्म के सिद्धान्त में विश्वास (Faith in theory of Karma) – अनेक भारतीय दार्शनिक कर्म के सिद्धान्त में विश्वास रखते हैं। इस सिद्धान्त के अनुसार हमारे कर्मों का फल संस्कारों के रूप में हमेशा साथ रहता है और हमारी जीवन दिशा को निर्देशित करता है। अतः यह संसार एक रंगमच है जहां प्रत्येक व्यक्ति कर्मों के अनुसार पूर्व निर्धारित (निश्चित) भूमिका अदा करता है। बुद्ध धर्म के अनुसार 'अपने कर्मों के आधार पर मनुष्य एक समान नहीं हैं क्योंकि कुछ चिरजीवी होते हैं, कुछ अल्प आयु, कुछ धनी तथा कुछ निर्धन आदि। जब एक बार बुद्ध का शिष्य अपने नग्न और उसमें बहते हुए रक्त के साथ उनके पास आया तो बुद्ध ने कहा, 'हे भद्र इसे सहो जैसा यह है। तुम अपने कर्मों का वहन कर रहे हो जिसके लिये तुम्हें फिर सदियों तक नरक में दुःख पाना होगा। कर्म के बंधन के कारण मानव आत्मा को विभिन्न शरीर धारण करने पड़ते हैं। मुक्ति मनुष्य को पुनर्जन्म के चक्र से मुक्त कर देती है। मुक्ति से अभिप्राय कर्मों के बंधन से मुक्त होना है।

5. निष्काम कर्म में विश्वास (Faith in *nishkam karma*) – गीता को केन्द्रीय संदेश निष्काम कर्म है। निष्काम कर्म से अभिप्राय वैयक्तिक इच्छाओं से रहित होना नहीं, क्योंकि बिना ध्येय के किया गया कार्य मनोवैज्ञानिक दृष्टि से सम्भव नहीं। इससे अभिप्राय वह कर्म है जोकि दिव्य इच्छा के अनुकूल हो। गीता प्रसिद्ध पाश्चात्य दार्शनिक कांट के सिद्धान्त कर्म कर्म के लिये में विश्वास नहीं करती। यह दैव के लिये कर्म में विश्वास करती है। निष्काम कर्म मनुष्य के शारीरिक, मनोवैज्ञानिक और आध्यात्मिक स्वभाव के अनुकूल है। यह निःस्वार्थ तथा परोपकारिता को मिला देता है और मनुष्य मात्र में जो अच्छा है उसका समन्वय उसके समाज के साथ करवा देता है। यह सारे संसार में अच्छाई भर देता है ताकि संसार प्रत्युत्तर में अच्छाई ही दे सके।

6. परोपकारिता अथवा सेवा (Altruism or service) – परोपकारिता हमारी संस्कृति की एक और विशेषता हैं। वास्तव में हम कई अवसरों पर जैसे विवाह समारोह, मृत्यु, भूचाल, आपदाओं, अग्नि, तूफानों से होने वाली तबाहियों (विनाश कालों) पर बिना मांगे अपनी सेवायें प्रदान करते हैं। गीता में भी समाज सेवा को बहुत महत्त्व दिया गया है। समाज सेवा मनुष्य को परमात्मा के समीप पहुंचा देती है। कर्त्तव्य केवल कर्त्तव्य निभाने के लिये न होकर समाज को सुदृढ़ बनाने के लिये होना चाहिए।

7. व्यक्ति के प्रति आदर (Respect for person) – हमारी नागरिक भावना ने हमारे अन्दर व्यक्ति के प्रति आदर करने की एक उत्तम विशेषता पैदा की है। जिस प्रकार हमें अनेक अधिकार प्राप्त हैं उसी प्रकार दूसरों को भी ये अधिकार प्राप्त हैं। हमें दूसरों को भी अपनी तरह विवेकपूर्ण प्राणी मानना चाहिए।

8. सहनशीलता में विश्वास (Faith in tolerance) – हमारा सहनशीलता में अटूट विश्वास है। हम धर्मान्ध बिलकुल नहीं हैं; हम उदार ह्रदय हैं और हमारा विश्वास है कि मुक्ति को पाने के अनेक मार्ग हैं। उद्देश्य के प्रति ईमानदारी और ह्रदय की शुद्धता अनिवार्य है।

9. कर्त्तव्य की भावना (Sense of duty) – हमारे में अपने कर्त्तव्य के प्रति तीव्र भावना है और हम अपने अधिकारों के लिये अधिक नहीं सोचते। हम स्नेह और शांति के प्रेमी हैं, और कभी भी लड़ाई का मार्ग नहीं अपनाते।

10. सादा जीवन एवं उच्च विचार (Simple living and high thinking) – सादा रहन-सहन और उच्च विचार हमारी भारतीय संस्कृति की महत्त्वपूर्ण विशेषता है। सुबह के समय अधिकांश और संध्या के समय प्रायः लोग नाम, कथाओं अर्थात् धार्मिक ग्रंथों, परिभाषिकों और महान् आत्माओं द्वारा दिये जाने वाले प्रवचनों को सुनते हैं। यह सत्संग की प्रथा हमारे तक पीढ़ी दर पीढ़ी पहुंची है।

संस्कृत का शिक्षा से परस्पर सम्बन्ध एवं प्रभाव
(Interaction and influence of Culture with Education)

शिक्षा और संस्कृति आपस में बड़े आत्मीय और अभिन्न रूप से जुड़े हुये हैं। संस्कृति का शिक्षा से विशेष सम्बन्ध है। किसी समाज का सांस्कृतिक प्रारूप ही उसके शैक्षणिक प्रारूप को आकार देता है। उदाहरणस्वरूप यदि एक समाज में संस्कृति का भौतिकवादी प्रारूप है, तब स्वाभाकि रूप से उसका शैक्षणिक प्रारूप भी भौतिक मूल्यों की प्राप्ति के अनुसार बनेगा और उसमें इन्द्रियों की प्रसन्नता और भौतिक सुविधाओं (ऐशो-आराम) पर बल दिया जायेगा। दूसरी ओर यदि किसी समाज का सांस्कृतिक प्रारूप आध्यात्मिक होगा तब उसकी शैक्षणिक

गतिविधियां जीवन में नैतिक और शाश्वत मूल्यों की उपलब्धियों पर बल देंगी। यह बात ध्यान देने योग्य है कि जो समाज किसी भी संस्कृति से रहित होता है वहां कोई निश्चित शैक्षणिक संस्था नहीं होती। अतः किसी देश की संस्कृति का उसके शैक्षणिक प्रारूप पर अत्यंत महत्त्वपूर्ण प्रभाव होता है। इन दोनों के परस्पर सम्बन्ध (प्रभाव) की चर्चा नीचे की गई है–

संस्कृति का शिक्षा पर प्रभाव (Impact of Culture on Education)

1. शिक्षा के उद्देश्य (Aims of education) – शिक्षा का अर्थ और इसके उद्देश्य किसी समाज की सांस्कृतिक पृष्ठभूमि, सांस्कृतिक विचारों, मूल्यों और प्रतिमानों पर निर्भर करते हैं। अमरीका में शिक्षा का उद्देश्य समाजीकरण और प्रजातंत्रीकरण है और उसका (समाज) अपना तंत्र भी इसी प्रकार से बनाया गया है। रूस की शिक्षा व्यवस्था का बल 'नये मनुष्यों को निर्माण' में है जोकि अपने खून और आत्मा से कम्युनिस्ट हों। अतः इनकी शैक्षणिक व्यवस्था इसी के अनुरूप है। यह स्पष्ट है कि जैसी किसी समाज की संस्कृति होगी वैसी ही उसकी शिक्षा के उद्देश्य होंगे।

2. पाठ्यक्रम पर संस्कृति का प्रभाव (Influence of culture on curriculum) – शिक्षा के उद्देश्य पाठ्यक्रम के माध्यम से प्राप्त होते हैं। जैसे शिक्षा के उद्देश्य किसी समाज की संस्कृति द्वारा प्रभावित और निर्धारित होते हैं, वैसे ही पाठ्यक्रम भी समाज की आवश्यकताओं तथा आदर्शों के अनुसार ही निश्चित होता है ताकि हमें उस समाज के सांस्कृतिक मूल्यों की पहचान हो सके। शिक्षा व्यवस्था समाज की सांस्कृतिक आवश्यकताओं को उस पाठ्यक्रम द्वारा पूरा करने का प्रयास करती है जिस पाठ्यक्रम के द्वारा पुनः सभी शैक्षिक गतिविधियों और प्रोगामों को स्वरूप दिया जाता है।

3. शिक्षण विधियों पर संस्कृति का प्रभाव (Influence of culture on methods of teaching) – समाज के परिवर्तनशील सांस्कृतिक प्रतिमानों का शिक्षण विधियों पर प्रबल प्रभाव पड़ता है। पुरातन काल में शिक्षा अध्यापक केन्द्रित थी जोकि बच्चों के मन में पूर्व निश्चित ज्ञान की मात्रा उनकी रूचियां और आवश्यकताओं पर ध्यान दिये बिना जबरदस्ती लादती थी। उस समय सारा बल रटेने पर होता था। आज के युग में शिक्षा छात्र-केन्द्रित हो गई है। आज शिक्षार्थियों के निर्धारित शैक्षिक अनुभवों, गतिविधियों तथा प्रोग्रामों में उनकी रुचियों, आवश्यकताओं, अभिरूचियों, समस्याओ का ध्यान रखा जाता है। अतः आज शिक्षा शिक्षार्थियों को वर्तमान तथा भविष्य में प्रभावी रूप से रहने के लिये तैयार करने का माध्यम है। सांस्कृतिक आवश्यकतायें प्रभावी ढंग से शिक्षण की

विधियों और प्रविधियों को साकार करती हैं।

4. संस्कृति का अनुशासन पर प्रभाव (Influence of culture on discipline) – संस्कृति अनुशासन की अवधारणा को भी प्रभावित करती है। वर्तमान सोचने और रहने के सांस्कृतिक प्रतिमान प्रत्यक्ष रूप से हमारी अनुशासन की अवधारणा से सम्बन्धित थी। पुरातन तथा मध्यकाल समाज अधिकारित थे और फलस्वरूप अनुशासन की अवधारणा दमनकारी थी। परन्तु आज के युग में जीवन में लोकतंत्री मूल्यों को स्वीकार किया जा रहा है। उनका सारे विश्व में सम्मान हो रहा है। ऐसे समय में अनुशासन की अवधारणा से अभिप्राय स्व-अनुशासन, आंतरिक अनुशासन, प्रभावशाली अनुशासन, अपनी संस्कृति को आत्मसात् करने वाले अनुशासन और उस पर गर्व करने वाले अनुशासन से है। संस्कृति का विकास व्यक्ति और समूची मानवता के लिये श्रेयस्कर है। एक समाज जितना अधिक सुसंस्कृत होगा वह उतना ही बेहतर अनुशासित भी होगा।

5. संस्कृति का पाठ्यक्रमों पर प्रभाव (Influence of culture on textbooks) – सांस्कृतिक मूल्यों का पाठ्यक्रमों पर अत्यधिक प्रभाव होता है। सांस्कृतिक मूल्यों को ध्यान में रखते हुए ही पाठ्यक्रम तैयार किये जाते हैं। अतः पाठ्यपुस्तकों के निर्माण के समय उन सांस्कृतिक मूल्यों का ध्यान रखा जाता है जो पाठ्यक्रम को निर्धारित करते हैं। इस संदर्भ में केवल उन्हीं पाठ्यक्रमों का स्वागत होता है जो कि सांस्कृतिक मूल्यों, आदर्शों तथा नैतिकता को बढ़ाते तथा उनका पोषण करते हैं। इसके विपरीत वे पाठ्यक्रम जो किसी समाज विशेष के सांस्कृतिक मूल्यों और आदर्शों के विरोधी होते हैं व या तो त्याज्य होते हैं या उन पर प्रतिबंध लगा दिया जाता है।

6. संस्कृति का अध्यापक पर प्रभाव (Influence of culture on teacher) – प्रत्येक अध्यापक का अपना निजी जीवन-दर्शन होता है। जिस समाज का वह अभिन्न अंग है उसके सांस्कृतिक मूल्य और आदर्श होते हैं। अध्यापक के आदर्शवाद और उच्च आदर्शों को विद्यार्थी प्रत्यक्ष या अप्रत्यक्ष रूप से अवश्य ग्रहण करता है। यह ध्यान देने योग्य बात है कि अध्यापक के आदर्शवाद और उच्च आदर्शों में उसके समाज अथवा देश के सांस्कृतिक आदर्श और मूल्य समाहित होते हैं। सत्य तो यह है कि अध्यापक संस्कृति का संरक्षक, मध्यस्था और निर्माता होता है।

7. स्कूल पर संस्कृति का प्रभाव (Influence of culture on school) – व्यावहारिक विचारधारा के दार्शनिक स्कूल को समाज की छोटी ईकाई मानते हैं। किसी स्कूल की सामूहिक सभी गतिविधियां और प्रोग्राम समाज के उन सांस्कृतिक आदर्शों और मूल्यों के अनुसार ही आयोजित होते हैं जिनके अंतर्गत

स्कूल स्थापित किये जाते हैं। अतः स्कूल समाज के उन सांस्कृतिक प्रतिमानों को बढ़ाने, ढालने, सुधारने और विकसित करने का केन्द्र है जोकि उसने अपने कल्याण और श्रेय के लिये बनाये हैं।

संस्कृति और शिक्षा में सम्बन्ध
(Relationship between Culture and Education)

संस्कृति और शिक्षा का गहरा सम्बन्ध है। प्रत्येक व्यक्ति किसी विशिष्ट संस्कृति में पैदा होता है जो उसे एक निश्चित व्यवहार प्रतिमान प्रदान करती है और जीवन के विभिन्न क्षेत्रों में उसके व्यवहार का मार्गदर्शन करती है। अतः संस्कृति मनुष्य के जीवन में महत्त्वपूर्ण भूमिका निभाती है। थियोडोर ब्रामेल्ड (Theodore Brameld) के कथनानुसार, 'शिक्षा संस्कृति की प्रत्यक्ष उपज है और यह शिक्षा को केवल उसके उपकरण तथा अन्य सामग्री ही प्रदान नहीं करती बल्कि उसके अस्तित्व का तार्किक आधार भी प्रदान करती है।'

("It is from the stuff of culture that education is directly created and that gives to education not only its own tools and material but its reason for existing at all")

संस्कृति में शिक्षा के लिये बहुत कुछ निहित है। सामाजिक जीवन शिक्षा द्वारा प्रभावित होता है और शिक्षा स्वयं सामाजिक जीवन द्वारा अनुशासित होती है। समाज का सम्पूर्ण प्रतिमान शिक्षा को निश्चित करता है और शिक्षा सम्पूर्ण सामाजिक प्रतिमान के निर्माण में सहायता प्रदान करती है। शिक्षा सुसंस्कृत व्यक्ति को जन्म देती है और सुसंस्कृत व्यक्तियों द्वारा ही उस का पालन-पोषण होता है।

संस्कृति के प्रति शिक्षा के कार्य
(Function of Education towards Culture)

1. संस्कृति का संरक्षण (Conservation of culture) – शिक्षा का महत्वपूर्ण कार्य सांस्कृतिक विरासत का संरक्षण करना है। इसके बिना सांस्कृतिक विरासत बच ही नहीं सकती। स्कूल विद्यार्थियों में सांस्कृतिक गुणों का विकास करता है।

सांस्कृति के माध्यम से मूल्यों का सृजन
(Inculcation of Values through Culture)

प्रत्येक संस्कृति के अपने कुछ मूल्य होते हैं। मेकाइवर एवं पेज (Maclver

& Page)के कथनानुसार, 'संस्कृति शैलियों, मूल्यों, भावात्मक सम्बन्धों तथा बौद्धिक साहसिक कार्यो का समूह हैं।'

("Culture is the realm of styles, of values, of emotional attachments, of intellectual adventures.")

अत्युत्तम विचार एवं ज्ञान 'संस्कृति' है। यह आन्तरिक सौन्दर्य है, बौद्धिक परिष्कार है और व्यक्तित्व का सौन्दर्यात्मक एवं नैतिक पक्ष है। भारतीय संस्कृति के महत्त्वपूर्ण सांस्कृतिक मूल्य निम्नलिखित हैं :–

1. **ईश्वर में विश्वास** (Faith in God) – 'ईश्वर में विश्वास' भारतीय संस्कृति का बुनियादी मूल्य है। ईश्वर सत्य है, प्रेम है, नैतिकता है तथा जीवन एवं प्रकाश का स्रोत है। वह सत, चित और आनन्द की मूर्त्ति है। वह ब्रह्माण्ड का स्रष्टा है। जड़-चेतन में वही व्यापत है। वह हमें सांसारिक बन्धन से मुक्ति दिलाता है और आत्म-प्रकाश प्रदान करता है। वह हमें ताकत नहीं बल्कि प्रेम का प्रकाश प्रदान करता है।

2. **आध्यात्मवाद** (Spiritualism) – भारतीय संस्कृति में आध्यात्मवाद को अत्यधिक महत्त्व दिया गया है। सत्यं, शिवं, सुन्दरं आध्यात्मिक मूल्य हैं। आध्यात्मवाद मनुष्य की आत्मा तथा उस के मन को वास्तविक शक्ति प्रदान करता है। आध्यात्मवाद द्वारा ही अराजकता, विनाश, शोषण, स्वार्थ एवं घृणा को समाप्त किया जा सकता है। आध्यात्मिक परिपूर्णता अच्छी सामाजिक व्यवस्था तथा मानवीय भ्रातृत्व की ओर अग्रसर करती है।

3. **अहिंसा** (Non-violence) – 'अहिंसा' में विनम्रता, दान, प्रेम, धैर्य, हृदय की पवितत्रता और विचार, अभिव्यक्ति तथा कर्म के मोह से मुक्ति आदि गुण सम्मिलित हैं। 'अहिंसा' से तात्पर्य है हर प्रकार की हिंसा से मुक्ति अर्थात् घृणा - क्रोध, अहंकार एवं दुर्घटना से मुक्ति। अहिंसा सभी जीवों से प्रेम की प्रेरणा देती है। हमें मन, वचन और कर्म से किसी को हानि नहीं पहुंचानी चाहिए। अहिंसा हमें सत्यता के लक्ष्य की ओर ले जाती है। विश्व शान्ति और सह-अस्तित्व का एकमात्र साधन अहिसा है।

4. **सहनशीलता** (Tolerance)– हमें सहनशीलता में सच्चा विश्वास है। यह हमारी संस्कृति की महत्त्वपूर्ण विशेषता है। हम अपने पड़ोस में रहने वाले लोगों तथा देशों एवं राज्यों के प्रति सहनशीलता, उदारता एवं प्रेमपूर्ण अस्तित्व की भावना रखते हैं। शान्तिपूर्ण सह-अस्तित्व के लिये जीवन के प्रत्येक क्षेत्र में सहनशीलता का होना अत्यन्त आवश्यक है।

5. **सादगी** (Simplicity) – भारतीय संस्कृति की एक और महत्त्वपूर्ण विशेषता है – 'सादा जीवन और उच्च विचार'। प्रातः काल अधिकांश व्यक्ति और दोपहर के पश्चात् भी कई लोग सन्त महात्माओं के प्रवचन, उपदेश तथा

कथायें सुनते हैं। 'सतसंग' एक श्रेष्ठ परम्परा के रूप में आज भी विद्यमान है।

6. समाज-सेवा (Social service) – हम विवाहों, दाह संस्कारों तथा भूकम्प, महामारी, तूफ़ान आदि प्राकृतिक आपदाओं में समाज-सेवा करना अपना धर्म समझते हैं। भारतीय संस्कृति के अनुसार समाज-सेवा मनुष्य को ईश्वर की ओर ले जाती है। यह एक महत्त्वपूर्ण सांस्कृतिक मूल्य है।

7. शारीरिक श्रम की प्रतिष्ठा (Dignity of manual work) – भारतीय संस्कृति में शारीरिक श्रम की प्रतिष्ठा पर बहुत बल दिया गया है। यह समाज-उपयोगी तथा उत्पादक कार्य के लिये अत्यन्त आवश्यक है। इसे जीवन में उच्च सम्मान दिया गया है। गुरू नानक ने 'किरत करने' को अत्यन्त महत्त्वपूर्ण स्थान दिया है। महात्मा गांधी का कथन है, 'जो हाथों से काम नहीं करते वे शीघ्र ही जीवन का संगीत खो बैठते हैं।'

8. निष्काम कर्म (*Nishkama karma*) – निष्काम कर्म भी हमारी संस्कृति का महत्त्वपूर्ण मूल्य है। यह गीता की केन्द्रीय शिक्षा है। यह ईश्वर की प्राप्ति का माध्यम है। यह मनुष्य की शारीरिक, मनोवैज्ञानिक तथा आध्यात्मिक प्रकृति के अनुकूल है। इसमें स्वार्थ एवं परमार्थ का स्वस्थ समन्वय है। यह इस लोक को भी सुधारता है और परलोक को भी।

9. शिष्टता (Courtesy) – भारतीय संस्कृति में शिष्टता का अनुपम महत्त्व है। शिष्टता से तात्पर्य है –

(क) माता-पिता, अध्यापकों, पड़ोसियों तथा वृद्धों के प्रति आदर की भावना।

(ख) दूसरों की छोटी सी सहायता की भी प्रशंसा करना।

(ग) शिष्टता से बातें करना और दूसरों को प्रणाम करना।

(घ) कठोर भाषा एवं गालियों से बचना।

कुछ अन्य सांस्कृतिक मूल्य इस प्रकार हैं : (क) क्षमाशीलता, (ख) मनुष्यों का भ्रातृत्व एवं ईश्वर का पितृत्व, (ग) सत्यता, (घ) उदार-मानसिकता, (ङ) पवित्रता, (च) धर्मनिरपेक्षता, (छ) शाश्वत प्रेम, (ज) भौतिक एवं आध्यात्मिक मूल्यों में समन्वय।

Constitution as the Source of Values

शिक्षा से सम्बन्धित संवैधानिक धाराएं/व्यवस्थाएं
(Constitutional Articles/Provisions Related to Education)

"Lead the people by laws and regulate them by penalities and the people will try to keep out of jail but will have no sense of shame. Lead the people by virtue and restrain them by rule of

decorum and the people will have a sense of shame and moreover will become good."

भारतीय संविधान, भारत की स्वतन्त्रता का चार्टर-लोकतंत्र का एक अद्वितीय तथा दुर्लभ चार्टर है। क्योंकि यह भारत की पूर्ण अभिव्यक्ति का प्रतीक है और लोगों की आशाओं तथा संकल्पों को प्रकट करता है, इसलिए यह कुदरती बात है कि इस दस्तावेज में शिक्षा को सत्कारपूर्ण स्थान मिले। शिक्षा से संबंधित सांविधानिक प्रावधान (Provision) प्रत्येक उस व्यक्ति के लिये हैं जो भारत के भावी नागरिकों की शिक्षा में रूचि रखता है। शिक्षा सम्बन्धी सांविधानिक उपबंध देश की शैक्षिक तथा सामाजिक समयाओं को हल करने के लिये बनाये गये हैं। इनका महत्त्व महान् है।

हमारे संविधान की प्रस्तावना
(The Preamble of our Constitution)

प्रस्तावना की, शिक्षा नीतियों तथा कार्यक्रमों पर गहरी छाप है। इसमें लिखा है–

हम, भारत के लोग, भारत को एक सम्पूर्ण प्रभुत्व सम्पन्न समाजवादी, पंथ निरपेक्ष, लोक तंत्रात्मक गणराज्य बनाने के लिये तथा उसके समस्त नागरिकों को:

न्याय (Justice) – सामाजिक, आर्थिक तथा राजनीतिक;
स्वतन्त्रता (Liberty) – विचार, अभिव्यक्ति, निश्चय, श्रद्धा तथा पूजा की;
समानता (Equality) – अवसर तथा दर्जे की और सब में इसके संचार की;
भ्रातृभाव (Fraternity) – व्यक्ति के दर्जे तथा राष्ट्र की एकता का भरोसा दिला कर प्राप्त करने में सहायता करेंगे।

सामाजिक न्याय (Social Justice)– व्यक्ति को अपने सामाजिक न्याय के पक्ष में होना चाहिए। सामाजिक समूह में उसे सामाजिक न्याय के प्रयत्न करने चाहिएं। व्यक्ति को अपने परिवार के सदस्यों, मित्रों, पड़ोसियों तथा अन्य सहकर्मियों के प्रति वफ़ादार होना चाहिए। हमारी सांविधानिक असैंबली ने 26 नवम्बर 1949 को यह संविधान लागू किया।समाज जीवन को सुरक्षित, सुविधाजनक एवं सभ्य बनाने के लिये सामाजिक मूल्यों का निर्माण करता है। क्योंकि मनुष्य समूहों में रहता है इसलिए उसे किसी आचार-संहिता का पालन करना पड़ता है ताकि सभी शान्तिपूर्वक जीवन व्यतीत कर सकें।

स्वतन्त्रता (Liberty) – प्रजातन्त्र स्वतन्त्रता पर आधारित है। व्यक्ति को अपने व्यक्तित्त्व के विकास के लिये विचार, अभिव्यक्ति, विश्वास, धर्म, भक्ति

तथा व्यवसाय की स्वतन्त्रता दी जानी चाहिए। स्वतन्त्रता की प्रजातन्त्रात्मक मान्यता का यह अर्थ कभी नहीं कि व्यक्ति जो चाहे कर सकता है। इसमें पर्याप्त मात्रा में आत्म-नियन्त्रण, उत्तरदायित्व तथा दूसरों के कल्याण की ओर ध्यान देने की भी आवश्यकता है। व्यक्तिगत स्वतन्त्रता का अर्थ आत्म-नियन्त्रण का अभाव नहीं। इस से समुदाय के सामूहिक हित की हानि नहीं होनी चाहिए।

संविधान के चार अनुच्छेद (19 से 22) स्वतन्त्रता के अधिकार से सम्बन्धित हैं। 19वें अनुच्छेद के अन्तर्गत भारतीय नागरिकों को निम्नलिखित स्वतन्त्रताएं प्रदान की गई हैं –

1. भाषण देने और विचार व्यक्त करने की स्वतन्त्रता (Liberty of Speech and Expression)
2. शान्तिपूर्वक हथियारों के बिना एकत्र होने की स्वतन्त्रता (Liberty of Peaceful Assembly without Arms)
3. समुदाय अथवा संघ की स्वतन्त्रता (Liberty of Association or Union)
4. स्वाधीनतापूर्वक देश में घूमने-फिरने की स्वतन्त्रता (Liberty of Movement)
5. देश के किसी भाग में बसने अथवा निवास करने करने की स्वतन्त्रता (Liberty of Residence)
6. सम्पत्ति खरीदने, रखने, बेचने व दान देने की स्वतन्त्रता (Liberty to Acquire, Hold and Dispose of Property)
7. कोई व्यवस्था, धन्धा, पेशा अथवा कारोबार करने की स्वतन्त्रता (Liberty of Trade and Occupation)

अवसर की समता (Equality of Opportunity) – प्रजातन्त्रात्मक समाज में प्रत्येक व्यक्ति को अपनी सर्वोतम अनुभूति के लिये समान अवसर प्रदान किये जाते हैं। सभी व्यक्ति सामाजिक रूप से समान हैं और समान रहना उनका अधिकार है। इसका अर्थ यह कभी नहीं कि प्रत्येक व्यक्ति को एक जैसी शिक्षा प्रदान की जाये, बल्कि इसका अर्थ यह है कि प्रत्येक व्यक्ति को उसकी योग्यता के अनुसार शिक्षा दी जाये। प्रतिभाशाली व्यक्तियों को प्रतिभाहीन व्यक्तियों के लिये बलिदान नहीं कर देना चाहिए। व्यक्ति समान जरूर पैदा हुए हैं परन्तु वे एक जैसे नहीं। प्रत्येक व्यक्ति की विभिन्न योग्यताएं, प्रवृत्तियां, रुचियां और परम्परायें होती हैं। 'कानून की समानता' का अभिप्राय यह है कि एक समान व्यक्तियों के लिए एक-सा कानून होना चाहिए अर्थात् समान व्यक्तियों के साथ एक-सा व्यवहार होना चाहिए। इस अधिकार के अन्तर्गत निम्नलिखित व्यवस्थाएं की गई हैं :–

1. कानून के सामने समानता (Equality before law)

2. भेदभाव की समाप्ति (End of Discrimination)
3. सार्वजनिक नौकरियों में समान अवसर (Equality of opportunity in Public Appointments)
4. छुआछूत की समाप्ति (Abolition of Untouchability)
5. उपाधियों की समाप्ति (Abolition of Titles)

भारत में शिक्षा-सम्बन्धी संवैधानिक प्रावधान (Constitutional Provisions in relation to Education in India)

(1) शिक्षा-केन्द्रीय एवं राज्य विषय (Education - Both a Union and a State Subject)

भारतीय संविधान के अनुसार शिक्षा केन्द्रीय विषय भी है और राज्य विषय भी। अतः शिक्षा के विस्तार एवं विकास का दायित्व केन्द्र एवं राज्य दोनों पर है।

42वें संशोधन (42nd Amendment) से पूर्व शिक्षा संविधान की 7वीं अनुसूची (Seventh Schedule) की सूची **II** की प्रविष्टि 11 (Entry 11) के अनुसार एक राज्य विषय था। प्रविष्टि 11 इस प्रकार है, 'शिक्षा, जिस में विश्वविद्यालय भी सम्मिलित हैं, सूची **I** की 63, 64, 65 एवं 66 तथा सूची **III** की 25 प्रविष्टियों के प्रावधान के अन्तर्गत।'

("Education including universities, subject to the provision of the entries 63, 64 and 66 of List I and entry 25 of List III.")

सन् 1921 से 1976 तक हमारे देश में शिक्षा एक राज्य विषय रही है और इस पर राज्य शिक्षा मन्त्री का सीधा नियन्त्रण रहा। नये संवैधानिक संशोधन भी इसी ढांचे का ही अनुसरण करते हैं। परन्तु उन नीतियों का कार्यान्वयन राज्य सरकार करती है तथा राज्य में रहने वाले सभी लोगों के लिये शिक्षा की व्यवस्था करती है। राज्य के महत्त्वपूर्ण कार्य इस प्रकार हैं–

(i) प्राथमिक शिक्षा प्रदान करना (Providing elementary education)
(ii) सैकेण्डरी तथा उच्चतर शिक्षा प्रदान करना
(iii) विश्वविद्यालयों की क्रियाओं पर नियन्त्रण करना (Controlling the activities of the Universities)
(iv) प्रशिक्षण संस्थाएं संचालित करना (Operating the training institutes)
(v) प्रौढ़ एवं सामाजिक शिक्षा प्रदान करना (Providing adult and social education)

(vi) वित्तीय सहायता की व्यवस्था करना (Providing financial assistance)

(vii) आयोग एवं समितियां नियुक्त करना (Appointing Commissions and Committees)

(viii) निरीक्षण स्टाफ नियुक्त करना (Appointing supervisory staff)

(ix) पाठ्यक्रम निश्चित करना (Providing the curriculum including syllabus)

(x) परीक्षायें लेना (Holding examinations)

राज्य स्वयंसेवी संस्थाओं तथा स्थानीय निकायों (Local Bodies) को सहायक-अनुदान दे कर भी शिक्षा के विकास एवं विस्तार में महत्त्वपूर्ण योगदान देता रहा है। यह सहायक-अनुदान के लिये नियम निर्धारण करके स्वयंसेवी संस्थाओं तथा स्थानीय निकायों की क्रियाओं पर अपना नियन्त्रण रखता है। परन्तु 42वें संशोधन के पश्चात् शिक्षा को संयुक्त सूची (Concurrent List) में शामिल कर दिया गया है और केन्द्र तथा राज्य दोनों पर शिक्षा का दायित्व हो गया है।

(2) उच्च शिक्षा तथा अनुसन्धान (Higher Education and Research)

लोकसभा (केन्द्र) को संस्थाओं तथा संघीय एजेंसियों में, जिनका विवरण संघीय सूची नं. **I** की प्रविष्टि (Entry) 63 से 66 तक में कानून बनाने की एकमात्र शक्ति प्राप्त है।

(क) संघीय सूची I की प्रविष्टि 63 (Entry 63 of List I-Union List) – **राष्ट्रीय महत्त्व की संस्थायें** (Institutions of National Importance) – इस संविधान के आरम्भ से पहले की संस्थायें यथा बनारस हिन्दू यूनिवर्सिटी, अलीगढ़ मुस्लिम यूनिवर्सिटी तथा दिल्ली विश्वविद्यालय तथा अन्य संस्थायें जिनको लोकसभा ने राष्ट्रीय महत्त्व की संस्थायें घोषित किया है।

(ख) संघीय सूची I की प्रविष्टि 64 (Entry 64 of List I-Union List)– **वैज्ञानिक तथा तकनीकी शिक्षा की संस्थायें** (Institutions of Scientific and Technical Education) – वैज्ञानिक तथा तकनीकी शिक्षा की संस्थायें जिनको भारत सरकार पूर्ण तौर या आंशिक वित्तीय सहायता देती है और जिन्हें लोकसभा या कानून ने राष्ट्रीय महत्त्व की संस्थायें घोषित किया है।

(ग) संघीय सूची I की प्रविष्टि 65 (Entry 65 of List I-Union List) – **संघीय एजेंसियां तथा संस्थायें** (Union Agencies and Institutions) – सूची I की प्रविष्टि 65 में लिखा है–

(1) पुलिस अफ़सरों समेत व्यावसायिक, तकनीकी संस्थायें; अथवा

(2) विशेष अध्ययन या अनुसंधान की उन्नति; अथवा

(3) तफ़तीश या अपराधों की जांच में सहायक वैज्ञानिक तथा तकनीकी सहायता देने वाली संस्थायें।

(घ) संघीय सूची I की प्रविष्टि 66 : स्तरों का समन्वय तथा निर्धारण (Entry 66 of List I : Co-ordination and determination of standards) – प्रविष्टि 66 में लिखा है, 'उच्च शिक्षा या अनुसंधान की संस्थाओं तथा वैज्ञानिक और तकनीकी संस्थाओं में स्तरों का समन्वय तथा निर्धारण।' यह प्रविष्टि बहुत ही महत्त्वपूर्ण क्योंकि यह भारत सरकार पर एकमात्र जिम्मेदारी डालती है कि वह देखे कि उच्च शिक्षा या अनुसंधान, वैज्ञानिक तथा तकनीकी शिक्षा का स्तर नीचे न गिरे और कोई राज्य सरकार इस सिलसिले में अवहेलना न करे। वह देखेगा कि राष्ट्रीय हितों को हानि तो नहीं पहुंच रही।

(3) शिक्षा तथा विदेशों के साथ सांस्कृतिक सम्बन्ध (Education and cultural relations with foreign countries)

संघीय सूची I की प्रविष्टि 13 (Entry 13 of List I) में लिखा है, 'अन्तर्राष्ट्रीय सम्मेलनों, सभाओं तथा अन्य संस्थाओं में भाग लेना तथा उनमें किये गये निर्णयों को लागू करना।' भारतीय शिक्षा आयोग ने इस प्रावधान की व्याख्या करते हुए दूसरे देशों के साथ शिक्षा तथा सांस्कृतिक संबध रखने और संयुक्त राष्ट्र संघ तथा उसकी एजेंसियों विशेष रूप से UNESCO के काम में भाग लेने की ज़िम्मेदारी भारत सरकार को दी है।

(4) संघीय क्षेत्रों में शिक्षा (Education in the Union Territories)

संविधान की धारा 239 (Article 239) में लिखा है कि, 'यदि लोकसभा या कानून द्वारा कोई और प्रबंध न किया गया हो तो प्रत्येक संघीय क्षेत्र पर राष्ट्रपति का शासन उस सीमा तक जहां तक कि वह उचित समझें, एक शासक द्वारा जिसे वह नियुक्त करेगा, चलाया जायेगा।' वास्तव में संघीय क्षेत्रों में शिक्षा केन्द्र के अधिकार क्षेत्र में आती है। अतः भारत सरकार संघीय क्षेत्रों में शिक्षा की ज़िम्मेदार है।

(5) आर्थिक तथा सामाजिक आयोजन (Economic and Social Planning)

संघीय सूची III की प्रविष्टि 20 (Entry 20 of List III i.e. Concurrent List) का संबंध आर्थिक तथा सामाजिक आयोजन के साथ है जो कि केन्द्र तथा राज्यों की सांझी जिम्मेदारी है। इसमें लिखा है, 'आर्थिक तथा सामाजिक आयोजन।' चूंकि आर्थिक तथा सामाजिक विकास का शिक्षा के साथ गहरा

संबंध है, इसलिये भारत सरकार और राज्य सरकार को मिलकर शिक्षा के लिये राष्ट्रीय योजना बनानी चाहिए।

(6) श्रमिकों का व्यावसायिक तथा तकनीकी प्रशिक्षण (Vocational and Technical Training of Workers)

संघीय सूची III की प्रविष्टि 25 (Entry 25 of List III i.e. Concurrent List) का संबंध शिक्षा के साथ है जिसके लिये लोकसभा और किसी राज्य की विधान सभा (विशेष प्रावधान के अधीन) कानून बनाने की शक्ति रखती है। इसमें लिखा है, 'श्रमिकों का व्यासायिक तथा तकनीकी प्रशिक्षण।'

(7) मुफ्त तथा अनिवार्य प्राइगरी शिक्षा (Free and Compulsory Primary Education)

धारा 45 के राज्य नीति निदेशक सिद्धान्त (Article 45 of the Directive Principles of State Policy) में लिखा है, 'राज्य संविधान के आरम्भ से 10 वर्ष के अन्दर 14 वर्ष की आयु पूरी कर लेने वाले बच्चों के लिये मुफ्त तथा अनिवार्य प्राइमरी शिक्षा का प्रबंध करने की कोशिश करेगा।' यह राज्य के निदेशक सिद्धान्तों में से एक है। यह देश के प्रशासन में आधारभूत सिद्धान्त है। यह राज्य का कर्त्तव्य होगा कि वह इन सिद्धान्तों का प्रयोग कानून बनाते समय करेगा।

शब्द 'राज्य' जो इस धारा में आया है का भाव धारा 12 के अनुसार है, 'भारत सरकार तथा लोकसभा एवं राज्यों की सरकार और विधानसभा तथा भारत की सभी स्थानीय तथा भारत सरकार के नियंत्रण में अन्य शक्तियां।

(8) निर्बल वर्गीय लोगों की शिक्षा (Education of Weaker Sections of the People)

संविधान ने लोगों के निर्बल वर्ग की शिक्षा को उन्नत करना सरकार की आवश्यक ज़िम्मेदारी बना दिया है।

धारा 46 (Article 46) में लिखा है, 'राज्य निर्बल वर्ग के लोगों की शिक्षा तथा आर्थिक हितों को ध्यानपूर्वक उन्नत करेगा और विशेष करके अनुसूचित जातियों तथा अनुसूचित जनजातियों (Scheduled Castes & Scheduled Tribes) की और इनकी सामाजिक न्याय तथा सभी प्रकार के शोषण से रक्षा करेगा।' यह राज्य नीति के निदेशक तत्वों में से एक है।

धारा 15 (Article 15) में लिखा है, 'इस धारा में या धारा 29 के खण्ड (2) [Clause (2)] में कोई ऐसी बात नहीं जो राज्य के नागरिकों की समाज तथा शिक्षा क्षेत्र में पिछड़ी श्रेणी की उन्नति के लिये कोई विशेष प्रबन्ध करने में बाधा हो। इस श्रेणी में अनुसूचित जातियां तथा अनुसूचित जनजातियां भी शामिल हैं।

(9) अल्प-मत वर्गों की शिक्षा (Education of Minorities)

संविधान में अल्प मत वर्गों के सांस्कृतिक तथा शैक्षिक हितों के संरक्षण के

लिये विशेष प्रबन्ध हैं।

(i) धारा 29 – अल्पसंख्यकों के हितों का संरक्षण (Article 29- Protection of Interests of Minorities) – इस धारा का संबंध 'अल्पसंख्यकों के संरक्षण' के साथ है। इसमें लिखा है :–

(क) 'भारत के किसी भी इलाके में रहने वाले नागरिकों के किसी वर्ग को, जिसकी अपनी विशेष भाषा, लिपि या संस्कृति है, अधिकार है कि वह उन्हें सुरक्षित रख सकें।

(ख) 'प्रत्येक नागरिक को राज्य द्वारा चलाई गई शिक्षा संस्था या राज्य द्वारा सहायता अनुदान प्राप्त संस्था में धर्म, जाति, कबीले, भाषा आदि के भेद-भाव बिना प्रवेश लेने का अधिकार है।

(ii) धारा 30 – अल्पसंख्यक जातियों को शिक्षा संस्थायें स्थापित करने तथा चलाने का अधिकार (Article 30- Right of Minorities to establish and administer Educational Institutions) – इस धारा में लिखा है, 'अल्पसंख्यक जातियों को शिक्षा संस्थायें स्थापित करने तथा चलाने का अधिकार है।'

(क) सभी अल्पसंख्यक वर्गों को, चाहे उनका आधार धर्म या सभा पर आधारित हो, अपनी पसन्द की शिक्षा संस्थायें स्थापित करने व उनका प्रबन्ध करने का अधिकार है।

(ख) राज्य किसी शिक्षा संस्थान को अनुदान देते समय इस आधार पर कि यह किसी विशेष धार्मिक अथवा भाषायी अल्पसंख्यक द्वारा प्रबन्धित है किसी प्रकार का भेदभाव नहीं करेगा।

(10) धार्मिक शिक्षा (Religious Education)

(i) धारा 25 : धर्म प्रचार का अधिकार (Article 25 : Right to Propagate Religion) – धारा 25 (1) इस बात की गारंटी देता है कि उन्हें अन्तर्रात्मा (Conscience) की आज़ादी के साथ-साथ किसी भी धर्म में निश्चय रखने, अपनाने और उसका प्रचार करने का अधिकार है।

(ii) धारा 28 : धार्मिक शिक्षा में उपस्थित होने की स्वतन्त्रता (Article 28: Freedom of attendance at religious instructions) – धारा 28 का सम्बन्ध किसी शिक्षा संस्था में धार्मिक शिक्षा में उपस्थित होने या धार्मिक पूजा में उपस्थित होने के साथ है।

धारा 28 (1) के अनुसार, 'किसी ऐसी शिक्षा संस्था में, जो संपूर्ण तौर पर राज्य द्वारा चलाई जाती है धार्मिक शिक्षा का प्रबन्ध नहीं होगा।

धारा 28(2) के अनुसार, 'धारा 28(1) उस संस्था पर लागू नहीं होगा जिसका ध्यान तो राज्य सरकार रखती है परन्तु जो किसी ट्रस्ट या विशिष्ट अधिकारों

आदि से सम्पन्न विधि से स्थापित की गई है।'

धारा 28(3) के अनुसार, 'किसी शिक्षा संस्था में जिसे राज्य द्वारा स्वीकृति प्राप्त है या जिसे राज्य कोष से सहायता अनुदान मिलता है, पढ़ने वाले किसी व्यक्ति के लिये उस शिक्षा संस्था में दी जाने वाली धार्मिक शिक्षा में भाग लेना आवश्यक नहीं होगा। उस संस्था में पूजा में शामिल होना ज़रूरी नहीं है या उसके साथ लगे ऐसे स्थान में जहां पूजा होती है, जाना जरूरी नहीं है। यदि वह वयस्क है तो स्वयं जिम्मेदार है और यदि अवयस्क है तो उसके धार्मिक शिक्षा में भाग लेने की स्वीकृति उसके अभिभावकों से लेनी होगी।'

(11) यूनैस्को के साथ सम्पर्क (Liasion with UNESCO)

(i) सातवीं अनुसूची की सूची I (केन्द्रीय सूची) की प्रविष्टि 12 (Entry 12) में संयुक्त राष्ट्र संघ का उल्लेख है। इस से स्पष्ट है कि केन्द्र 'यूनैस्को' जैसी शैक्षिक संगठनों से सम्बन्ध रखेगा।

(ii) प्रविष्टि 10(विदेशी मुआमले) Entry 10(Foreign Affairs) में भी विदेशों से शैक्षिक सहायता प्राप्त करने का उल्लेख मिलता है।

भारत 'यूनैस्को' (UNESCO - United Nations Educational, Scientific and Cultural Organisation) का प्रवर्त्तक सदस्य है। 'यूनैस्को' की स्थापना 1946 में की गई थी। भारत शिक्षा, विज्ञान तथा संस्कृति के क्षेत्र में 'यूनैस्को' के अन्तर्राष्ट्रीय कार्यक्रमों में भाग लेता रहा हे। 'यूनैस्को' ने अपने विभिन्न कार्यक्रमों के द्वारा भारत को सामाजिक एवं आर्थिक विकास में सहायता प्रदान की है। इस ने भारत में कई संगठनों की स्थापना की है जैसे –

(i) दक्षिण भारत में सामाजिक एवं आर्थिक विकास का 'यूनैस्को अनुसन्धान केन्द्र'

(UNESCO Research Centre on Social and Economic Development in Southern India);

(ii) एशियाई शिक्षा-आयोजन एवं प्रशासन संस्थान

(Asian Institute of Educational Planning and Administration);

(iii) दक्षिण एशिया विज्ञान सहकारी कार्यालय

(South Asia Science Co-operative Office);

(iv) औद्योगीकरण के सामाजिक प्रभाव पर रीजनल अनुसन्धान केन्द्र अर्थात् दक्षिण एशिया

(Regional Research Centre on Social Implications of Industrialiasation i.e. South Asia).

संविधान के माध्यम से मूल्यों का विकास
(Inculcation of Values through Constitution)

प्रजातन्त्र का महत्व (Values of Constitution)

1. व्यक्ति की महानता का सत्कार (Respect for dignity of the person) – लोकतन्त्र व्यक्ति की महानता में विश्वास रखता है। प्रत्येक व्यक्ति को साध्य समझना चाहिए, केवल साधन नहीं। इस ब्रह्माण्ड में प्रत्येक व्यक्ति का एक महत्वपूर्ण स्थान है। प्रजातन्त्र में जाति, धर्म, विश्वास, व्यवसाय आदि के आधार पर किये गये भेदभाव का कोई महत्व नहीं। प्रजातन्त्रात्मक समाज का लक्ष्य व्यक्ति का उच्चतम विकास है। इस लक्ष्य की प्राप्ति तभी हो सकती है जब प्रत्येक व्यक्ति को आत्मानुभूति का पूर्ण अवसर दिया जाये। परन्तु किसी भी व्यक्ति को दूसरे के विकास में बाधक नहीं बनना चाहिए।

2. सामुहिक जीवन (Group living) – प्रजातन्त्र सामूहिक जीवन में विश्वास करता है। यह बहुमुखी संगठनों के निर्माण को प्रोत्साहित करता है। परन्तु इन संगठनों का अस्तित्व व्यक्ति के लिये ही होता है न कि व्यक्ति इनके लिये। सभी नागरिक इकट्ठे रहते हैं। इसलिये सब के हित समान होते हैं। वे उत्तम जीवन व्यतीत करने के लिये एक दूसरे को सहयोग देते हैं। उन्हें मनुष्य के भ्रातृत्व में विश्वास होता है। अतः सामूहिक जीवन, सहयोग, सह-भावना तथा भ्रातृत्व प्रजातन्त्र के मार्ग-दर्शक सिद्धान्त हैं।

3. सहिष्णुता में विश्वास (Faith in toleration) – प्रजातन्त्र का अर्थ है सहिष्णुता। यह प्रजातन्त्र का आवश्यक तत्त्व है। लोकतन्त्र में सभी प्रकार की शारीरिक, सामाजिक, आर्थिक, सांस्कृतिक, राजनीतिक, धार्मिक तथा व्यक्तियों में विद्यमान भाषा, विचार, आदतों, खान-पान, पहनावा आदि से सम्बन्धित विभिन्नताओं को सहन किया जाता है। प्रजातन्त्रात्मक नागरिक दूसरों के विचारों का सहन करते हैं। एक सच्चा प्रजातन्त्रात्मक व्यक्ति यह कभी नहीं सोचता कि उसी की बात ठीक है, बाकी सभी की बातें गलत हैं। वह विचारों की विभिन्नता का स्वागत एवं प्रोत्साहन करता है। दूसरों के जीवन में उसे जो कुछ अच्छा लगता है, उसे अपनाने का यत्न करता है। वह 'जीओ और जीने दो' के बुनियादी सिद्धान्त में विश्वास करता है।

4. परिवर्तन में विश्वास (Faith in Change) – प्रजातन्त्र परिवर्तनों के प्रति उदार दृष्टिकोण रखता है। उत्तम समाज के निर्माण के लिये जब भी परिवर्तन की आवश्यकता होती है, वह उसका स्वागत करता है। यह परिवर्तन जबरदस्ती लादा नहीं जाता बल्कि परस्पर विचार-विमर्श और सहमति से अपनाया जाता

है। प्रजातन्त्रात्मक समाज में परिवर्तन अत्यन्त आवश्यक हैं कट्टरता या रूढ़िवादिता प्रजातन्त्र के शत्रु हैं।

5. शान्तिपूर्ण विधियों में विश्वास (Faith in Peaceful methods) – प्रजातन्त्र शान्तिपूर्ण विधियों में विश्वास करता है। वह इस सूत्र में विश्वास रखता है कि युद्ध की अपेक्षा शान्ति की सफलताएं अधिक भव्य हैं (Peace hath its victories more glorious than war)। उसका यह भी विश्वास है कि मानवीय ईर्ष्याओं, संघर्षों तथा विरोधों को शान्तिपूर्ण साधनों से हल किया जा सकता है। प्रजातन्त्र उन सब समस्याओं का शान्तिपूर्ण समाधान ढूंढता है जिन से मानव जीवन और अस्तित्व को खतरा हो।

6. योग्य नागरिक के लिये शिक्षा (Education for worthy citizenship) – प्रजातन्त्रात्मक शिक्षा योग्य नागरिकता को विकसित करती है जिसमें अपने और अपने साथियों के प्रति कर्त्तव्यों की स्वीकृति और पूर्ति सम्मिलित है। प्रजातन्त्र में शिक्षा को युवकों में सहयोग, सामाजिक संवेदनशीलता, सहिष्णुता, अनुशासन की भावना भरनी चाहिए।

7. अवकाश, राष्ट्रीय एकता तथा अन्तर्राष्ट्रीय समझदारी के लिये शिक्षा (Education for leisure, national integration and international understanding) – प्रजातन्त्रात्मक, शिक्षा उपयोगी और प्रभावशाली होती है। यह केवल सजावट के लिये नहीं होती। अवकाश, राष्ट्रीय एकता तथा अन्तर्राष्ट्रीय समझदारी के लिये भी शिक्षा प्रदान की जाती है।

8. प्रजातन्त्रात्मक नागरिकता का विकास (Development of democratic citizenship) – प्रजातन्त्र में नागरिकता एक कठिन चुनौतीपूर्ण दायित्व है जिसके अनुसार प्रत्येक नागरिक को ध्यानपूर्वक प्रशिक्षित करना होता है। इसमें कई बौद्धिक, सामाजिक तथा नैतिक गुण सम्मिलित हैं जिन्हें शिक्षा द्वारा विकसित किया जा सकता है। सैकण्डरी शिक्षा आयोग ने सुझाव दिया है कि प्रजातन्त्रात्मक नागरिकता का विकास करने के लिये शिक्षा के निम्नलिखित गुणों को विकसित करने का लक्ष्य अपने सामने रखना चाहिए :–

(अ) स्पष्ट चिन्तन (Clear thinking) – शिक्षा को स्पष्ट चिन्तन तथा नवीन विचारों को अपनाने की योग्यता का विकास करना चाहिए ताकि व्यक्ति में सत्य और झूठ तथा तथ्य एवं प्रापेगण्डा में भेद करने की समझ तथा बौद्धिक क्षमता हो और वह धार्मिक संकीर्णता तथा पक्षपात के खतरनाक प्रभाव का खण्डन कर सके।

(ब) समुदाय के साथ रहने की कला (Art of living with community) – शिक्षा को चाहिए कि वह व्यक्ति को दूसरों के साथ रहना सिखाए ताकि

व्यक्ति व्यावहारिक अनुभव तथा अन्य लोगां से स्वतन्त्र व्यवहार के द्वारा प्राप्त सहयोगी कला प्राप्त कर सके।

धर्म : मूल्य के स्रोत के रूप में
(Religion as the Source of Value)

Introduction : शिक्षा के दो पहलू हैं, एक सांसारिक व दूसरा आध्यात्मिक। सांसारिक मनुष्य में अन्तर्निहित देवत्व प्रकट होता है। अतएव, सांसारिक व आध्यात्मिक, दोनों प्रकार की शिक्षा आवश्यक है। इसके अभाव में मनुष्य जीवन को कोई मूल्य नहीं है। किन्तु आधुनिक शैक्षणिक व्यवस्था में आध्यात्मिकता का कोई स्थान नहीं है। जिस प्रकार ऊँचे आकाश की उड़ान के लिए पक्षी को दो पंख चाहिए, गाड़ी को चलने के लिए दो पहिए चाहिए उसी प्रकार जीवन के लक्ष्य को पाने के लिए मनुष्य के लिए दोनों तरह की शिक्षा आवश्यक है। आध्यात्मिक शिक्षा संपूर्ण जीवन के लिए है जबकि सांसारिक शिक्षा जीविकाअर्जन के लिए है। शिक्षा के इन दोनों पहलुओं से न केवल आदर और श्रद्धा बढ़ेगी, बल्कि आत्मसंतोष भी मिलेगा।

धार्मिक मूल्य (Religious Values)– धार्मिक मूल्यों में पूजा, भक्ति और अपने विश्वास के प्रति दृढ़ आस्था सम्मिलित हैं।

इनमें वैयक्तिक या परिस्थितिक विषयक वरीयताएँ; जैसे – शान्ति, सहभागिता, वफादारी,सहयोग, धार्मिकता, ईमानदारी तथा समाज के लिये आधारभूत मान्यताएं, जैसे– मानव जीवन की पवित्रता, उचित प्रक्रिया, समान सुरक्षा, अभिव्यक्ति की स्वतन्त्रता निहित है। ज्ञान का महत्त्व तथा सत्य-प्राप्ति की इच्छा बौद्धिक मूल्य के जरिये में उत्पन्न किया जाता है। प्राकृतिक सौन्दर्य तथा कलात्मक रचना सौन्दर्यात्मक मूल्यों के अन्तर्गत आते हैं। ये वे मानदण्ड हैं जिनसे हम सुन्दरता का निर्णय करते हैं। सुन्दरता, कला, संगीत, प्रकृति, ड्रेस, कक्षा में प्रदर्शन, व्यक्तिगत बनावट आदि क्षेत्रों से सम्बन्धित हो सकती है।

धर्म और नैतिकता एक दूसरे पर आश्रित हैं। दोनों का सम्बन्ध भौतिक आवश्यकता के साथ-साथ आध्यात्मिक आवश्यकताओं के साथ भी हैं। दोनों मनुष्य के दृष्टिकोण को विकसित करते हैं। दोनों मनुष्य के दृष्टिकोण को विकसित करते हैं। दोनो मनुष्य को दासता से मुक्त करना चाहते हैं। उच्च चरित्र की समूची प्रेरणा धर्म से -ईश्वर के प्रति विश्वास एवं प्रेम से मिलती है। इस प्रकार समस्त नैतिकता या नैतिक गुण सर्वशक्तिमान महान् सत्य की उपज है। ब्रूबेकर के अनुसार, 'ईश्वर के बिना नैतिकता केवल उपयोगितावाद में परिवर्तित हो जाती है।' अतः इसमें किसी को भी सन्देह नहीं है कि धर्म अपने

व्यापक अर्थों में नैतिकता का ही पर्यायवाची है। गांधी जी का कथन है, 'मेरे लिए नैतिकता, नीतिशास्त्र और धर्म एक ही वस्तु के विभिन्न नाम हैं। धर्म के बिना नैतिक जीवन खड़कते हुए पीतल के समान है जो केवल शोर करने तथा सिर तोड़ने के लिए ही उपयोगी है।' दूसरे शब्दों में नैतिकता में ही धर्म निहित है और धर्म मानव के सम्पूर्ण चरित्र के सिद्धान्त की सूचना प्रदान करता है। धर्म जीवन के समस्त नैतिक मूल्यों का स्रोत है। (Religion is said to be the fountain head of all the moral values in life.)

धार्मिक एवं नैतिक शिक्षा प्रदान करने के साधन एवम् विधियां (Ways and Means of Imparting Religious and Moral Education)

धार्मिक एवं नैतिक शिक्षा से सम्बन्धित श्री प्रकाश कमेटी (Sh. Prakash Comittee) ने शिक्षा के विभिन्न स्तरों पर नैतिक एवं आध्यात्मिक मूल्यों की शिक्षा देने के निम्नलिखित सुझाव दिये हैं :–

प्रारम्भिक स्तर (At Elementary Stage)

1. स्कूल सभा (School Assembly) – प्रातःकाल सामूहिक गान के लिये स्कूल की सभा कुछ मिन्टों के लिये होनी चाहिए।

2. धार्मिक नेताओं की कहानियाँ (Stories about religious leaders) – भाषा-शिक्षण में पाठ्क्रम के पैगम्बरों, सन्तों और धार्मिक नेताओं के जीवन की सरल कहानियों तथा उनकी शिक्षाओं को स्थान देना चाहिए।

3. धर्म से सम्बन्धित दृश्य-श्रव्य साधन (Audio-visual material relating to religions) – संसार के मुख्य धर्मों से सम्बन्धित महान् कला-कृतियों को दिखाने के लिये फोटोग्राफ, फिल्म-पट्टियों, रंगीन फिल्मों आदि दृश्य-श्रव्य का प्रयोग करना चाहिए।

4. नैतिक-शिक्षण के लिये सप्ताह में दो पीरियड (Two periods a week for moral instruction) – स्कूल कार्यक्रम में नैतिक शिक्षण के लिये सप्ताह में दो पीरियड निश्चित किये जाने चाहिए। इन पीरियडों में अध्यापक को संसार के मुख्य धर्मों से सम्बन्धित रोचक कहानियां सुनानी चाहिए और उनकी नैतिक शिक्षाओं की व्याख्या करनी चाहिए। रीति-रिवाजों को नैतिक-शिक्षण में सम्मिलित नहीं करना चाहिए।

5. सेवा के दृष्टिकोण को विकसित करना (Developing attitude of service) – स्कूल कार्यक्रम में सेवा दृष्टिकोण को विकसित करना चाहिए और विद्यार्थियों में "काम ही पूजा है" (Work is worship) की भावना जागृत करनी चाहिए।

6. चरित्र और खेल-भावना को विकसित करना (Building of character and spirit of sportmanship) – स्कूल में शारीरिक शिक्षा के सभी कार्यक्रमों द्वारा बच्चों में चरित्र एवं खेल भावना का निर्माण करना चाहिए।

अन्य साधन

1. परस्पर सद्भावना (Mutual understanding) – विभिन्न रीति-रिवाज, विश्वास एवं धर्म रखने वाले लोगों में परस्पर सद्भावना अवश्य होनी चाहिए। यह सफल एवं शान्तिपूर्ण जीवन-यापन के लिए आवश्यक है।

2. परस्पर सहयोग (Mutual cooperation) - लोगों में सहयोग की भावना को विकसित करना चाहिए। इस से सामूहिक जीवन के विकास में सहायता मिलती है।

3. सहनशीलता (Tolerance) – सहनशीलता एक महत्त्वपूर्ण धर्मनिरपेक्ष मूल्य है। सभी प्रकार की भौतिक, सामाजिक, आर्थिक, सांस्कृतिक, राजनीतिक एवं धार्मिक भिन्नताओं को सहन किया जाना चाहिए। ये भिन्नतायें भाषा, विचारों, आदतों, भोजन-शैलियों, वेशभूषा आदि में व्यक्त होती हैं – इनको सहन करने से परस्पर प्रेम एवं सद्भावना का विकास होता है। सहनशीलता उदार मानसिकता की मांग करती है।

4. शाश्वत सत्यों की प्रशंसा (Appreciation of Universal Truths) – धर्मनिरपेक्षता संसार के विभिन्न धर्मों में व्यक्त शास्वत सत्यों की प्रशंसा करती है। अधिकांश धर्मों का विचार है कि मानवता की सेवा ही ईश्वर की सच्ची सेवा है। व्यक्ति की भव्यता का विकास होना चाहिए।

5. चरित्र (Character) – धर्मनिरपेक्षता चरित्र एवं नैतिकता के विकास की बुनियाद है। इस में मानवता, सत्यता, ईमानदारी, शिष्टता, सहानुभूति, सेवा एवं त्याग की भावना आदि गुण सम्मिलित हैं।

6. मानवतावाद (Humanitarianism) – धर्मनिरपेक्षता में शान्ति, सद्भावना एवं विवेक निहित है। यह मानवजाति में भ्रातृभाव तथा विश्व-एकता के विकास में सहायता प्रदान करती है। इस से 'जीओ और जीने दो' के आदर्श को प्रोत्साहन मिलता है। यह घृणा के स्थान पर प्रेम, स्वार्थ के स्थान पर त्याग तथा हिंसा के स्थान पर अहिंसा को विकसित करने में सहायता प्रदान करती है।

धर्म के माध्यम से मूल्यों का सृजन (Inculcation of Values through Religion)

श्री राधाकृष्णन के कथनानुसार, 'भारत सहित सारा विश्व इसलिये कठिनाइयों में गुज़र रहा है क्योंकि हमारी शिक्षा केवल बौद्धिक व्यायाम बन कर

रह गई है और उस में नैतिक एवं आध्यात्मिक मूल्यों का कोई स्थान नहीं।' **("The troubles of the whole world including India are due to the fact that education has become a mere intellectual exercise and not the acquisition of moral and spiritual values.")**

आज नैतिक एवं सामाजिक मूल्यों का पतन हो रहा है, धर्म की पकड़ कमजोर हो रही है, स्वार्थ के लिये शक्ति एवं ज्ञान का दुरूपयोग हो रहा है, राष्ट्रों का एक-दूसरे पर विश्वास नहीं है—ऐसी स्थिति में शिक्षा नैतिक मूल्यों के लिये दी जानी चाहिए। नैतिकता उन सिद्धान्तों की संहिता है जो उत्तम जीवन जीने के लिए आवश्यक हैं। व्यक्ति के जीवन के लिये नैतिक मूल्यों का महत्त्व अत्यधिक है। इन्हीं के आधार पर व्यक्ति के चरित्र का निर्माण होता है। नैतिकता ही ऐसा मरहम है जो मानवता के घावों को भरता है। नैतिक मूल्यों की शिक्षा ही मनुष्य को इस बात की प्रेरणा देगी कि वह आणविक-शक्ति का प्रयोग मानव के विनाश के लिये नहीं बल्कि उस के हित के लिए करे।

1. सामाजिक अनुरूपता (Social conformity)

समाज नियमों, परम्पराओं, स्तरों तथा अपेक्षाओं के अनुसार काम करना 'सामाजिक अनुरूपता' कहलाता है। सामाजिक स्वीकृतियों तथा दण्ड के कारण व्यक्ति नियमों तथा अपेक्षाओं के अनुरूप काम करता है।

2. अनुशासन (Discipline)

सफल सामाजिक जीवन के लिये अनुशासन अनिवार्य है। इस से ऐसे गुणों का विकास होता है जो समाज एवं राष्ट्र को शक्ति प्रदान करते हैं। अनुशासन बाहर से लादा हुआ, नकारात्मक एवं विनाशकारी नहीं होना चाहिए बल्कि आन्तरिक, आत्मानुभूत, स्वेच्छापूर्ण, स्वीकारात्मक एवं निर्माणात्मक होना चाहिए। अनुशासनहीनता अराजकता को जन्म देती है।

3. सामाजिक संवेदना (Social sensitiveness)

समाज के प्रत्येक व्यक्ति में सामाजिक संवेदना होनी चाहिए। सामाजिक संवेदना व्यक्ति के सफल जीवन-यापन में सहायक होती है।

4. परोपकार (Altruism)

परोपकार का अर्थ है दूसरों की भलाई करना और इसके लिये अपने हितों का बलिदान कर देना। प्रत्येक व्यक्ति को दूसरों का ध्यान रखना चाहिए और स्वार्थ से ऊपर उठकर परहित के लिये काम करना चाहिए। परोपकार की बुनियाद पर व्यक्ति के सामाजिक सम्बन्ध अच्छे बनते हैं और उस में उत्तरदायित्व की भावना का विकास होता है।

5. सहनशीलता (Toleration)

व्यक्ति को दूसरे के विचार सहन करने चाहिएं।

6. पंचशील (Panchsheel Values)

निम्नलिखित पंचशील में भी सामाजिक मूल्य निहित हैं –

(1) स्वच्छता – आन्तरिक एवं बाह्य,

(2) सत्यता,

(3) सहयोग,

(4) समानता, एवं

(5) परिश्रम।

7. ईमानदारी (Honesty)

'ईमानदारी सर्वोत्तम नीति है' (Honesty is the best policy)– यह एक विख्यात कहावत है। यह चरित्र एवं मानवीय अन्तर्क्रियाओं का आधार है। बचपन से ही व्यक्ति में इस का निर्माण किया जाना चाहिए।

8. सत्यता (Truthfulness)

जीवन में सत्यता का अनुपम महत्त्व है। व्यक्ति को अपने प्रति, अपनी आत्मा के प्रति, अपने परिवार के प्रति, मित्रों, पड़ोसियों, समाज, राष्ट्र एवं मानवता के प्रति सत्यता का पालन करना चाहिए। सत्यता के मूल्य का निर्माण भी बचपन से ही किया जाना चाहिए।

9. नैतिक स्थिरता (Moral stability)

व्यक्ति को नैतिक रूप से स्थिर होना चाहिए। नैतिक स्थिरता के बिना कोई भी मनुष्य सच्चे अर्थों में मनुष्य कहलाने का अधिकारी नहीं हो सकता। नैतिकता मनुष्य के भीतर से विकसित होनी चाहिए।

10. अच्छा चरित्र (Good character)

अच्छा चरित्र एवं आचरण महत्त्वपूर्ण नैतिक मूल्य हैं। अच्छे चरित्र में वे सभी गुण सम्मिलित हैं जिन की मनुष्य कल्पना कर सकता है जैसे आत्म-नियन्त्रण, विश्वसनीयता, कर्मशीलता, परिश्रम, आत्म-निष्ठा, उत्तरदायित्व की भावना, सत्यता, सहनशीलता, मद्य निषेध आदि। अच्छे विचारों एवं कार्यों में समरसता होनी चाहिए।

11. अन्य नैतिक मूल्य (Other moral values)

(1) दूसरों का ध्यान रखना,

(2) करुणा,

(3) अच्छा आचरण,

(4) दया,

(5) अहिंसा,

(6) पवित्रता,

(7) सहानुभूति,

(8) समाज-सेवा,

(9) सादा जीवन एवं उच्च विचार,

(10) स्थिरता,

(11) आत्म-संयम,

(12) विनम्रता,

(13) साहसपूर्ण आस्थायें,

(14) ईश्वर का भय,

(15) संगठित कार्य।

अध्याय – 5

मूल्य शिक्षा की विधियां

प्रत्यक्ष, परोक्ष एवं एकीकरण

Methods of Teaching Human Values

Direct, Indirect and Integrated

जीवन दर्शन में भिन्नता के कारण व्यक्ति के मूल्यों में भिन्नता उत्पन्न होती है। भौतिकवादी भौतिक सुख को, मानवतावादी मानव सेवा को तथा धर्मपरायण आध्यात्मिकता को सर्वोच्च मूल्य समझते हैं। जीवन दर्शन भी वातावरण तथा सामाजिक, आर्थिक, राजनीतिक तत्त्वों से प्रभावित होता है। आजकल के वैज्ञानिक तकनीकी युग की चकाचौंध में शारीरिक, निजी, बौद्धिक आदि विविध सुखों को भोगने की व्यक्ति की लालसा तीव्र हो गई है तथा चेतना क्षीण हो गई है। किसी के लिए साधनभूत मूल्य महत्त्वपूर्ण हैं तो किसी के लिए साध्यभूत मूल्य हैं क्योंकि इन्हें किसी साध्य को प्राप्त करने के लिए साधन नहीं बनाया जाता है। ये मूल्य सदैव स्वयं विकसित नहीं होते। इनके विकास को उनयुक्त दिशा देने व सम्भव बनाने के लिए यह जरूरी है कि शिक्षक, प्रधानाध्यापक, अभिभावक, माता-पिता, समुदाय के सदस्य आदि विभिन्न व्यक्ति बच्चों के शब्दों, भावों व कार्यों पर विचार करें। ये तीनों ही मूल्यों के सूचक की भूमिका निभा सकते हैं। इनके प्रति हमारी सचेतनता मूल्यों के विकास का मार्ग प्रशस्त कर सकती है। इस अध्याय में मूल्य सूचकों का उल्लेख किया गया है।

शिक्षण एक मूल्य अभिमुख कार्य तथा मूल्यों के शिक्षण से बचना अशोभनीय है। शिक्षक कुछ घटनाओं, व्यक्तियों व व्यवहारों को विद्यार्थियों की दृष्टि से अधिक महत्त्वपूर्ण मानते हैं। शिक्षक के सभी क्रिया-कलापों में –जिन पुस्तकों को वह स्वयं पढ़ता है या जिन्हें पढ़ने के लिये वह छात्रों को निर्देश देता है, जिस तरह का कक्षा नियन्त्रण व अनुशासन वह स्थापित करता है, जिन प्रकरणों पर अधिक चर्चा करना उसे पसन्द होता है, जिन नाटकों, चित्रों, चलचित्रों, वक्ताओं को वह पसन्द करता है, जो गृहकार्य वह देता है, जिस तरह से वह छात्रों को परीक्षा की तैयारी कराता है, जिस प्रकार वह परीक्षा कार्य संचालित करता है–उसके मूल्यों की झलक मिलती है। वास्तव में पूरा विद्यालय ही मूल्यों से

ओतप्रोत होता है। क्या विद्यालयों में मूल्यों की शिक्षा दी जा रही है ? क्या मूल्यों की शिक्षा को देने के लिए कुछ निर्देशक नियम होने चाहिए ? क्या मूल्यों की शिक्षा एकांगी होती है आदि अनेक प्रश्न हमारे मन में उठते हैं। प्रस्तुत अध्याय में इनका उत्तर खोजने का प्रयत्न किया गया है। आइए, सर्वप्रथम हम जानने का प्रयत्न करें कि मूल्यशिक्षा क्या है ?

मूल्यशिक्षा क्या है ?

मूल्य-शिक्षा के विभिन्न व्यावहारिक पहलुओं पर विश्व-भर में दार्शनिकों की शैक्षिक क्षेत्रों में काफी बहस हुई है व उससे कुछ महत्त्वपूर्ण तथ्य उजागर हुए हैं। सत्यपाल रूहेला (1989) ने निम्न तथ्यों का उल्लेख किया है–

– 'मानव मूल्यों में शिक्षा' को एक पृथक, अनिवार्य या ऐच्छिक विषय के रूप में विद्यालयी पाठ्यचर्या के अन्तर्गत शामिल करके विशेषज्ञ शिक्षकों द्वारा नहीं पढ़ाया जा सकता है।
– इसे मूल्य शिक्षा या नैतिक शिक्षा के निश्चित कालांश में भी नहीं पढ़ाना चाहिए।
– जिस रूप में अनेक विद्यालयों में अर्थशास्त्र व राजनीतिशास्त्र को अच्छे व्याख्यान देकर, महत्त्वपूर्ण नोट्स लिखाकर व लिखित प्रश्नपत्र द्वारा अन्त में परीक्षा लेकर पढ़ाया जाता है उस रूप में भी मूल्यों की शिक्षा नहीं दी जानी चाहिए।
– इसे असमर्पित, निराश और गैर-गम्भीर शिक्षकों द्वारा उपेक्षा भाव से सामाजिक दृष्टि से उपयोगी उत्पादक कार्य की तरह भी नहीं पढ़ाया जाना है।
– इसे केवल विद्यालयों, महाविद्यालयों, विश्वविद्यालयों, ग़ैर-औपचारिक शिक्षा संस्थाओं, व्यावसायिक, प्राविधिक व शोध संस्थानों में ही नहीं देना है।
– इसे कतिपय धार्मिक प्रार्थनाओं, मन्त्रों, सूत्रों, धार्मिक पात्रों व सन्तों के साहस व शौर्य की गाथाओं के अध्ययन के रूप में जीवाश्मीकृत भी नहीं करना है।
– इसे मानव निर्माण के सजीव विज्ञान का रूप ग्रहण करना है जिसमें आध्यात्मिकता, विज्ञान, प्रौद्योगिकी, सामाजिक कार्य, नीतिशास्त्र, आधुनिकता, भविष्यशास्त्र, पारिस्थितिकी, निरस्त्रीकरण, अन्तर्राष्ट्रीयता तथा वैज्ञानिक मानवतावाद के कार्यात्मक तत्त्वों का सम्मेलन होना चाहिए। सभी शिक्षित अभिभावकों व नागरिकों को अपने सम्पर्क में

आने वाले सभी व्यक्तियों-विद्यार्थियों, विद्यार्थियों के माता-पिता, सेवा-योजक, कार्यकर्ता, मित्र, पड़ौसी से मूल्यों की शिक्षा देने की आशा करनी है। उन्हें प्रारम्भ से ही सही अभिवृत्तियों का निर्माण करने व गलत अभिवृत्तियों को सही अभिवृत्तियों में रूपान्तरित करने का कार्य करना है।

मूल्यों की शिक्षा में विद्यालय में दी जाने वाली शिक्षा का महत्त्वपूर्ण योगदान है। बच्चों को मूल्यों की शिक्षा दी जा सकती है परन्तु उन्हें मूल्य सिखाना अत्यन्त कठिन कार्य है। हमें विभिन्न कक्षाओं के लिए अलग से पाठ्यक्रम बनाने तथा अलग-अलग मूल्यों का शिक्षण करने से बचना होगा। विद्यालयी विषयों के अध्यापन को मूल्यों की शिक्षा से सम्बद्ध करके, मूल्यों को विकसित करने के लिये उपयुक्त शिक्षण संव्यूहन प्रयोग करके, सम्पूर्ण विद्यालयी पाठ्यचर्या को विद्यार्थियों तक वांछित मूल्यों के सम्प्रेषण में सक्षम बनाकर, मूल्य अभिविन्यसित शान्त, सहयोगी, सहानुभूतिमय, रचनाशील, अनुशासित, न्यायसंगत, अनुमेयतापूर्ण, स्वीकरण प्रधान तथा संघर्षहीन विद्यालयी वातावरण सृजित कर विद्यालय में विभिन्न मूल्यों को आत्मसात करने हेतु सक्रिय अवसर उपलब्ध कराये जा सकते हैं।

विद्यालयी कार्यक्रमों में मूल्य-शिक्षा की व्याप्ति

विद्यालय में प्रति क्षण किसी-न-किसी रूप में मूल्यों का शिक्षण होता रहता है। इसकी अभिव्यक्ति न केवल पाठ्यक्रम वरन् विद्यार्थियों तथा शिक्षकों के मध्य की अन्तरक्रियाओं में भी होती है। विद्यालय में दिये जाने वाले कुछ अनुभवों को योजना जान-बूझकर बनाई जाती है तथा उनके माध्यम से अभीष्ट तथा प्रायः सुपरिभाषित पाठ्यचर्चा उद्देश्यों को प्राप्त करने के लिये प्रयत्न किये जाते हैं। औपचारिक पाठ्यचर्या का निर्माण करते समय उसे मूल्यों से ओत-प्रोत बनाया जा सकता है। पाठ्यचर्या का कुछ भाग औपचारिक लिखित रूप में सुनिश्चित नहीं होता है। अनेक अनुभव योजना बनाने के बाद भी प्रदान किये जाते हैं। मूल्य ऐसी अदृश्य पाठ्यचर्या (हिडिन करीकुलम) के भी अंश होते हैं।

मूल्यों की शिक्षा विभिन्न विद्यालयी कार्यकलापों में व्याप्त रहती है, यथा-अध्ययन के लिये चयनित गद्यांशों, पद्यांशों, नाटकों व उपन्यासों में, सामुदायिक सेवा में, क्रीड़ा स्थल के क्रियाकलापों में, खेल के चयन व विरोध में, विभिन्न खेलों को खेलते समय खिलाड़ी के रूप में व्यवहार करने के निर्देशक नियमों में, उन ऐतिहासिक घटनाओं में जिन पर बल दिया जाता हे, उन महान नेताओं व पुरूषों में जिनके माध्यम से महत्त्वपूर्ण व महत्त्वहीन मानवीय क्रियाकलापों को

समझाया जाता है। विद्यालय के सामाजिक जीवन में, सामाजिक मान्यताओं व परम्पराओं के शिक्षण में, तौर-तरीके सिखाने में, अनुमोदित तथा अस्वीकृत व्यवहार सिखाने में, विद्यालय की असामान्य बालकों की परिभाषा में तथा उनके प्रति व्यवहार करने में, प्रयोग करते समय विद्यार्थियों द्वारा अपनाई जाने वाली विधियों में, शिक्षकों की धारणाओं में, विद्यार्थियों द्वारा प्रयोगों के विवरण लिखने में, चर्चा हेतु चुनी गई सामाजिक समस्याओं में तथा उन पर चर्चा में, विद्यालय के संगठन तथा प्रशासन में, अध्यापक-अभिभावक सम्मेलन में, अभिभावकों व शिक्षकों के मध्य अन्तरक्रियाओं में, प्राचार्य, समिति व विभागाध्यक्षों, शिक्षकों, छात्रसंघों के पदाधिकारियों, कर्मचारियों द्वारा भूमिकाओं के निर्वहन में, राष्ट्रीय अवकाश के दिनों होने वाले आयोजनों में, शिक्षकों की कार्यदशाओं व उन्हें मिलने वाली स्वतन्त्रता में, विद्यालयों के संचालन में, समुदाय के योगदान में, प्रबन्धकों के साथ प्राचार्य, शिक्षकों व कर्मचारियों के सम्बन्धों में मूल्य शिक्षा व्याप्त रहती है।

प्रोफेसर जॉन एल. चाइल्ड्स का मत है कि जब विद्यालय, शिक्षक या पर्यवेक्षक कुछ चीजों के पक्ष में तथा अन्य चीजों के विरोध में होते हैं तब नैतिक तत्त्व उभर कर सामने आते हैं। फिर भी हम सभी यह स्वीकार करते हैं कि हमारे विद्यालयों में मूल्यों या मूल्य विषयक समस्याओं पर क्रमबद्ध रूप से स्पष्ट चर्चा शायद ही कभी होती हो। प्रशासक, प्रबन्धक, प्राचार्य और शिक्षक विद्यार्थियों में उपयुक्त मूल्यों के विकास करने के लिये यदा-कदा ही समझबूझकर योजनानुसार व सावधानीपूर्वक कार्य करते हैं। जरा सोचिये कि ऐसा क्यों होता है ?

विद्यालयों में मूल्य-शिक्षा की उपेक्षा

आजकल अधिकांश विद्यालयों के अधिकांश शिक्षक सुनियोजित मूल्य-शिक्षा देने का प्रयत्न ही नहीं करते। आज मूल्यों को कल्पना की बात समझा जाता है या थोथे आदर्शों की संज्ञा दी जाती है। छोटी-बड़ी बातों को अपनी "व्यक्तिगत बात या मामला" कहकर अनेक बार उन्हें विचार-विमर्श के दायरे से बाहर कर दिया जाता है । अनेक शिक्षा समाजों में मूल्यों के ह्रास की आड़ में मूल्य-शिक्षा की प्रभावोत्पादकता को सन्देह की नजरों से देखते हैं तो अन्य विषय-वस्तु रटने/याद करने पर अधिक बल देते हैं तथा उसके मूल्य निहितार्थों की परवाह नहीं करते हैं । इन सभी बातों के बाबजूद यह सत्य है क शिक्षक बिना किसी मन का प्रतिपादन किये/उस पर बल दिये मूल्य विषयक बातों व समस्याओं पर चर्चा कर सकते हैं । अनेक शिक्षक मूल्य-शिक्षण को एक नाजुक मामला मानते हैं तथा अपनी प्रोफेशनल तैयारी को मूल्यों की शिक्षा देने के लिए अधिक उपयोगी नहीं पाते हैं । अपर्याप्त तैय्यारी के कारण वे विद्यार्थियों को मूल्यों की शिक्षा देने का

साहस नहीं जुटा पाते हैं । कुछ शिक्षक ऐसे भी होते हैं जिनकी उन मूल्यों में आस्था नहीं होती जिन्हें वे पढ़ाना चाहते हैं । जब विद्यार्थी शिक्षक की बातों व व्यवहार में कथनी-करनी का अन्तर देख लेता है तब मूल्यों की शिक्षा निष्प्रभावी हो जाती है । इसका अर्थ यह हुआ कि अध्यापक-प्रशिक्षण काल में उन्हें मूल्यों की सुनियोजित व क्रमबद्ध शिक्षा देने के लिए तैय्यार करना चाहिए ।

उपर्युक्त विवरण से ऐसा लगता है कि विभिन्न शैक्षिक स्तरों पर ज्ञानार्जन, अवबोध, ज्ञानोपयोग तथा मनोचालक कौशलों को शिक्षा के प्रमुख उद्देश्यों के रूप में निरूपित किया जा रहा है । हम मूल्य-हीन परन्तु अनेक उपाधिधारियों को सुशिक्षित मानने की गलती बार-बार करते हैं । हमें यह ध्यान में रखना चाहिए कि शिक्षा मानव जीवन के परिष्कार तथा विकास की प्रणाली है । आज भारतीय जीवन मूल्यों पर आधारित शिक्षा की व्यवस्था करने की बहुत जरूरत है।

मूल्य शिक्षाः कतिपय निर्देशक नियम

मूल्य शिक्षा देते समय निम्न नियमों का ध्यान रखना चाहिए –

1. मूल्य शिक्षा अन्य विद्यालयी विषयों की तरह एक विषय नहीं है ।
2. सभी शिक्षक मूल्य शिक्षा प्रदान कर सकते हैं ।
3. बच्चों पर किसी विचार या मूल्य को थोपा नहीं जा सकता है ।
4. इसे कार्यात्मक होना चाहिए ।
5. इससे सम्बन्धित अनुदेशन समस्या आधारित होनी चाहिए ।
6. इसमें अनुदेशन विद्यार्थियों की परिपक्वता स्तर के अनुरूप होना चाहिए ।
7. विद्यालय तथा परिवार का वातावरण विद्यार्थियों में मूल्यों के विकास को प्रभावित कर सकता है ।
8. मूल्य की शिक्षा समाज में व्याप्त सामाजिक-आर्थिक दशाओं से अलग नहीं हो सकती।
9. मूल्यों की शिक्षा धार्मिक शिक्षा नहीं है ।
10. मुल्यों से सम्बन्धित सभी समस्याओं पर बिना किसी भय या संकोच के स्पष्ट चर्चा होनी चाहिए ।
11. मूल्य शिक्षा का कार्यक्रम शिक्षकों व अन्य लोगों की विचारधारा से स्वतन्त्र होना चाहिए।
12. मूल्य शिक्षा देते समय सामाजिक उत्तरदायित्व पर बल देना चाहिए ।
13. मूल्य शिक्षा यथार्थपरक परिस्थितियों पर आधारित होनी चाहिए ।
14. मूल्य शिक्षा का कुछ भाग अनिवार्य तथा कुछ भाग ऐच्छिक हो सकता है ।
15. मूल्यों की शिक्षा देते समय विद्यालय के प्राचार्य व शिक्षकों को निम्न प्रश्नों

पर भी विचार करना चाहिए–

(i) क्या दृश्य व अदृश्य पाठ्यचर्या में विरोध है ?

(ii) क्या लिखित नियमों के पालन पर बल दिया जाता है ?

(iii) क्या विद्यालयी कार्यकलापों के महत्त्व पर चर्चा की जाती है ?

(iv) क्या शिक्षक को कक्षा में विद्यार्थियों के मूल्यों पर चर्चा करनी चाहिए ?

(v) क्या कक्षा में मूल्यों पर विचार-विमर्श हेतु शिक्षक को विद्यार्थियों को प्रोत्साहित करना चाहिए ?

(vi) क्या कोई विषय ऐसा भी है जिसके माध्यम से मूल्यों की शिक्षा नहीं दी जा सकती है ?

मूल्यों की शिक्षा और विद्यार्थी का संज्ञानात्मक से सांवेगिक विकास

यह बात निर्विवाद रूप से सही है कि मूल्य महत्त्व के बारे में विचार तथा संवेगात्मक प्रतिबद्धता दोनों ही हैं । अतः मूल्यों की शिक्षा देते समय शिक्षकों को विद्यार्थियों की बौद्धिक योग्यताओं के विकास तथा उनके संवेगात्मक विकास के लिए भी योजनाबद्ध प्रयत्न करने चाहिए । प्रायः हम एक बच्चे को नीतिपरक सिद्धान्तों के एक विशिष्ट पहलू को समझने में सहायता देते हैं । ऐसा करने से मूल्य अवबोध सीमित हो जाता है । अनेक बार गैर- संज्ञानात्मक विकास के निम्न स्तर के कारण व्यक्ति या तो मूल्य-द्वन्द्वों के प्रति संवेदनशील नहीं हो पाता या वह उन्हें सुलझाने में अपनी संज्ञानात्मक सूझ का प्रयोग नहीं कर पाता है। मूल्य-शिक्षा देते समय शिक्षक विद्यार्थी को दूसरों की आवश्यकताओं व दृष्टिकोणों के प्रति संवेदनशील बनाने की कोशिश करता है । इस प्रकार यह स्पष्ट है कि मूल्यों की शिक्षा द्वारा संज्ञानात्मक व संवेगात्मक विकास सम्भव हे तथा संज्ञानात्मक प्रक्रियाओं व संवेगों की स्थिरता के सुविकसित न होने पर मूल्य आधारित आचरण करना असम्भव नहीं तो मुश्किल अवश्य है ।

परोक्ष मूल्य सूचक

मूल्य प्रत्यक्षतः दृश्य नहीं हैं । हम किसी व्यक्ति के व्यवहार का निरीक्षण करके या उसके बारे में सूचनाएँ प्राप्त करके व्यक्ति के मूल्य प्रतिमानों के बारे में निष्कर्ष निकाल सकते हैं । व्यक्तियों के कार्यों व उनके कथनों से उनके मूल्यों के बारे में संकेत मिलते हैं। जब हम लोगों के कार्यो पर विचार करते हैं तब हमें आसानी से उनके द्वारा मूल्यवान समझी जाने वाली बातों/चीजों आदि के बारे में जानकारी मिल जाती है । मूल्य सूचक के रूप में कार्यों का उपयोग करते समय हमें अवकाश के समय या उस समय जब व्यक्ति को किसी कार्य को करने

के लिए विवश या धमकाया न जा रहा हो । हमें व्यक्ति के कार्यों को देखना चाहिए तथा कार्यों से मूल्य सम्बन्धी निष्कर्ष तब निकालनें चाहिए जब व्यक्ति को कार्य के फलस्वरूप कोइ पारिश्रमिक या धन न मिलता हो तथा न व्यक्ति से उस विशिष्ट कार्य को करने की अपेक्षा की जाती हो । जहाँ यह भी ध्यातव्य है कि व्यक्ति द्वारा किये गये कार्यों के अतिरिक्त उसके द्वारा कहे या लिखे गये शब्दों से भी उसके द्वारा मूल्यवान समझी जाने वाली बातों/चीजों के कुछ संकेत मिल सकते हैं । ये शब्द लेखक के भाषणों, घोषणाओं, कार्टूनों, सम्पादकीय, लेखों, वार्तालाप, पत्रों या अन्य सम्प्रेषणों में पाये जा सकते हैं । इस प्रकार यह स्पष्ट है कि कार्य तथा शब्द मूल्य सूचक का कार्य कर सकते हैं ।

ऐसे विवरण जिनसे यह पता चलता हो कि कोई व्यक्ति या समूह किसी विशिष्ट वस्तु या वस्तुओं के समूह को कुछ महत्त्वपूर्ण, गुणवान या अच्छा मानता है, मूल्य निर्णय (Value Judgement) कहलाते हैं । ये तथ्यात्मक निर्णयों से भिन्न होते हैं तथ्यात्मक निर्णयों की पुनः प्रेक्षण द्वारा जाँच की जा सकती है जबकि मूल्य निर्णय कुछ विशिष्ट कार्यों को आदेशित करते हैं या अनुभव के विशिष्ट पक्षों का श्रेणी निर्धारण या मूल्यांकन करते हैं । इन्हें कई रूपों में व्यक्त किया जा सकता है –

– मुझे प्राक्टर बनने की अपेक्षा आराम सेनाएँ भेजनी चाहिए ।

– प्रजातान्त्रिक सरकार सबसे अच्छी सरकार है ।

– भारत को श्रीलंका में अपनी सुरक्षा सेनाएँ भेजनी चाहिए ।

– सामाजिक न्याय के लिए सभी पिछड़ी जातियों हेतु सरकारी नौकरी में 27 प्रतिशत आरक्षण मिलना चाहिए ।

– रामेश्वर मेरे विद्यालय का श्रेष्ठ अध्यापक है ।

– महाविद्यालयों के शिक्षकों को प्रातः 10 से 4 बजे तक महाविद्यालय परिसर में उपलब्ध रहना चाहिए ।

– धार्मिक आस्था के मामलों में न्यायालय निर्णय नहीं दे सकते । उनसे सम्बन्धित विवादों को राजनीतिज्ञों के न्यूनतम हस्तक्षेप से धर्माचार्यों को पारस्परिम विचार-विपर्श द्वारा निपटाना चाहिए ।

रथ, हर्मिन व साइमन (1966) के अनुसार, प्रत्येक मूल्य तभी मूल्य कहा जा सकता है जब वह निम्न सात कसौटियों पर खरा उतरता हो–

चयन करना– 1. स्वतन्त्रतापूर्वक,

2. विकल्पों से

3. प्रत्येक विकल्प के परिणामों के बारे में विचारपूर्ण मनन के बाद ।

महत्त्व देना– 4. कदर करना, चयन के प्रसन्न होना,

5. सार्वजनिक रूप चयन को दृढ़ता से स्वीकार करने की इच्छा ।

क्रिया करना– 6. चयन के अनुरूप व्यवहार करना,

7. जीवन के एक प्रतिमान के रूप में बार-बार क्रिया करना।

हमारे अनेक जीवन लक्ष्यों, आकांक्षाओं, विश्वासों, रुचियों, भावों, अभिवृत्तियों, क्रियाओं, चिन्ताओं, बाधाओं आदि में उपर्युक्त सात मानदण्डों में से सभी नहीं दिखाई देते हैं परन्तु इनसे हमारे मूल्यों का जन्म अवश्य होता है। अनेक बातें ऐसी भी होती हैं जो मूल्यों की मौजूदगी की सूचक तो हो सकती हैं परन्तु वे मूल्यों से भिन्न होती हैं। इन अभिव्यक्तियों को मूल्य सूचक कहा जाता है। आइए, कुछ मूल्य सूचकों का परिचय प्राप्त करें–

1. लक्ष्य (Aims) – जीवन लक्ष्य जीवन को दिशा प्रदान करते हैं । हम किसी लक्ष्य की कदर तब करते हैं जब हम उसे महत्त्वपूर्ण मानते हैं । ऐसे लक्ष्य को प्राप्त करने के लिए ही हम अपने जीवन के कार्यकलापों को संगठित करते हैं । यहाँ यह भी ध्यातव्य है कि प्रत्येक लक्ष्य को मूल्य नहीं कहा जा सकता । लक्ष्य को मूल्य सूचक माना जा सकता है । यदि कोई व्यक्ति हमारी उपस्थिति में अपने लक्ष्य बताता है तथा हमें यह सुनिश्चित करने का अवसर मिलता है कि उसने स्वयं अपने लक्ष्यों को स्वतन्त्रतापूर्वक चुना है, वह उन्हें महत्त्वपूर्ण मानता है तथा वह लक्ष्य प्राप्त करने के लिए जरूरी कार्य करना चाहता है तो हम वह निर्णय कर सकते हैं कि व्यक्ति के लक्ष्य मूल्य हो सकते हैं, अन्यथा लक्ष्यों को मूल्य कहना अनूचित होगा ।

2. आकांक्षाएँ (Ambitions) – इनसे हमारा तात्पर्य आज, एक-दो सप्ताह या महीनों में पूरी की जाने वाली इच्छाओं से नहीं है । इनसे उपलब्धि की दृष्टि से सुदूरता का बोध होता है । आकांक्षाएँ मूल्य की सूचक हैं तथा वे मूल्य भी हो सकती हैं यदि वे मूल्य सम्बन्धी सात मानदण्डों पर खरी उतरती हों ।

3. अभिवृत्तियाँ (Attitude) – कभी-कभी हमारी अभिवृतियाँ हमारे मूल्यों का संकेत देती हैं । यदि हमारी अभिवृति पर मूल्य सम्बन्धी सात मानदण्ड लागू नहीं होते तो वह केवल अभिवृति रहेगी, मूल्य नहीं । प्रायः हम कहते हैं कि हम अमुक बात/वस्तु के पक्षधर हैं परन्तु इन कथनों से मूल्यों के बारे में निष्कर्ष निकालना सदैव ठीक नहीं होता है।

4. रुचियाँ (Interests) – लोग अनेक विविध प्रकार की बातों में रूचि रखते हैं । रुचियों की जानकारी के आधार पर व्यक्ति में कुछ मूल्यों की उपस्थिति का निष्कर्ष निकालते समय भी हमें सावधानी रखनी चाहिए । अनेक बार हमारे

द्वारा व्यक्त रुचियों से यही पता चलता है कि हम सम्बन्धित चीजों के बारे में अधिक जानना, बात करना या पढ़ना चाहते हैं तथा इससे मूल्य सम्बन्धी सातों मानदण्डों के पूरा होने का बोध नहीं होता। ऐसी दशा में रूचि को मूल्य नहीं कहा जा सकता। उदाहरणार्थ—कल्पना करें कि एक विद्यार्थी 30 अक्तूबर 1990 व 2 नवम्बर 1990 को राम-जन्मभूमि-बाबरी मस्जिद स्थल पर घटित घटनाओं के विवरणों को जानने हेतु बी॰ बी॰ सी॰ समाचार पत्रों के टेप, इण्डिया टुडे, नवभारत टाइम्स, आज आदि विभिन्न समाचार पत्रों से सम्बन्धित अंश पढ़ता है। इस रुचि से विद्यार्थी के धार्मिक मूल्यों का पता चलता है, साथ ही धर्मनिरपेक्षता का मूल्य इंगित होता है तथा यह भी सम्भव है कि व्यक्ति सामाजिक जागरूकता के अपने गुणों के कारण या अपने राजनैतिक दल के प्रति वफादारी प्रदर्शित करने के लिए ऐसा कर रहा हो। रुचि के आधार पर मूल्य सम्बन्धी निष्कर्ष निकालने से पूर्व विचारोत्तेजक व जांच प्रश्न पूछना अत्यावश्यक है, अन्यथा प्रेक्षक के विश्वास, अनुभव, मूल्य, दोषपूर्ण संकल्पनाएं निर्णय को प्रतिकूल रूप से प्रभावित कर सकती हैं।

5. भावनाएँ (Sentiments) – कभी-कभी हमारी भावनाएं आहत होती है, कभी-कभी हमें क्रोध आता है, कभी हम निराश, प्रसन्न, दुःखी या उत्तेजित होते हैं। इन भावनाओं के द्वारा भी मूल्यों की अभिव्यक्ति होती है। जब हम कुछ जानने के लिए चिन्तन करते हैं तब हमारी भावनाएं मिट जाती हैं।

6. विश्वास व दृढ़ धारणाएँ (Beliefs and Concepts) – अनेक बार हम लोगों को यह कहता सुनते हैं कि उनका अमुक बात में विश्वास है, परन्तु यह भी सम्भव है कि वे अपने विश्वास पर शर्मिन्दगी महसूस करते हों, उसकी सत्यता व अच्छाई पर सन्देह करते हों। विश्वास व दृढ़ धारणायें मूल्यों के स्तर तक तब ऊपर उठ पाते हैं जब उन्हें स्वतन्त्रतापूर्वक चुना गया हो, उससे व्यक्ति प्रसन्न हो, उसकी जांच की गई हो तथा वह जीवन व्याप्त हो। शाब्दिक कथन केवल मूल्य की सूचना देता है तथा मूल्य के बारे में जानने से पहले विश्वासों की परीक्षा सावधानीपूर्वक करनी चाहिए।

7. क्रियाएं (Actions) – व्यक्ति की क्रियाओं से व्यक्ति के मूल्यों का संकेत मिलता है परन्तु उसके मूल्यों के बारे में पर्याप्त जानकारी नहीं हो पाती है। प्रायः हम लोगों को कहते सुनते हैं– "वह बड़ा आदर्शवादी बनता है परन्तु कहता कुछ है और करता कुछ है।" इससे ऐसा ध्वनित होता है कि जब तक कोई व्यक्ति व्यवहार नहीं करता हम उसके मूल्यों की जानकारी प्राप्त नहीं कर सकते। क्रियाएं शब्दों से अधिक महत्त्वपूर्ण होती हैं। यहाँ यह भी ध्यातव्य है कि हमारे प्रत्येक कार्य से मूल्यों का संकेत नहीं मिलता है। ऐसा भी हो सकता है कि व्यक्ति

किसी कार्य को रोज करता हो परन्तु वह उसे महत्त्व न देता हो। केवल व्यक्ति के व्यवहार का निरीक्षण करके हम व्यक्ति के मूल्यों की विश्वसनीयता व वैध जानकारी प्राप्त नहीं कर सकते। इसके लिए यह जरूरी होगा कि क्या व्यक्ति स्वयं द्वारा की जाने वाली क्रियाओं को महत्त्वपूर्ण मानता है, क्या उसने स्वयं द्वारा की जाने वाली क्रियाओं को महत्त्वपूर्ण मानता है, क्या उसने स्वयं द्वारा किये जा रहे कार्यों को स्वयं चुना है, क्या उसके द्वारा की जा रही क्रियाएं उसके जीवन में एक प्रतिमान का निर्माण करती हैं ?

8. चिन्ताएं, समस्याएं व बाधाएं (Thoughts, Problems and Obstacles) – व्यक्ति को अनेक प्रकार की चिन्ताएं होती हैं, वह अनेक प्रकार की समस्याओं का सामना करता है, तथा उसके लक्ष्य अभिविन्यसित प्रयासों में अनेक बाधाएं आती हैं। हम मूल्यों की उपस्थिति के बारे में विश्वासपूर्वक तब निर्णय कर सकते हैं जब हमें चिन्ताओं, समस्याओं व बाधाओं की परीक्षा से यह पता चले कि व्यक्ति उन्हें अधिक महत्त्व देता है, वह अपने विश्वास के अनुरूप तब भी कार्य कर रहा है जब उसे ऐसा नहीं करने दिया जा रहा है तथा बाधाओं, समस्याओं व चिन्ताओं के कारण उसका जीवन अस्तव्यस्त हो रहा है। जैसे 30 अक्तूबर, 1990 को अनेक राम भक्त अयोध्या में राम जन्म स्थान पर पहुंच गए यद्यपि सरकार व प्रशासन ने उन्हें वहां न पहुंचने देने हेतु सभी प्रबन्ध किये थे, अनेक लोगों ने लाठियों व गोलियों की भी परवाह नहीं की। इन लोगों की क्रियाएं धार्मिक मूल्यों की प्राथमिकता का प्रमाण देती हैं। बाबरी मस्जिद के निकट पहुंच कर जिन लोगों ने उसे क्षति पहुंचाने वालों को रोकने की चेष्टा की वे राम भक्त धर्मनिरपेक्षता मूल्य को उच्च प्राथमिकता देने वाले माने जा सकते हैं।

उपर्युक्त विवेचन से स्पष्ट है कि हमारे आठ प्रकार के व्यवहार मूल्य निर्धारण से सम्बन्धित हैं। ये कक्षा में विद्यार्थियों के व्यवहार में देखे जा सकते हैं। हमें शिक्षण के दौरान इन्हें व्यक्त होने देना चाहिए। एक व्यवहार का निरीक्षण करते समय हमें यह याद रखना चाहिए कि कोई बात मूल्य कहलाने की पात्र तब तक नहीं हो सकती जब तक उस पर निम्न में से कोई दशा लागू नहीं होती –

1. उसे स्वतन्त्रतापूर्वक न चुना गया हो या उसे किसी सशक्त अभिकरण द्वारा थोपा गया हो।
2. उसे एक या अधिक विकल्पों में से वास्तव में चुना न गया हो तथा चयन सतही हो।
3 उसे चुनते समय व्यक्ति भावादेश में हो तथा उसने विविध विकल्पों पर पर्याप्त चिन्तन व मनन न किया हो।
4. व्यक्ति को अपने कार्यों पर गर्व न हो, वह अपनी क्रियाओं को महत्त्वपूर्ण

न मानता हो तथा वह अपने चयन से प्रसन्न भी न हो।

5. व्यक्ति को दूसरों के सामने अपने मूल्यों को सार्वजनिक रूप से कहने में शर्म आती हो अथवा दूसरों द्वारा विरोध की स्थिति में तुरन्त अपने मूल्य को अस्वीकृत कर दे।
6. व्यक्ति उन मूल्यों के अनुसार आचरण न करता हो जिन्हें वह स्वीकार करता हो।
7. वह केवल कुछ परिस्थितियों में मूल्य आधारित व्यवहार को उचित मानता हो तथा अन्य परिस्थितियों में उसका विरोधी व्यवहार व्यक्त करता हो अर्थात् मूल्य प्रतिमान न बने हों।

भाषा-शिक्षण द्वारा मूल्यों की शिक्षा

विज्ञान व प्रौद्योगिकी में प्रगति के बवण्डर ने हमारी आत्मिक चेतना तथा संवेदनशीलता को इतना ज्यादा बिखेर दिया है कि
आधुनिकता के भँवर जाल में फँसकर मानवता की अस्मिता संकटग्रस्त हो चुकी है। सभी शिक्षाविद व मनीषी शिक्षा में जीवन-मूल्यों के समावेश पर बल देते रहे हैं। स्वामी विवेकानन्द ने कहा था–

"हमें वह शिक्षा चाहिए जिससे कि चरित्र बनता है, मन की शक्ति बढ़ती है, प्रतिभा का विस्तार होता है और आदमी अपने पैरों पर खड़ा हो सकता हो।"

विधि की विडम्बना ही है कि हम आजादी पाने के बाद भी शिक्षा के क्षेत्र में आयात को शान से स्वीकार कर गले लगाते रहे हैं। हमारी बुद्धि भी शिक्षा को विषयों के घेरे के बाहर करके नहीं देख पायी है। ऐसी सोच के धनवानों ने देश में नैतिक शिक्षा को स्कूली विषय बनाने को दुष्चक्र रचकर मूल्यपरक शिक्षा के भविष्य पर ही प्रश्न चिह्न लगा दिया है। मूल्यों की शिक्षा में भाषा का योगदान सदैव महत्त्वपूर्ण रहा है।

त्रिभाषा सूत्र के अनुसार प्रत्येक विद्यार्थी तीन भाषाओं का अध्ययन करेगा– (1) मातृभाषा या प्रादेशिक भाषा, (2) हिन्दी या
आधुनिक भारतीय भाषा, तथा (3) अंग्रेजी। 1986 की राष्ट्रीय शिक्षा नीति से सम्बन्धित 'प्रोग्राम ऑफ एक्शन' के 'लैंग्वेज डवलपमेंट' नामक अध्याय में हिन्दी की चर्चा सम्पर्क भाषा के रूप में की गई है। देश में हिन्दी को राष्ट्रभाषा, राजभाषा तथा सम्पर्क भाषा के स्वरूप को निखारने के लिए अनेक प्रयत्न किये जाने हैं। हिन्दी भाषा में पाठ्यक्रमीय व पाठ्येतर वाचन, गायन व लेखन को बढ़ावा दिया जाना है। एकांकियों का मंचन करके तथा विविध प्रकार की स्पर्धाएँ आयोजित करके हिन्दी भाषा में समझ, शब्द-सुविधा व सृजनात्मक लेखन को

बढ़ावा देना है । हमें हिन्दी भाषा के माध्यम से विद्यार्थियों के मूल्यों तथा सम्पूर्ण व्यक्तित्व को विकसित करने की कोशिश करनी है । हम जानते हैं कि भाषा की पकड़ आते ही बच्चे सरल, सुबोध भाषा में, जिज्ञासा पैदा करने वाली, विज्ञान वार्तायें, अच्छी जीवनियां व श्रेष्ठ साहित्य पढ़ना चाहते हैं । हम सस्ते दामों पर रूचिकर साहित्य उपलब्ध करवाकर पाठ्येतर वाचन को प्रोत्साहित कर सकते हैं ।

तीन वर्ष तक की आयु के बालक को लिखित भाषा का ज्ञान नहीं होता है तथा वह अर्थहीन कविताएँ, तुकबन्दी या लोरियाँ सुनना पसन्द करता है । चार से छः वर्ष तक की आयु का बालक चित्र देखकर प्रसन्न होता है तथा चित्र के साथ लिखे शब्दों से बोध पकड़ने का प्रयत्न करता है । सात से दस वर्ष तक का बालक वयस्कों की मदद से पढ़ने की ओर आकर्षित होता है व उसे अपनी मातृभाषा के लगभग 2000 शब्दों का ज्ञान हो जाता हे । स्पष्ट है कि इस आयु तक मूल्यपरक शिक्षा देते समय विद्यार्थियों से मौखिक अनुक्रियाएँ प्राप्त कर लेता है तथा व्याकरण सीखने में अधिक रूचि लेता है । अब बालक को मूल्यपरक शिक्षा देते समय पद्यांशों व पद्यांशों को लिखित रूप में भी प्रस्तुत किया जा सकता है तथा विद्यार्थियों से लिखित अनुक्रियाएँ प्राप्त की जा सकती हैं । पाठ्येतर अध्ययन के लिए युवा विद्यार्थी, कादम्बिनी, साप्ताहिक हिन्दुस्तान, इण्डिया टुडे, बाल भारती, व रीडर्स डाइजेस्ट का प्रयोग कर सकते हैं तथा अन्य बच्चे पराग, चम्पक, नन्दन, चन्दामामा, बाल भारती, बालक, अमर चित्रकथा, चुन्नू-मुन्नू दीवाना, मेला, राजा भैय्या, लोटपोट, वैज्ञानिक बालक आदि अनेक पत्रिकाओं का प्रयोग कर सकते हैं ।

हिन्दी भाषा की पाठ्य-पुस्तकों में भी अनेक मूल्यों की शिक्षा निहित होती है। भाषा-शिक्षण के उद्देश्यों की सूचियों में 'अभिरुचि' व 'सद्प्रवृत्तियों के विकास' के अन्तर्गत निम्न लक्ष्य बताये गये हैं—

अभिरुचि का विकास करना

पाठ्य-पुस्तकों के अतिरिक्त कुछ पुस्तकें पढ़ना,
रुचिकर कविताओं को कण्ठस्थ करना,
स्कूल पत्रिका में योगदान करना,
साहित्यिक कार्यक्रमों में भाग लेना,
साहित्यिक पत्र व पत्रिकाएँ एकत्र करना,
साहित्य-समितियों या परिषदों का सदस्य बनना ।

सदप्रवृतियों का विकास करना

सद्प्रवृत्तियों के अनुकूल भाव व विचार विकसित करना,
वातावरण के प्रति संवेदनशील होना,
संस्कृति, सौन्दर्य व मानवता के प्रति आस्थावान होना,
साहित्य के प्रति लगाव पैदा करना,
सामाजिक आर्दशों का पालन करना,
देश-प्रेम की भावना जाग्रत करना ।

उपर्युक्त में से 'अभिरुचि का विकास करना' से सम्बन्धित बातें मूल्यपरक हिन्दी या भाषा शिक्षण हेतु असंगत मानी जा सकती हैं परन्तु सद्प्रवृति को मूल्यों के साथ जोड़ा जा सकता है । हमारे शिक्षक विभिन्न पद्याँशों, पद्याँशों, कहानियों, पत्रों व नाटकों आदि को पढ़ाते समय प्रतिदिन विकसित किये जा सकने वाले विशिष्ट मूल्यों का निर्धारण कर सकते हैं । इससे उनका कार्य आसान हो जायेगा । भाषा के पाठों में जीवन मूल्य निम्न स्थितियों में संजोये हुए या निहित आशय के रूप में मिल सकते हैं–

1. किसी पात्र की विशिष्ट उक्ति के साथ– उदाहरणर्थ, बाबा भारती की कहानी में बाबा ने खड्गसिंह से कहा– "इस घटना का कहीं उल्लेख मत करना, नहीं तो लोग अपाहिजों का विश्वास करना छोड़ देंगे ।" 'दीपदा' कहानी में पन्ना धाय व बनवीर में उदयसिंह की हत्या करने के सन्दर्भ में वार्ता हुई । पन्ना ने कहा–"ओह क्रूर बनवी! तुम तो उदयसिह के संरक्षक थे । रक्षा के बदले क्या तुम उसकी हत्या करोगे । नहीं-नहीं, यह नहीं हो सकता, यह नहीं हो सकता है । ...." विनोद रस्तोगी द्वारा लिखित एकांकी 'बहू की विदा' में राजेश्वरी ने कहा– "अब भी आँखें नहीं खुलीं ! जो व्यवहार अपनी बेटी के लिए तुम दूसरों से चाहते हो वह दूसरे की बेटी को भी दो । जब तक बहू और बेटी को एक-सा नहीं समझोगे, न तुम्हें सुख मिलेगा और न शान्ति !"

(2) कहावतों व मुहावरों के प्रसंग में– उदाहरणर्थ, लक्ष्मण-परशुराम संवाद में– "दहाँ कुम्हड़ बतियां कोउ नाहीं, जो तर्जनी देखि मुरझाहीं ।"

(3) नीति कथनों के प्रसंगों में– अनेक रचनाओं में नीति सम्बन्धी कथन पाये जाते हैं, उदाहरणर्थ–

(i) दिन भर रोजा रहत हैं, राति हनत हैं गाय ।
यह खून तो वह बन्दगी, कैसे खुशी खुदाय ।। —कबीर

(ii) भाव भगति उपजै नहीं, साहिब का पर संग ।
विषै विकार छूटै नहीं, सों कैसा सतसंग ।। —रहीम

(iii) रहिमन निज मन की व्यथा, मन ही राखो गोय ।
मुनि अठिलहैं लोग सब, बाँट न लहैं कोय ।। — रहीम

(iv) माटी कहे कुम्हार से, तू क्या रौंदे मोहि ।
इक दिन ऐसा आएगा, हौं रौंदोंगी तोहि ।।

(v) ऐसे बिहाल बिवाइन सों, पग कण्टक जाल लगे पुनि जोए ।
हाय महादुख पायो सखा तुम आए इतै न कितै दिन खोए ।।
देखि सुदामा की दीन दसा करूना करि कै करूनानिधि रोए।
पानी परात को हाथ छुयो नहिं, नैनन के जल सो पग धोए ।।
— नरोत्तमदास

(vi) रहिमन धागा प्रेम का , मत तारेउ चटकाय ।
टूटे से फिरि ना जुरै, जुरै गाँठ परि जाय ।। —रहीम

(vii) संगति सुमति न पावहीं, परे कुमति कै धन्ध ।
राखी मेलि कपूर में, हींग न होइ सुगन्ध ।।
नर की अरू नल-नीर की, गीत एकै करि जोइ ।
जैतौ नीचो ह्वै चलै, ततौ ऊँचौ होई ।। — बिहारीलाल

(viii) सच्चा प्रेम वही है जिसकी—
तृप्ति आत्म-बलि पर हो निर्भर ।
त्याग बिना निष्प्राण प्रेम है,
करो प्रेम पर प्राण निछावार ।।
देश-प्रेम वह पुण्य-क्षेत्र है,
अमल असीम त्याग से विलसित ।
आत्मा के विकास से जिसमें,
मनुष्यता होती है विकसित ।। — राम नरेश त्रिपाठी

4. पाठ के अन्त में प्रस्तुत निष्कर्ष वाक्यों में— भाषा के अनेक पाठों के अन्तिम वाक्य/वाक्यों मे पाठ का मूल्य निहितार्थ दिया रहता है । इनका प्रयोग करके भी विद्यार्थियों के मूल्य विकसित किये जा सकते हैं । उदाहरणार्थ— कक्षा 1 की 'ज्ञान भारती' पुस्तक की 'प्यास' कविता की निम्न दो पंक्तियाँ दृष्टव्य हैं—

"मेहनत का फल उसने पाया ।
पानी पीकर प्यास बुझायी ।
मेहनत का फल है सुखदायी ।"

इसी पुस्तक की कछुआ व खरगोश वाली कहानी के अन्त में भी निष्कर्ष वाक्य दिया है जिसका प्रयोग मूल्यों की शिक्षा देने के लिए किया जा सकता है–

"जीत उसी की होती है जो बराबर काम में लगा रहता है।"

'मेरा देश' कविता के प्रत्येक बन्ध के अन्त में आए निम्न कथन भी मूल्यों की शिक्षा हेतु उपयोगी है–

"हरी-हरी भारत की धरती हमको कितनी प्यारी है ।"

"बलिदानी भारत की धरती हमको कितनी प्यारी है ।"

(5) किसी पाठ में दिये संवादों में– अनेक एकांकी समस्या प्रधान, पात्रों की अन्तवृत्तियों के विश्लेषणपूर्ण, व्यंग्य-विनोद प्रधान, समाज में व्याप्त कुरीतियों पर आधारित होते हैं । इनमें कुछ संवादों को मूल्यों की शिक्षा देने के लिए प्रयोग किया जा सकता है । उदाहरण के लिए, सेठ गोविन्ददास की 'सच्चा धर्म' एकांकी व मुंशी प्रेमचन्द की 'ईदगाह' कहानी के संवाद प्रस्तुत हैं–

1. *अहिल्या:* मैंने तो कहा जन्मभर जिसके आश्रम में रही, उस सत्य की न छोड़ो । औरंगजेब के सदृश बादशाह के राज्य में, उसकी राजधानी में रहते हुए हिन्दू और ब्राह्मण होते हुए भी तुम यह सफल जीव उसी सत्य के आश्रय के कारण बिता सके हो । इस चौथेपन में वह आसरा छोड़ने से बुरी और बात नहीं हो सकती विशेषकर तब उस आसरे का सुफल तुम देख चुके हो। धर्म की टेढ़ी-मेढ़ी व्याख्याओं में पड़कर अपना जीवन-भर का सीधा मार्ग छोड़ अपने कुटुम्ब को नष्ट मत करो ।

पुरूषोत्तम– तो मैं यह कह दूँ क वह लड़का शिवाजी का पुत्र सम्भा ही है मेरा भानजा नहीं । मिठाई की टोकरी में छिपकर दिल्ली से भागते समय शिवाजी उसे मेरे पास छोड़ गये हैं ।

अहिल्या– कम-से-कम तुम्हें सत्य बात कहने में पशोपेश होना ही न चाहिए ।

पुरूषोत्तम– और इसका परिणाम क्या होगा ?

अहिल्या– परिणाम जो कुछ हो । तुम सदा कहते नहीं रहे हो कि सत्य बोलने के सम्मुख परिणाम की ओर मनुष्य को दृष्टि ही नहीं डालनी चाहिए ?

पुरूषोत्तम– नहीं-नहीं .... नहीं-नहीं यह कभी नहीं हो सकता, यह कभी नहीं हो सकता। यह .... यह विश्वासघात होगा.... ऐसा.... ऐसा पातक, जिससे बड़ा पातक सम्भव ही नहीं यह .... यह शरणागत का बलिदान होगा, ऐसा..... ऐसा दुष्कर्म जिससे बड़ा हो ही नहीं सकता ।

अहिल्य– पर दूसरी ओर तुम सत्य को तिलांजलि दे रहे हो । अब्राह्मण के साथ भोजन कर धर्म-नष्ट होने का प्रश्न तुम्हारे सम्मुख है और सवयं के भ्रष्ट होने का नहीं, पर सारे कुटुम्ब के नष्ट हो जाने का ..... ।

पुरूषोत्तम– ओह ! ओह

2. दादी माँ व हामिद के बीच यह संवाद हुआ–

"यह चिमटा कहाँ से लाया ?
मैंने मोल लिया ।
कितने पैसे में?
तीन पैसे में ।
अमीना को क्रोध आया । दो पहर हुए ।
न कुछ खाया, न पिया ।
तीन पैसे थे, उसका भी यह चिमटा उठा लाया ।

प्रत्यक्ष मूल्य शिक्षा की विधियां
(Direct Method of Value Education)
मूल्यों की शिक्षा में पाठ्य-सहगामी क्रियाओं की भूमिका
(Role of Co-curricular Activities in Value Education)

शिक्षा की व्यवस्था व्यक्ति को बेहतर मानव बनाने के लिए की जाती है । शिक्षित मानव में मानवीय गुण होने ही चाहिए तथा उसे तेजी से बदल रहे इस विश्व में मानवता के कल्याण व विकास हेतु अपना योगदान देने के लिए तत्पर व सक्षम भी होना चाहिए । हमारी शिक्षा व्यक्ति को मूल्यों को समझने, उन्हें व्यवहार में लाने हेतु इच्छुक व तत्पर बनाने तथा मूल्य संकट की परिस्थितियों का सफलतापूर्वक सामना करने में सक्षम बनाने में अधिक कारगर नहीं हो पा रही है । वैसे मूल्य सिखाना एक कठिन कार्य है परन्तु यह कार्य शिक्षकों को करना ही है । यदि शिक्षक ने मूल्यों को आत्मसात कर लिया है और अपने विषय को पढ़ाते समय वह उपयुक्त समय पर उपयुक्त विषयवस्तु चुनकर मूल्यों को उभारने हेतु दृढ़ प्रतिज्ञ व प्रयासरत रहता है तो वह मूल्यों का विद्यार्थियों को सम्प्रेषित कर सकता है । विद्यालय के विभिन्न पाठ्य -सहगामी क्रिया - कालापों व विद्यार्थी की दिनचर्या को सुसंयोजित करके भी प्रत्यक्ष व परोक्ष रूप से मूल्यों की शिक्षा दी जा सकती है । विद्यालय का मूल्य प्रधान परिवेश मूल्यों के बीजारोपण, अंकुरण व वृद्धि में सहायक हो सकता है । इस अध्याय में मूल्यों की शिक्षा में पाठ्य-सहगामी क्रियाओं की भूमिका की चर्चा की गयी है।

पाठ्य-सहगामी क्रियाओं का आयोजन : वर्तमान स्थिति

शिक्षक विद्यालयों में अनेक पाठ्य-सहगामी क्रियाओं का आयोजन कर विद्यार्थियों की मूल्य विषयक मान्यताओं को व्यवहारपरक बनाने के कोशिश कर सकते हैं । दुर्भाग्यवश आजकल अनेक विद्यालयों ने अपने कार्यकलापों को शैक्षिक क्षेत्र तक ही सीमित कर रखा है तथा पाठ्य-सहगामी क्रियाओं की उपेक्षा की जा रही है ।

'**शिक्षा की चुनौती**: नीति सम्बन्धी परिप्रेक्ष्य' नामक दस्तावेज में ठीक ही कहा गया है-- "शिक्षकों तथा छात्रों के बीच तालमेल और अनौपचारिक सम्पर्क के अभाव में सामूहिक जीवन , सांस्कृतिक कार्यकलाप तथा खेलकूद या तो होते ही नहीं हैं अथवा उनका उपयोग बहुत कम किया जाता है । पहले कही गई बातों की दृष्टि में रखकर राष्ट्रीय समस्याओं या मूल्यों पर विचार करने की गुंजाइश बहुत कम है ।"

खेल खेलना तिरस्कार योग्य क्रिया का रूप ले चुका है । सामूहिक खेलों में विद्यार्थी व्यक्तिगत मतभेद, ईर्ष्या व पक्षपात की भावनाएँ भूलाकर खेलते हुए कभी-कभी दिखाई दे जाते हैं । अनेक बार खेल के मैदान खेल के दौरान संघर्ष-क्षेत्र में बदल जाते हैं व श्रेष्ठ खेल न दिखा पाने पर प्रतियोगी टीमों के सदस्य खेल भावना का निरादर करने लगते हैं । खेल-शिक्षक का खिलाड़ियों के साथ सम्पर्क अल्पकालीन ही रहता है व इस कारण वह विद्यार्थियों के मूल्य विकसित करने में स्वयं को असहाय पाता है ।

अनेक विद्यालयों में वर्ष-पर्यन्त कोई-न-कोई उत्सव, पर्व या सह-शैक्षिक कार्यकलाप आयोजित होता रहता है । दुर्भाग्यवश ये आयोजन मात्र औपचारिकताओं की पूर्ति तक सीमित रहते है, उनमें उद्देश्यनिष्ठता, सृजनात्मकता व व्यवस्था की कमी होती है तथा विद्यार्थियों के मूल्यों को विकसित करने पर कम ध्यान दिया जाता है । अनेक आयोजनों में घिसे-पिटे प्रवचन सुनने की बाध्यता, अस्वस्थ मनोरंजन व आमोद-प्रमोद, बिना मन के पीड़ितों की सहायता करना, आडम्बरयुक्त भौतिक व्यवस्था, परम्परागत व फिल्मी गानों का गायन, साथियों पर व्यंग्य कसने व उनका उपहास करने की क्रियाएँ आदि अवांछनीय तत्त्व उभर कर सामने आया करते हैं । इनके कारण ही सह-शैक्षिक आयोजन की उपयोगिता ही समाप्त हो जाती है ।

विद्यालयों में प्रार्थना में अनेक विद्यार्थी विविध कारणों से भाग नहीं लेते हैं या अनुष्ठान की तरह सर्वशक्तिमान के प्रति आत्म-निवेदन करते हैं । प्रतिज्ञा को कहना भी हास्यास्पद लगता है व कही बातों का अनुसरण करने में विद्यार्थियों को शर्म भी आती है । तोते की तरह रटकर वाचन को सकरात्मक रूप से प्रबलित किया जाता है तथा कथनी और करनी में अन्तर के लिए कोई निषेधात्मक प्रबलक प्रयुक्त नहीं होता । कई लोग प्रार्थना या प्रतिज्ञा के शब्दों व वाक्यों को भी नहीं बोलते तथा अपने होंठों की फुसफुसाहट सुनाकर स्वयं की चतुराई का परिचय देते हैं । अनेक बार हमारे शिक्षक व प्रधानाचार्य उपयुक्त समय पर प्रार्थना स्थल पर नहीं पहुँचते फिर विद्यार्थी भी उनके अनुचित आचरण का अनुकरण करने में कोई चूक नहीं करते । शिक्षक व शिक्षार्थी आराम से गपशप या बातचीत में तल्लीन

रहते हैं। विद्यार्थी भी प्रार्थना के समय आँखें बन्द कर खड़े तो रहते हैं । परन्तु अनका मन कहीं और होता है ।

प्रधानाध्यापक या अतिथियों के नीति सम्बन्धी प्रवचन विद्यार्थियों पर अपना प्रभाव नहीं डाल पाते क्योंकि वे बोझिल, कोरे आदर्शबादी भाषण और अप्रासंगिक लगते हैं ।

26 जनवरी, 15 अगस्त, 2 अक्टूबर, विभिन्न जयन्तियों व त्यौहरों के अवसर पर अधिकांश विद्यार्थी अवकाश का समय व्यतीत करते हैं कभी-कभी कुछ शिक्षण संस्थाओं में कुछ पर्व, उत्सव व अन्य सामयिक आयोजन आयोजित किये जाते हैं । विद्यार्थी उनमें शामिल तो होता है परन्तु वह आयोजन की पृष्ठभूमि, उसके उद्देश्यों तथा उसके महत्त्व से अनभिज्ञ रहता है । आयोजन के पीछे निहित जीवन मूल्यों को समझाने व स्पष्ट करने की कोई कोशिश नहीं की जाती है।

साहित्यिक, सृजनात्मक, नृत्य, गायन, वादन , नाटक मंचन, कवि सम्मेलन, मुशायरा, कला की प्रतियोगिताएँ आदि पाठ्य-सहगामी कार्यकलापों के व्यवस्थित व रोचक कार्यक्रम मात्र मनोरंजन प्रदान करने तक ही सीमित रह जाते हैं । इनके सफल प्रतीत होने वाले आयोजनों से भी विद्यार्थियों के मन में भारत की मिली-जुली संस्कृति व सांस्कृतिक विरासत के प्रति आदर का भाव उत्पन्न नहीं हो पाता । हमें अपनी संस्कृति पर गर्व नहीं होता तथा पाश्चात्य संस्कृति के अन्धानुकरण, द्रव्य सेवन, यौन आकर्षण, नशीली दवाओं का प्रयोग व अनुशासनहीनता बढ़ रही है। विद्यार्थी शारीरिक, मानसिक व नैतिक व्यसनों का आदी होता जा रहा है तथा उसकी दिशाहीनता बढ़ती जा रही है ।

समाजोपयोगी उत्पादक कार्य श्रमनिष्ठा व श्रम के प्रति आदर, आत्म-निर्भरता, अध्यवसाय, समाज-सेवा, देश-प्रेम आदि मूल्यों के विकास हेतु अनुपयोगी सिद्ध हो रहे हैं। 'शिक्षा की चुनौतीः नीति सम्बन्धी परिप्रेक्ष्य' में कहा गया है– "देश में यह भावना घर करती जा रही है कि स्कूल, कालेज तथा विश्वविद्यालयों से निकलने वाले हाथ के कामों तथा व्यावसायिक रोजगार को क्लर्की के काम की अपेक्षा अधिक घटिया मानते हैं। आधुनिक प्रौद्योगिकी प्रवेश करने वाले किसी भी समाज में यह सामन्ती प्रवृति बहुत बड़ी बाधा हो सकती है । विकसित देश ऐसे अवरोधक भावों से बहुत दूर चले गए हैं तथा भारतीयों को भी ऐसी पुरानी धारणाओं से दूर रहना चाहिए । इसे केवल यह सुनिश्चित करने पर ही प्राप्त किया जा सकता है कि कोई भी अपने हाथों से उपयोगी कार्यों के किए बिना श्रम के महत्त्व को आत्मसात किए बिना अपना स्कूली जीवन पूरा नहीं कर सकेगा ।" इस स्वप्न को साकार करने मे कार्य-अनुभव की उल्लेखनीय परन्तु निष्प्रभावी भूमिका के

लिए धनाभाव, सुविधाओं व प्रशिक्षित शिक्षकों की कमी, कार्य की यथार्थ दशाओं में क्रियाशील होने के अवसरों में कमी, कार्य अभ्यासों का यन्त्रवत संचालन, कार्यों के दोषपूर्ण चयन तथा मूल्यांकन में कार्य-अनुभव सम्बन्धी उपलब्धियों की अनदेखी आदि तत्त्व उत्तरदायी हैं ।

सभी विचारशील व्यक्ति मूल्यों में तेजी से हो रहे ह्रास तथा सार्वजनिक जीवन में मूल्यों की संकटग्रस्त स्थिति से दुःखी हैं । विद्यालयों में मूल्य प्रदूषण की व्याप्ति भावी संकट का पूर्व संकेत देती है । पाठ्य-सहगामी क्रियाओं के उद्देश्यनिष्ठ व्यवस्थित संचालन द्वारा विद्यार्थियों में सुसंगत व व्यवहार्य मूल्य प्रणाली विकसित की जा सकती है । आगे की पंक्तियों में कुछ उपयोगी पाठ्य-सहगामी कार्यकलापों, उनके आयोजन तथा उनके माध्यम से विकसित हो सकने वाले मूल्यों पर विचार किया गया है ।

पाठ्य-सहगामी क्रियाएँ तथा मूल्यों का विकास (Development of Values through Co-curricular Activities)

पाठ्य-सहगामी क्रियाओं के सफल आयोजन व उसके माध्यम से जीवन-मूल्यों की पुनः स्थापना करने का दायित्व निभाना शिक्षक का प्रोफेशनल कर्त्तव्य है । समाज भी हमसे इसकी अपेक्षा रखता है व हमें भी दृढ़ संकल्प के साथ उत्तरदायित्वपूर्ण व्यवहार करके कर्त्तव्य-पालन में पीछे नहीं रहना चाहिए । निष्ठा व समर्पण भाव से उपयोगी पाठ्य-सहगामी क्रियाओं को आयोजित कर हमारे शिक्षक विद्यार्थियों के जीवन में मूल्यों की प्रतिष्ठा भर सकते हैं। कुछ उपयोगी पाठ्य-सहगामी क्रियाएँ निम्न हैं –

1. खेलकूद (Sports and Games) – आजकल खेलों को अधिक महत्त्व दिया जाने लगा है । खेल में बच्चे अपनी सुध-बुध खो देते हैं । जब तक थक नहीं जाते तब तक बच्चे खेलते रहते हैं व अपनी स्वतन्त्रता का आनन्द उठाते हैं । मूल्यों के विकास में उनकी भूमिका उल्लेखनीय होती है । खेलते समय उचित खेल भावना के प्रदर्शन पर पर्याप्त ध्यान देना चाहिए । खेल में अनैतिक आचरण व अनुशासनहीनता से बचने के प्रयास सकारात्मक रूप से प्रबलित व प्रोत्साहित किये जाने चाहिए ।

खेल के मैदान मूल्य प्रयोगशालाएँ हैं । मैदान में खेलते समय विद्यार्थी प्रयोग करते हैं। खेलते समय हर पल अनुशासित रहकर वह प्रारम्भिक निराशाओं के बावजूद ईर्ष्या, घृणा, द्वेष, चालबाजी, हिंसा आदि से बचता है और अपना खेल जारी रखता है । गलत आचरण करने वाले विद्यार्थियों को कुछ या अधिक समय के लिए खेल खेलने से रोका जा सकता है। खेलकूद के माध्यम से सत्य बोलने,

सहयोग, प्रेम, अहिंसा, सहनशीलता, भ्रातृत्व, समानता आदि मूल्य विकसत किये जा सकते हैं। शारीरिक व्यायाम तथा योग क्रियाओं के माध्यम से स्वास्थ्य, सहयोग, व्यवस्था, सौन्दर्य-बोध, सहयोग, सहिष्णुता, शालीनता आदि मूल्य विकसित किये जा सकते हैं।

2. प्रार्थना-सभा (Morning Assembly) – प्रत्येक विद्यालय में एक प्रार्थना-स्थल होता है जहाँ सभी शिक्षक व विद्यार्थी एकत्र होते हैं तथा सर्वव्यापी व सर्वशक्तिमान के सामने नत-मस्तक होकर सम्पूर्ण शुद्धता के साथ याचना करते हैं, आत्म-निवेदन करते हैं, धन्यावाद ज्ञापन करते हैं व सत्यता के मार्ग पर चलने की क्षमता की माँग करते हैं। शिक्षक सुरुचिपूर्ण ढंग से लय व गति के साथ प्रार्थना गाने वाले विद्यार्थियों को चुन सकते हैं। संगीत के उपकरणों का प्रयोग कर आत्म-विभोर होकर गायी जाने वाली प्रार्थना अन्तरतम मानव मन व हृदय में श्रद्धा व भक्ति का संचार करती है। समय-समय पर विद्यार्थियों को प्रार्थना के अर्थ व उसमें निहित विचारों की उपयोगिता भी स्पष्टतः समझानी चाहिए। प्रार्थना स्थल पर विद्यार्थियों को आत्मानुशासन, मौन ध्यान, एक-दूसरे की लय में व उचित गति से गायन करने आदि में दीक्षित किया जाना चाहिए। प्रार्थना सभा के कार्यक्रम को रोचक तथा प्रेरणास्पद बनाने के लिए भिन्न-भिन्न दिवसों पर प्रार्थना के उपरान्त शिक्षक या विद्यार्थी द्वारा मूल्य सापेक्ष प्रेरक प्रसंग, शुक्ति कथन, कहानी, जातक कथाओं व संवादों आदि का प्रस्तुतीकरण कराया जा सकता है। ये कार्यकलाप मूल्य आधारित होने चाहिए।

3. जयन्ती पर्व व उत्सव (Celebration of Birthdays and Festivals) – भारत में विभिन्न धर्मों व मतों के अनुयायी रहते हैं तथा वे अनेक पर्वों व उत्सवों का आयोजन करते हैं। दीपावली, रक्षाबन्धन, होली, राम नवमी, दशहरा, ईदुलफितर, मुहर्रम, बाराबफात, बुद्ध पूर्णिमा, कृष्ण जन्माष्टमी, क्रिसमस डे, गुड फ्रायडे, महावीर जयन्ती, गुरु नानक जन्म-दिवस आदि पर्वों को सम्बन्धित धर्मों के लोग सविश्वास मनाते हैं। इनके अलावा हम 15 अगस्त, 26 जनवरी, शिक्षक दिवस, बाल दिवस, राष्ट्रीय एकता दिवस, गांधी जयन्ती, शहीद दिवस, सुभाष जयन्ती, विवेकानन्द जयन्ती आदि का भी आयोजन करते हैं। इन अवसरों पर धर्मनिपेक्षता का निर्वाह करते हुए हम सम्बन्धित महापुरुषों के जीवन के प्रेरक प्रसंगों का दृश्य-श्रव्य रूप मे अर्थात् व्याख्यान या/व झाँकियों के माध्यम से प्रभावोत्पादक प्रस्तुतीकरण कर सकते हैं, यथा– श्री राम से सम्बन्धित शबरी के बेर, कृष्ण-सुदामा प्रसंग, इसामसीह से सम्बन्धित कोढ़ियों की सेवा, सिद्धार्थ-हंस का प्रसंग, नानक का मस्जिद प्रसंग, बुद्ध जी से सम्बन्धित सुजाता की खीर आदि। इनके माध्यम से विद्यार्थियों में भेदभाव न करने, प्रेम निष्ठा, दया, परोपकार, त्याग, धर्मनिरपेक्षता आदि मूल्य विकसित किये जा सकते हैं। इन मूल्यों के

सशक्त संस्कार उत्पन्न करने के प्रयास करके विद्यार्थियों को दिशा-बोध कराना चाहिए ।

4. समाजोपयोगी उत्पादक कार्य (Socially Useful Productive Work) – समाजोपयोगी उत्पादक कार्य एक शैक्षिक हस्तकार्य हैं जिसे अर्थपूर्ण ढंग से सोद्देश्य करने के फलस्वरूप सामाजिक दृष्टि से उपयोगी सामग्री तथा सेवाएँ उपलब्ध होती हैं । राष्ट्रीय शिक्षा-नीति (1986) में कहा गया है– 'सोद्देश्य और सार्थक शारीरिक कार्य की दृष्टि में कार्यानुभव को, जो सीखने की प्रक्रिया का अंग है और जिसका परिणाम किसी सामग्री के रूप में अथवा समाजोपयोगी सेवा के रूप में प्राप्त होता है, शिक्षा के सभी स्तरों पर आवश्यक घटक के रूप में माना जाता है और उसे सुनियोजित तथा स्तरीकृत कार्यक्रमों के रूप में प्रदान किया जाता है ।' समाजोपयोगी उत्पादक कार्यो द्वारा राष्ट्रीय एकता विकसित की जा सकती है क्योंकि कार्य करने के दौरान विद्यार्थी स्वयं को अनुशासित रख कर, सामूहिक भावना व सहयोग के साथ काम करता है । इससे विद्यार्थियों की सहनशीलता, मिलजुलकर रहने व काम करने की आदत, स्वशासन की प्रवृति, सामाजिक प्रतिबद्धता, व श्रम के प्रति आदर भाव उत्पन्न होते हैं ।

5. बाल दिवस (Children Day) – 14 नवम्बर को बाल दिवस समारोह आयोजित करते समय श्रमदान, साहित्यिक व साँस्कृतिक कार्यक्रम, सामूहिक जलपान, खेलकूद प्रतियोगिता व बाल मेला आदि कार्यकलाप किये जा सकते हैं । बाल मेले में विज्ञान के खेल, मनोरंजक खेल तथा विद्यार्थियों द्वारा निर्मित वस्तुओं, जैसे– खिलौनों, तेल, इंक, साबुन, सर्फ, विम, रस्सी, शर्बत, आचार, मुरब्बा, पंखों, थैलों, टोकरियों, भित्ति सजावट की वस्तंओं, फूलों, स्वेटर, रूमाल, पेपरमैशी उत्पादों, भोजन आदि के विक्रय की व्यवस्था की जा सकती है। इनसे मितव्ययता, श्रम के प्रति निष्ठा, निर्भीकता, सहयोग, खेल भावना, शिष्टाचार, स्वावलम्बन, उत्तरदायित्व, आत्मनिर्भरता आदि मूल्य विकसित किये जा सकते हैं।

6. वार्षिकोत्सव (Annual Function) – प्रत्येक शैक्षिक सत्र के अन्त मे वार्षिकोत्सव में साहित्यिक, सांस्कृतिक, स्काउटिंग, पुरस्कार वितरण, नैतिक मूल्यों व अन्य मूल्यों के पालन में उल्लेखनीय कार्य करने वाले विद्यार्थियों को सम्मानित व पुरस्कृत करने आदि जैसे क्रियाकलाप आयोजित किये जा सकते हैं । इससे साहस, धैर्य, सहयोग, सेवाभाव, अनुशासन, न्यायप्रियता, श्रम के प्रति निष्ठा, सौन्दर्य-बोध, ईमानदारी, स्वच्छता, भ्रातृत्व, विनम्रता, उत्तरदायित्व आदि मूल्य विकसित किये जा सकते हैं ।

7. विद्यार्थी संसद व समितियाँ (Student Council) – प्रत्येक विद्यालय में तथा प्रत्येक कक्षा के लिए एक छात्र-संसद बनाई जा सकती है तथा इसके

कार्यकलापों में गति, व्यवस्था व तत्परता लाने के लिए कुछ समितियाँ गठित की जा सकती हैं, यथा– स्वच्छता समिति, साज-सज्जा समिति, प्रार्थना सभा संचालन समिति, अनुशासन समिति, न्याय समिति, खेलकूद समिति, वाचनालय समिति, उद्यान समिति, भ्रमण समिति, स्काउटिंग समिति, उत्सव संचालन समिति, प्रकाशन समिति, प्रचार समिति आदि । इन समितियों के कार्यकलापों का सफल संचालन करके विश्वास, अन्योन्य प्रेम, ईमानदारी, सत्यनिष्ठा, स्वास्थ्य, स्वच्छता, सहयोग, उत्तरदायित्व, सहनशीलता, अनुशासन, आत्मविश्वास, धैर्य आदि मूल्य विकसित करने की कोशिश की जा सकती है ।

8. विद्यार्थी न्यायालय (Student Courts) – कोहलवर्ग तथा उसके साथियों ने अनेक हाई स्कूलों में न्याय समूदायों (जस्ट कम्युनिटीज) की स्थापना की थी । इनमें लगभग 50 प्रतिभागी होते थे तथा एक समुदाय के भाव के विकास तथा प्रजातांत्रिक प्रक्रियाओं की श्लाघा करना सिखाने के लिए विद्यार्थियों को स्व-संचालन हेतु अधिकतम अवसर दिये जाते थे । हम अपने देश में विद्यालय परिसरों में होने वाले अवांछनीय आचरणों की रोकथाम हेतु विद्यार्थी न्यायालयों की स्थापना कर सकते हैं । प्रत्येक कक्षा के विद्यार्थी न्यायालय में कक्षा के 5 मेधावी व 5 सर्वप्रिय विद्यार्थियों को शामिल करना चाहिए । यह न्यायालय विद्यार्थियों को क्षमा माँगने, कमरों को सफाई करवाने, झाड़ू लगाने, पानी भरवाने, टूट-फूट की मरम्मत करने, प्रार्थना सभा में कान पकड़ कर उठक-बैठक करने, आदि दण्ड दे सकते हैं । वे अन्य सुधारात्मक उपायों पर भी विचार कर सकते हैं ।

न्यायालय के कार्यक्षेत्र में विद्यालय में की जाने वाली निम्न अनियमतताएँ व गतिविधियाँ रखी जा सकती हैं – गन्दे वस्त्र पहनना, वैयक्तिक अस्वच्छता, दीवारों पर लिखना या निशान बनाना, साथियों से मारपीट करना, साथियों को गाली देना, पंक्ति में न चलना, दूसरों को धक्का देना, विद्यालय से पलायन, विकलांग विद्यार्थियों को चिढ़ाना, विद्यालयी कार्यक्रमों में बाधा खड़ी करना, गृह कार्य न करना, मित्रों से ली गई वस्तुएँ न लौटाना, शिक्षक की आज्ञा का उल्लंघन करना, विद्यालय सम्पत्ति को हानि पहुँचाना, पीने के पानी को गन्दा करना, देर से विद्यालय आना, नियत स्थानों से भिन्न स्थान पर फटे कागज डालना, थूकना, शौच करना, नाक साफ करना, अवशिष्ट भोजन फेंकना । शिक्षक की उपस्थिति में कक्षा में प्रदर्शित व्यवहार व कक्षा कार्य न्यायालय की परिधि में नहीं रखने चाहिए ।

विद्यार्थी न्यायालय विद्यार्थियों में न्याय, समानता, स्वतन्त्रता, सहयोग, विवेक, उत्तरदायित्व, आत्म-सम्मान, तथा अनुशासन के मूल्य विकसित कर सकते हैं । इनके कारण विद्यार्थी अपने अवांछनीय व्यवहारों के प्रति सजग रहते हैं, स्वनिर्णय में विश्वास करते हैं, साथियों के निर्णय को मानकर उसके अनुरूप व्यवहार करते हैं तथा मित्रों के साथ पक्षपातपूर्ण व्यवहार नहीं करते हैं ।

9. सहकारी भण्डार का संचालन (Management of Co-operative Store) — विद्यालय में एक सहकारी भण्डार अर्थात् ईमानदारी दूकान संचालित की जा सकती है । इस भण्डार मे पेन्सिल, रबर, रिफिल जैसी कम मूल्य वाली वस्तूएँ रखनी चाहिए । विद्यार्थी स्वयं दूकान जाकर अपनी जरूरत की वस्तु लेकर उसका निश्चित मूल्य चुकाते हैं । दिन के अन्त में हिसाब-किताब करते समय दूकान के सचिव को पता चलता है कि विद्यार्थी ईमानदारी से काम कर रहे हैं या नहीं । इस क्रियाकलाप से विद्यार्थियों में मुख्य रूप से सच्चाई व ईमानदारी के मूल्य विकसित किये जा सकते हैं ।

10. स्वच्छता पखवारा (Cleanliness Programme) – स्वच्छता, सत्यता, परिश्रम, समानता और सहयोग नामक मूल्यों के विकास के लिए विद्यालय में 'स्वच्छता पखवारा' नियोजित किया जा सकता है (माथुर 1988) । स्वच्छता पखवारा में विद्यार्थियों को स्वच्छता पर बोलना होता है, लिखना होता है, करना होता है, देखना होता है और सुनना होता है । पुस्तकालय, प्रयोगशाला, खेल के मैदान, कक्षा-कक्ष, विद्यालय भवन व प्रार्थना सभा स्थल व शिक्षक व विद्यार्थी मिलकर सफाई व सजावट का काम करते हैं । सभी विद्यार्थी व शिक्षक इन सुनियोजित कार्यों में भाग लेते हैं । वनस्थली विद्यापीठ में श्रमदान के रूप में स्वच्छता सम्बन्धी कार्यों के अनुभव यह संकेत देते हैं कि इन क्रियाकलापों से स्वच्छता के मूल्य के विकास को बल मिलता है तथा इसके साथ-साथ समानता, सहयोग, परिश्रम व सत्यता के मूल्यों का भी विकास होता है ।

11. खुला पुस्तकालय (Open Library) – भगवत प्रसाद शर्मा (1986) ने छात्रों में नैतिकता की भावना को बल देने के लिए अपने विद्यालय में खुला पुस्तकालय कार्यक्रम चलाया । पुस्तकालय की आलमारियों से सैकड़ों शिक्षाप्रद मनोरंजक कहानियों की पुस्तकों को छाँट कर एक आकर्षक तथा परीक्षा उपयोगी कक्ष में एक फर्श पर सुव्यवस्थित रूप से रख दिया जाता था । वहाँ एक डायरी रख दी जाती थी । विद्यार्थी अपनी सुविधानुसार समय निकाल कार विद्यालय समय से पूर्व, विश्रामकाल या शून्य कालाँश में कक्ष में आकर अपनी मनपसन्द मुस्तकों, पत्र-पत्रिकाओं को पढ़ते थे व पढ़कर यथास्थान सुव्यवस्थित रूप से रखते थे; डायरी में पुस्तक का नाम लिखकर हस्ताक्षर करते थे तथा यदा-कदा जो पुस्तक या पत्रिका फट जाती थी उसे वहाँ रखे गोंद या लेई से चिपका भी जाते थे । कोई पुस्तक या पत्रिका गायब नहीं होती थी । गाँव के नागरिक भी इस सुविधा का लाभ उठाते थे । कक्ष को सजाने के लिए विद्यार्थियों द्वारा निर्मित चार्ट व चित्रों का उपयोग किया जाता था । छात्र इन्हें पढ़कर भी लाभान्वित होते थे । 'छात्र क्या पढ़ते हैं ? क्या ग्रहण करते हैं ?' इसकी मासिक जाँच की जाती थी ।

12. अभिभावक सम्पर्क (Contact with Parents) – आजकल अनेक विद्यालयों में अध्यापक-अभिभावक संघों की स्थापना की जा चुकी है। इनकी समय-समय पर मीटिंग होती है। शिक्षक अपने विद्यार्थियों के अभिभावकों को प्रत्येक महीने में एक बार अवकाश के दिन विद्यालय बुला सकते हैं तथा उनसे यह जानकारी प्राप्त कर सकते हैं कि बच्चा घर पर बताये गये मूल्यों पर आधारित व्यवहार करता है या नहीं।

उपर्युक्त 12 सहशैक्षिक क्रियाकलापों के अलावा विद्यार्थी निम्न स्वतःस्फूर्त क्रियाएँ कर अपने मूल्यों का विकास कर सकते हैं तथा अपने साथियों के सामने अनुकरण हेतु आदर्श व्यवहारों को उपस्थित कर सकते हैं–

1. शारीरिक रूप से विकलांग व्यक्ति को सड़क पार करवाना।
2. निरक्षक प्रौढ़ों के पत्र लिखना।
3. रास्ते में या विद्यालय परिसर में पड़ी हुई वस्तु मिलने पर उसे प्रधानाचार्य को देना।
4. समाज के कमजोर वर्गों के लोगों के बच्चों व अन्य परिवार जनों की सहायता करना।
5. घर पर सभी के जूतों व चप्पलों को एक निश्चित स्थान पर रखना।
6. रोगियों की सहायता व सेवा करना।
7. शैक्षिक दृष्टि से पिछड़े विद्यार्थियों की सहायता करना।
8. पौधों को पानी पिलाना।
9. वृक्षारोपण करना।
10. अन्य धर्म व जाति के सहपाठियों के साथ भोजन करना व घूमना।
11. सामाजिक समस्याओं; जैसे– विधवा विवाह, अस्पृश्यता, आरक्षण, निहत्थे राम-भक्तों पर लाठी चार्ज या गोली वर्षा, आत्मदाह, दहेज, सती-प्रथा आदि पर चर्चा करना।
12. खुला डाकखाने की अपर्यवेक्षित व्यवस्था।

मूल्य शिक्षा की एकीकरण विधियां
(Integrated Methods of Value Education)

इस अध्याय में प्रस्तुत विवरणों से श्रीमती इन्दू दबे (1990) के इन विचारों का समर्थन होता है– "मेरी समझ से एक भावी चिन्ता जो वर्तमान में उत्तरोत्तर रूप से झलकती जा रही है वह है आज के 'शिक्षित' मानव का स्वरूप।...... उसका विकास असन्तुलित रूप लेता जा रहा है। दूसरा संज्ञानात्मक पक्ष में संग्रहीत ज्ञान-भण्डार, संवेगात्मक पक्ष से अछूता-सा रहने के कारण मानव के

संक्रियात्मक पक्ष में नहीं उतर पाया है ।" इस स्थिति को बदलने के लिए यह जरूरी है कि पाठ्य-सहगामी क्रियाओं का सुनियोजित ढंग से संचालन किया जाय और उनके माध्यम से शिक्षा के अनुभावात्मक पक्ष के उद्देश्यों की प्राप्ति– विशेष रूप से मूल्यों के विकास पर अधिक बल दिया जाय । कार्यकलापों के संचालन के दौरान मूल्यांकन द्वारा यह जाँच भी की जानी चाहिए कि जिस आदत, मूल्य तथा आचरण के लिए पाठ्य-सहगामी कार्यकलाप आयोजित किया जा रहा है वे पूरे हो रहे हैं अथवा नहीं । विभिन्न क्रियाओं के संचालन का दायित्व विद्यार्थियों को सौंपना चाहिए तथा शिक्षक को सतर्क होकर उनकी क्रियाओं का निर्देशित करना चाहिए । विद्यार्थी क्रियाकलापों से अधिक सीखते हैं परन्तु यदि मूल्यों की शिक्षा को औपचारिक न बनाकर मूल्यों के विकास के उद्देश्य को सदैव ध्यान में रखा जाय तो मूल्यों के विकास हेतु उचित वातावरण बन सकता है ।

उदाहरण पाठ–

राष्ट्रगान में धर्मगान के स्वर

केरल के एक स्कूल के तीन छात्र स्कूल की प्रार्थना में गाया जाने वाला राष्ट्रगान इसलिए नहीं गाते थे क्योंकि उनका धर्म इसकी इजाजत नहीं देता था । एक विधायक ने जब यह मामला उठाया तो तीनों छात्रों को स्कूल से निकाल दिया गया । अपने निष्कासन के विरूद्ध छात्रों ने उच्च न्यायालय में याचिका दी । फैसले में यह कहा गया कि राष्ट्रगान में ऐसी कोई बात नहीं कही गयी है जो किसी भी धर्म के खिालफ जाती हो । याचिका खारिज हो गयी । छात्र उच्चतम न्यायालय जा पहुँचे । उच्चतम न्यायालय ने संविधान ने अनुच्छेद 19(1) तथा 25(1) का हवाला देते हुए निर्णय दिया कि छात्रों का निष्कासन इस अनुच्छेद के अन्तर्गत प्रदत्त अधिकारों में हस्तक्षेप है और छात्रों को राष्ट्रगान गाने के लिए बाध्य नहीं किया जा सकता । इस निर्णय को सुनने पर कुछ लोगों ने कहा, "यह निर्णय धर्म के पक्ष में आया है और धर्म राष्ट्र से श्रेष्ठ हुआ ।" इन लोगों का कहना है कि संसद को एक कानून बनाना चाहिए ताकि भारत में रहने वाले प्रत्येक व्यक्ति को राष्ट्रगान गाने के लिए बाध्य किया जा सके व धर्म राष्ट्रीय एकता व अखण्डता के लिए खतरा न बन सके । कुछ अल्पसंख्यक स्कूलों के प्रबन्धक इस निर्णय से प्रसन्न हुए । उनकी यह धारणा बनी कि विद्यालय प्रार्थना में राष्ट्रगान के बजाय धर्मगान गाये जाएँ ।

उपर्युक्त समस्या विवरण को प्रस्तुत करने के बाद प्रथम प्रावस्था में समस्या स्पष्टीकरण हेतु निम्न प्रश्न पूछे गये–

1. छात्र राष्ट्रगान कब नहीं गाते थे ?

2. छात्र राष्ट्रगान क्यों नहीं गाते थे ?
3. तीन छात्रों को विद्यालय से क्यों निष्कासित किया गया ?
4. उच्च न्यायालय ने छात्रों के निष्कासन को वैध क्यों माना ?
5. उच्चतम न्यायालय ने क्या निर्णय दिया था ?
6. संसद क्या कानून बना सकती है ?
7. अल्पसंख्यक स्कूलों के प्रबन्धकों की धारणा क्या है ?
8. संविधान के किन अनुच्छेदों के अन्तर्गत मिले अधिकार व्यक्ति को राष्ट्रगान न गाने की अनुमति दे सकते हैं ?

दूसरी प्रावस्था में निम्न सार्वजनिक नीति प्रश्न विद्यार्थियों द्वारा प्रस्तावित किये गये –

1. क्या धर्म को राजनीति से अलग रखना चाहिए ?
2. क्या स्कूलों में धर्म की शिक्षा मिलनी चाहिए ?
3. क्या अल्पसंख्यक विद्यालयों में राष्ट्रगान के बजाय धर्मगान गाने की अनुमति मिलनी चाहिए ?

उपर्युक्त में से तीसरे नीति प्रश्न को कक्षा के कुछ विद्यार्थियों में मध्य चर्चा के लिए चुना गया । विद्यार्थियों ने निम्न विरोधी मूल्य चुने –

राष्ट्रीयता बनाम धर्मनिपेक्षता व अभिव्यक्ति की स्वतन्त्रता– विद्यार्थियों ने निम्न तथ्यात्मक प्रश्न पूछे :

1. राष्ट्रगान की किस बात को गाने से किसी व्यक्ति की धार्मिक भावनाएँ आहत हो सकती हैं ?

2. संविधान के अनुच्छेद 19(1) तथा 25(1) में क्या कहा गया है ?

तीसरी प्रावस्था में विद्यार्थियों ने 'प्रत्येक भारतवासी के लिए राष्ट्रगान गाना अनिवार्य करने के लिए कानून बनाना चाहिए ।' के पक्ष तथा विरोध में निर्णय लिये तथा अपने उत्तर के पक्ष में कारण लिखे ।

चौथी प्रावस्था में विद्यार्थियों के निर्णयों के वांछनीय तथा अवांछनीय परिणामों की सम्भाव्यता का निर्धारण किया गया तथा निर्णयों की खोज करने के लिए तर्क देने के दौरान निम्न प्रश्न पूछे गए–

1. यदि कोई गूँगा या गम्भीर रूप से बीमार व्यक्ति राष्ट्रगान न गाये परन्तु खड़ा हो जाये तो क्या इससे उसके राष्ट्र प्रेम का पता नहीं चलेगा ?
2. यदि किसी धर्म के शीर्षस्थ व्यक्ति देश के किसी भाग को भारत से अलग करने की घोषणा करें तो क्या उन्हें प्रसन्न करने हेतु समझौता करना धर्मनिरपेक्षता होगा ?
3. आप किसी धर्म-गुरु को अधिक सम्मान देते हैं । यदि उन पर कोई

व्यक्ति हमला करे तो आप क्या करेंगे ?

4. यदि कोई व्यक्ति देश के साथ गद्दारी कर रहा हो तो आप क्या करेंगे ?

5. यदि आपके धर्म-गुरू देश को गुलाम बनाने की साजिश करें तो आप क्या करेंगे?

6. राष्ट्र तथा धर्म में कौन अधिक महत्त्वपूर्ण है ?

पाँचवीं प्रावस्था में विद्यार्थियों ने यह निर्णय लिया कि प्रत्येक भारतवासी के लिए कानूनन राष्ट्रगान गाना अनिवार्य होना चाहिए। अपने निर्णयों को परिष्कृत करते हुए उन्होंने कुछ विशेषक (क्वालीफायर) प्रस्तुत किए, यथा– प्रत्येक भारतवासी के लिए कानून राष्ट्रगान गाना अनिवार्य होना चाहिए यदि –

– वह बोलने में सक्षम हों ।

– उसके साथी गायन कर रहे हों ।

– वह भारत का नागरिक हो ।

– वह विदेशी हो परन्तु भारत में एक वर्ष से अधिक समय से निवास कर रहा हो ।

2. भूमिका निर्वहन शिक्षण-प्रतिमान

प्रत्येक व्यक्ति को किसी-न-किसी व्यक्ति की भूमिका करना अच्छा लगता है। इस स्वाभाविक प्रवृत्ति को आधार बनाकर शिक्षक विद्यार्थियों को शोषित, अल्पसंख्यक, भिक्षूक, आतंकवादी, आतंकित व्यक्ति, शिक्षक, बालक, बालिका, प्रशासक, नेता, जमींदार, अमीर, गरीब, ग्राहक, मित्र, अभिभावक, न्यायाधीश, आत्मदाह करने वाले व्यक्ति व उसके परिवार के सदस्यों, रोगी व चिकित्सक आदि की भूमिकायें अदा करने का अवसर दे सकते हैं । भूमिका निर्वहन शिक्षण-प्रतिमान का प्रयोग करके निम्न का विकास किया जा सकता है –

1. वैयक्तिक मूल्यों व व्यवहार का विश्लेषण करने की प्रवृति व योग्यता,
2. अन्तरवैयक्तिक तथा वैयक्तिक समस्याएँ सुलझाने के लए सव्यूहनों का विकास,
3. दूसरों के प्रति सहानूभूति ।

ब्रस जायस व मार्शा वील के अनूसार, रोल प्लेइंग शिक्षण-प्रतिमान प्रयोग करते समय की जाने वाली क्रियाएँ तथा उनसे सम्बन्धित प्रावस्थाएँ निम्न हैं –

प्रावस्था 1: समूह में उत्साह भरना ।

क्रियाएँ– 1. समस्या पहचानना/प्रस्तावित करना ।

2. समस्या स्पष्ट करना ।

3. समस्या की कहानी का निर्वचन व विवादों की खोज करना।

4. भूमिका निर्वहन की व्याख्या करना।

प्रावस्था 2: तिभागियों का चयन

क्रियाएँ– 1. भूमिकाओं का विश्लेषण करना।

2. भूमिकाओं का निर्वहन करने के लिए व्यक्तियों का चयन।

प्रावस्था 3: मंच विधान (स्टेज सैट करना)

क्रियाएँ– 1. क्रिया सम्बन्धी दिशाएँ निश्चित करना।

2. भूमिकाओं का पूनः कथन।

3. समस्या परिस्थिति की तह में पहुँचना।

प्रावस्था 4: प्रेक्षकों की तैयारी

क्रियाएँ– 1. प्रेक्षित की जाने वाली बातें निश्चित करना।

2. प्रेक्षिण कार्यो को सौंपना।

प्रावस्था 5: अभिनय करना

क्रियाएँ– 1. भूमिका का अभिनय शुरू करना।

2. भूमिका के अभिनय को जारी रखना।

3. भूमिका के अभिनय को रोकना।

प्रावस्था 6: विचार-विमर्श तथा मूल्यांकन

क्रियाएँ– 1. भूमिका के अभिनय की विविध क्रियाओं का पुनरावलोकन।

2. मुख्य केन्द्रीय बात पर विचार-विमर्श करना।

3. अगले अभिनय की तैयारी करना।

प्रावस्था 7: संशोधन

क्रियाएँ– 1. संशोधित भूमिका का निर्वहन।

2. व्यवहार सम्बन्धी विकल्पों के सुझाव देना।

प्रावस्था 8: विचार-विमर्श एवं मूल्यांकन

क्रियाएँ– 1. भूमिका के अभिनय की विविध क्रियाओं का मूल्यांकन।

2. मुख्य केन्द्रीय बात पर विचार-विमर्श करना।

3. अगले अभिनय की तैयारी करना।

प्रावस्था 9: अनुभवों की भागीदारी तथा सामान्यीकरण

क्रियाएँ– 1. समस्यात्मक परिस्थिति को वास्तविक अनुभवों तथा तात्कालिक समस्याओं से सम्बन्धित करना।

2. व्यवहार के सामान्य नियमों की खोज करना।

रोल प्लेइंग शिक्षण-प्रतिमान का प्रयोग करते समय शिक्षक को निम्न बातों पर ध्यान देना चाहिए–

1. उन्हें विभिन्न प्रावस्थाओं में शामिल की गई क्रियाएँ शुरू करने तथा क्रियाएँ करने हेतु विद्यार्थी को निर्देशित करने के प्रति अपने उत्तरदायित्व को स्वीकार कर तदनुरूप कार्य करना चाहिए ।

2. उन्हें ऐसे प्रश्न पूछने या टिप्पणी करनी चाहिए जिससे अभिनयकर्ताओं में विचारों व भावनाओं की स्वतन्त्र व स्पष्ट अभिव्यक्ति को प्रोत्साहन मिले ।

3. उन्हें अभिनयकर्ताओं के सुझावों व उनकी अनुक्रियाओं को सही मानना व स्वीकार करना चाहिए तथा उनके मूल्यांकन से बचना चाहिए ।

4. उन्हें समस्यात्मक परिस्थिति के विभिन्न आयामों के बारे में जाँच-पड़ताल हेतु शिक्षकों को प्रोत्साहित करना चाहिए ।

5. अपने विचारों व भावनाओं के बारे में अपने बोध को विकसित करने के लिए अभिनयकर्ताओं की अनुक्रियाओं का संक्षिप्तीकरण करना, उन पर विचार करना तथा उनका सारांश प्रस्तुत करना जरूरी है ।

3. अनुरूपीकरण

शिक्षा के क्षेत्र में अनुरूपीकरण एक नवोन्मेषी आयाम है । कार्टर गुड (1973) ने अनुरूपीकरण को तीन अर्थों में परिभाषित किया है–

(अ) अधिगम एवं प्रशिक्षण में अभ्यास तथा अधिगम सामग्री को अधिकाधिक उन परिस्थितियों के समान बनाना चाहिए जिनमें अन्ततः अधिगम व प्रशिक्षण कर प्रयोग होना है ।

(ब) अनुरूपीकरण एक प्रारम्भिक प्रकार की तथ्य प्रक्रिया है जिसमें स्वचालित संगणक (=कम्प्यूटर) का प्रयोग करके किसी तत्त्व सम्बन्धी ज्ञापन प्रतिमान को कार्यान्वित किया जाता है ।

(स) किसी वास्तविक या परिकल्पित सामाजिक प्रक्रिया की अपेक्षाकृत अधिक जटिल प्रतीक प्रतिमान से सम्बन्धित पात्रों का अपनी-अपनी भूमिका का अभिनय अनुरूपीकरण कहलाता है ।

वीरेन्द्र कुमार सभवाल (1978) के अनुसार, अनुरूपीकरण की क्रियाओं में भाग लेने वाले पात्र इन विशिष्टताओं से प्रभावित होते हैं–

(अ) अनुरूपित परिस्थितियों में भाग लेने वाले व्यक्ति ऐसी भूमिकाओं को निभाते हैं जो वास्तविक जगत की परिस्थितियों का प्रतीक हैं तथा वे अपनी परिस्थितियों के मूल्यांकन के आधार पर या उनमें हो रही क्रियाओं के आधार पर कुछेक निर्णय लेते हैं ।

(ब) वे अपने द्वारा लिये गए निर्णयों तथा उनसे सम्बन्धित कार्यो के अनुरूपित परिणामों का अनुभव करते हैं ।

(स) वे अपनी क्रियाओं के परिणामों का स्वयं मूल्यांकन करते हैं तथा अपने

द्वारा लिये निर्णय तथा उत्पन्न परिणामों के अन्तरसम्बन्धों पर चिन्तन करते हैं ।

अनुरूपीकरण एक गतिशील व समस्या आधारित विधि है जो कक्षा में क्रियात्मकता का माध्यम है । इसकी पक्रिया में शिक्षक, शिक्षार्थी तथा अध्यापक-प्रशिक्षणार्थी भाग ले सकते हैं । वे अपने सामाजिक, वैयक्तिक, सौन्दर्य-बौधक, राजनीतिक, धार्मिक आदि विभिन्न मूल्यों को विकसित कर सकते हैं । अनुरूपीकरण के दौरान व्यक्ति किताबी ज्ञान पर अधिक निर्भर न रहकर समस्यात्मक परिस्थितियों से निबटने के लिए अपने चिन्तन में विविधता लाते हैं तथा स्व-प्रयासों से काफी सीखते हैं । निर्णय लेने की प्रक्रिया में उनकी सूझ भी विकसित होती है ।

4. मूल्य स्पष्टीकरण विधि

मूल्य स्पष्टीकरण में कार्य शुरू करने का श्रेय सिडनी साइमन तथा उनके साथियों को जाता है । साइमन व डि शेरबिनिन (1975) के अनुसार, मूल्य स्पष्टीकरण डीवी के 'थ्योरी ऑफ वेल्युऐशन' सम्बन्धी कार्य से उद्‌भूत है तथा यह प्रगतिवाद (=प्रोग्रेसिविज्म) की प्रशाखा है । मूल्य स्पष्टीकरण पद लूइस रथ ने दिया था । मूल्य स्पष्टीकरण ऐसी प्रविधियों का समुच्चय (=सेट) है जो शिक्षकों तथा विद्यार्थियों की स्व-मूल्यों के स्पष्टीकरण में सहायता करती है । साइमन व डि शेरबिनिन (1975) के अनुसार, इसके विशिष्ट उद्देश्य निम्न हैं–

1. यह अधिक उद्देश्यपूर्ण होने में लोगों की सहायता करती है ।
2. यह अधिक उत्पादक बनने में लोगों की सहायता करती है ।
3. यह अपने आलोचनात्मक चिन्तन को विकसित करने में लोगों की सहायता करती है ।
4. यह आपस में अच्छे सम्बन्ध स्थापित करने में लोगों की सहायता करती है ।

रथ, हर्मिन व साइमन (1966) के अनुसार, मूल्य स्पष्टीकरण अभिगमन (अप्रोच) की आधारभूत संव्यूहन विद्यार्थी द्वारा कही या की जाने वाली बातों के प्रति अनुक्रिया करने की एक विशिष्ट विधि पर आधारित है। अनुक्रिया संव्यूहन विद्यार्थी के प्रति अनुक्रिया करने का ऐसा तरीका है जो उसे स्वयं द्वारा चयनित, स्वयं द्वारा महत्त्व दी गई तथा/या स्वयं द्वारा की जा रही बातों पर विचार करने का अवसर देता है। यह अपने चिन्तन तथा व्यवहार को स्पष्ट करने हेतु व्यक्ति को उत्साहित करती है तथा ऐसा करते समय व्यक्ति अपने मूल्यों का स्पष्टीकरण करता है। एक प्रभावी स्पष्टीकरण अनुक्रिया के आवश्यक तत्त्वों में से प्रमुख निम्न हैं–

1. अपने विचारों व अपने व्यवहार के बारे में चिन्तन करने तथा स्वयं के लिए अभीष्ट का निर्णय लेने की जिम्मेदारी विद्यार्थी की है ।
2. यह चिन्तन को उद्दीप्त करती है तथा एक मनः स्थिति उत्पन्न करती है ताकि व्यक्ति अपने द्वारा की या कही जाने वाली बातों पर सोच-विचार कर सके । विद्यार्थी किसी अनुक्रिया के लिए विवश नहीं होता है ।
3. यह विस्तृत दीर्घकालीन चर्चा नहीं है । शिक्षक किसी विशेष निर्णय का पक्ष लिए बिना विद्यार्थी से अनुमेयतापूर्ण वातावरण में बातचीत करता है ।
4. स्पष्टीकरण अनुक्रियाएँ उन परिस्थितियों में होती है जहाँ कोई निश्चित सर्वमान्य उत्तर नहीं होता है । प्रश्न ऐसे नहीं होते जिनका सही उत्तर शिक्षक के पास विद्यार्थियों से चर्चा करने के पूर्व ही हो ।
5. स्पष्टीकरण अनुक्रिया नैतिकता आरोपित करने, मूल्य प्रस्तावित करने, मूल्यांकन करने या आलोचना करने से बचती है । शिक्षक समाज या वयस्कों द्वारा 'उचित', 'सही या 'अच्छा' माने जाने वाले विचार या व्यवहार की ओर संकेत नहीं करता है। वह निष्पक्ष भाव से विद्यार्थियों की अनुक्रियाएँ सुनता है ।
6. यह आवश्यक नहीं है कि प्रत्येक विद्यार्थी किसी एक प्रकरण पर स्पष्टीकरण करने में रूचिपूर्वक भाग ले । सम्भव है कि कक्षा के अनेक विद्यार्थी स्पष्टीकरण में रुचि न लें । सामान्य रुचि के विषय पर भी प्रत्येक विद्यार्थी स्वयं के लिए विचार-विमर्श करता है।
7. शिक्षक प्रत्येक विद्यार्थी द्वारा कही या की जाने वाली बात पर अपनी अनुक्रिया व्यक्त नहीं करता है ।
8. मूल्य वैयक्तीकृत होते है तथा जब शिक्षक एक विद्यार्थी के व्यवहार के प्रति अनुक्रिया करते हैं तब अन्य विद्यार्थी उसे सुनते हैं ।
9. पूर्व-निर्धारित स्पष्टीकरण अनुक्रियाएँ प्रत्येक व्यक्ति के लिए प्रभावी नहीं होती । हम उन्हें यंत्रवत् या फार्मूला की तरह प्रयोग नहीं कर सकते । अनुक्रिया का प्रयोग सप्रयोजन, अन्तर्दृष्टि प्रधान तथा सृजनात्मक ढंग से होना चाहिए ।
10. वही स्पष्टीकरण अनुक्रिया प्रभावी होती है जो विद्यार्थी की स्व-चिन्तन व व्यवहार के स्पष्टीकरण में सहायता करे ।
11. स्पष्टीकरण अनुक्रिया का उपयोग साक्षात्कार या आँकड़े एकत्र करने के लिए नहीं किया जाता है। इसका प्रयोग विद्यार्थी की इच्छा होने पर उसके विचारों व जीवन को स्पष्ट करने के लिए ही होना चाहिए ।

मूल्य स्पष्टीकरण शिक्षण संव्यूहन का योग करने वाले शिक्षकों ने निम्न तीस अनुक्रियाओं को अधिक उपयोगी माना है—

1. क्या यह वह बात है जिसे तुम महत्त्वपूर्ण मानते हो ?
2. क्या तुम इससे प्रसन्न हो ?
3. जब यह घटित हुआ तब तुम्हें कैसा महसूस हुआ ?
4. क्या तुमने किसी अन्य विकल्प पर विचार किया था ?
5. क्या तुम दीर्घ काल से इसी तरह सोच रहे हो ?
6. क्या तुमने स्वयं इसे चुना था ?
7. क्या तुम्हें इसे चुनना पड़ा था, क्या तुम्हारा चयन स्वतन्त्र था ?
8. क्या तुमने इस विचार के बारे में कुछ किया है ?
9. क्या तुम इस विचार के कुछ उदाहरण दे सकते हो ?
10. क्या तुम इस शब्द को परिभाषित कर सकते हो ?
11. इस विचार के परिणाम क्या होंगे ?
12. क्या तुम वास्तव में ऐसा करोगे या तुम केवल बातचीत ही कर रहे हो ?
13. क्या तुम यह कह रहे हो कि . . . (कथन पुनः कहें) ?
14. क्या तुमने यह कहा है कि . . . (कथन को विकृत रूप में पुनः कहें) ?
15. क्या तुमने इस विचार (या व्यवहार) के बारे में अधिक चिन्तन किया है?
16. इस विचार के बारे में कुछ अच्छी बातें क्या हैं ?
17. इसी प्रकार की बातों को होने देने के लिए तुम्हारे अनुसार कौन-सी दशाएँ होनी चाहिए ?
18. क्या तुम्हारे विचार .... (कोई ऐसी बात जिसे विद्यार्थी ने कहा या किया हो तथा जो असंगति की ओर संकेत करती हो) के समनुरूप हैं ?
19. अन्य सम्भावनाएँ क्या हैं ?
20. क्या यह एक व्यक्तिगत वरीयता है या क्या तुम यह सोचते हो कि अधिकांश लोगों को इस पर विश्वास करना चाहिए ?
21. मैं तुम्हारे विचार के बारे में सोचने या कुछ करने में तुम्हारी क्या मदद कर सकता हूँ ?

22. क्या इस क्रिया के समर्थन में काई उद्देश्य है ?
23. क्या यह तुम्हारे लिए अधिक महत्त्वपूर्ण है ?
24. क्या तुम प्रायः ऐसा करते हो ?
25. क्या तुम अपने विचार के बारे में दूसरों से बात करोगे ?
26. क्या तुम ऐसा करने के पक्ष में तर्क दे सकते हो ?
27. क्या तुम बार-बार ऐसा ही करोगे ?
28. तुम यह कैसे जानते हो कि यह बात सही है ?
29. क्या तुम इसे महत्त्व देते हो ?
30. क्या तुम यह सोचते हो कि लोग सदैव इस बात पर विश्वास करेंगे ?

(रथ, हर्मिन व साइमन, 1966)

मूल्य स्पष्टीकरण के लिए उपर्युक्त स्पष्टीकरण अनुक्रियाओं के अतिरिक्त शिक्षक मूल्य पत्रक, मूल्य-स्पष्टीकरण चर्चा, भूमिका निर्वहन, कल्पित घटना, टेढ़े-मेढ़े (जिगजैग) पाठ, मूल्य सातत्यक (वेल्यू कण्टीन्यूअम), विचार पत्रक, साप्ताहिक प्रतिक्रिया पत्रक, खुले प्रश्न, समय डायरी, आत्मकथा प्रश्नावली, सार्वजनिक साक्षात्कार, वोट देना, विद्यार्थी प्रतिवेदन, क्रियात्मक परियोजना आदि शिक्षण संव्यूहनों का प्रयोग कर सकते हैं । इनमें से 'मूल्य पत्रक' प्रविधि प्रमुख है । यह विधि समूह, न कि व्यक्ति पर आधारित है तथा यह अपने चारों ओर के जटिल विश्व की कुछ बातों को स्पष्ट समझने में विद्यार्थी की सहायता करती है । प्रत्येक व्यक्ति विवादास्पद विवरण पढ़ता है तथा उसके विकल्पों पर विचार करता है । प्रत्येक व्यक्ति को सुविचारित ढ़ंग से तथा स्वतन्त्रतापूर्वक बुद्धिमत्तापूर्ण चयन करने तथा अपने चयन के अनुरूप कार्य करने के लिए प्रोत्साहित किया जाता है । एक मूल्य-पत्रक में उत्तेजक विवरण का उद्देश्य है– एक विवाद उत्पन्न करना जिसके मूल्य निहितार्थ हों । पत्रक में दियं गये प्रश्नों का उद्देश्य है– प्रत्येक विद्यार्थी को मूल्य स्पष्टीकरण प्रक्रिया में भाग लेने देना । प्रत्येक विद्यार्थी स्वयं को मिले मूल्य-पत्रक को स्वयं पूरा करता है तथा एक कागज पर अपने प्रश्नों के उत्तर भी लिखता है । बाद में विद्यार्थी अपने उत्तरों को अपने साथियों को बताते हैं या शिक्षक किसी बड़े समूह या छोटे समूह में चर्चा के लिए विद्यार्थियों के उत्तरों का प्रयोग करता है । मूल्य-पत्रकों को अभिक्रमित अनुदेशनात्मक सामग्री के रूप में भी प्रयोग किया जा सकता है । उदाहरण के लिए, निम्न मूल्य-पत्रकों पर विचार करें–

मूल्य-पत्रक : 1
विश्राम

निर्देश— कृपया नीचे दिये गये प्रश्नों के उत्तर लिखें तथा बुधवार 23-8-06 को उन्हें लायें। मैं कुछ पत्रक चुनकर बिना विद्यार्थी का नाम लिये कक्षा में पढ़ूँगा तथा फिर हम अपने पाठ के बाद के समय में कुछ प्रश्नों पर खुली चर्चा करेंगे।

राम ने कहा, "सभी को आराम करना अच्छा लगता है परन्तु हम रविवार को अधिक आराम तब कर सकते हैं जब हम अपने दैनिक कार्यों की सीमा निश्चित करें। स्वभावतः हमें अपने अभिभावकों व शिक्षकों के निर्णयों की सहायता लेनी होगी। हमें चालबाजी, झूठ बोलने या बहाना बनाने की काशिशों से बचना चाहिए।

यदि हम प्रतिदिन अधिक कार्य करेंगे तो थक जायेंगे या बीमार हो जायेंगे। हम चिड़चिड़े स्वभाव को भी प्रदर्शित कर सकते हैं। हमारे पास विश्राम करने के लिए अधिक समय तो होंगा परन्तु हम नीरसता ही महसूस करेंगे। यदि हम रोज कम कार्य करेंगे तो हमारे पास रोज विश्राम करने हेतु अधिक समय होगा परन्तु हम समय पर कार्य पूरा करने के लिए चिन्तित व परेशान रहेंगे।"

1. राम क्या कह रहा है?
2. आपके लिए राम की बातों में क्या सन्देश निहित है?
3. क्या तुम राम की बातों से सहमत हो?
4. तुम अपने पढ़ने-लिखने से सम्बन्धित कार्यों के बारे में क्या सोचते हो?
   तुम्हें कैसे पता लगेगा कि तुमने अधिक काम किया है?
   तुम्हें कैसे पता लगेगा क तुमने कम काम किया है?
   तुम किस तरह शीघ्रता से शनिवार को पूरे सप्ताह में पढ़ायी गयी बातों की पूनरावृति कर सकोगे?
5. रोज अध्ययन न करने वाले चिन्तित विद्यार्थी कैसे होते हैं?
6. तुम राम की बातों में क्या परिवर्तन करना चाहोगे कि उसकी बात तुम्हारे मन की बात हो जाये?
7. तुम अपना अध्ययन किस तरह करते हो?
   तुम प्रतिदिन व रविवार को कितना विश्राम करते हो?
   आने वाले सप्ताह/महीने में तुम कैसे पढ़ोगे व कितना आराम करोगे?
8. तुम अपने व्यवहार में क्या परिवर्तन करना चाहोगे?
   तुम इन परिवर्तनों को क्यों करना चाहते हो?
   क्या तुम केवल ऐसा सोचते ही हो या तुम वास्तव में ऐसा करोगे?
   तुम अपने व्यवहार (अध्ययन सम्बन्धी) को क्यों उचित मानते हो?

मूल्य पत्रक–2
धैर्य

"धीरे-धीरे रे मना, धीरे ही सब कुछ होय ।
माली सींचे सौ घड़ा, ऋतु आये फल होय ।।

–रहीम

"नर हो न निराश करो मन को
कुछ काम करो कुछ काम करो
जग में रह कर कुछ नाम करो ।"

–मैथिलीशरण गुप्त

"तुम एक हजार बार भी यदि अपने प्रयत्न में असफल
हो गये हो तो एक प्रयत्न और करो ।"

–स्वामी विवेकानन्द

"धीरज धर्म मित्र अरू नारी
आपद काल परखिये चारी ।"

– तुलसीदास

1. "धैर्य" शब्द से तुम क्या समझते हो ?
2. क्या तुम्हारे विचार से प्रत्येक व्यक्ति धैर्यवान होता है ? यदि हाँ तो कैसे ? यदि नहीं तो क्यों ?
3. क्या धैर्य प्रकट हो सकता है ? कैसे ?
4. क्या तुम्हें अपने धैर्य के स्तर पर गर्व है ? क्यों ?

मुल्य पत्रक–3
ईमानदारी का पुरस्कार

"रशीद को शाला भवन के सामने एक बटुआ मिला । उसमें 500 रू० थे । रशीद ने वह बटुआ प्रधानाध्यापक के पास जाकर जमा करा दिया । प्रधानाध्यापक ने उसे शाबाशी दी तथा प्रार्थना सभा में उसकी प्रशंसा की । जिस व्यक्ति का बटुआ खोया था, उसे पता चला तो वह प्रधानाध्यापक के पास आया । प्रधानाध्यापक ने उसे सारा हाल बताते हुए रशीद की प्रशंसा की । उस व्यक्ति ने रशीद को 20 रु० पुरस्कार-स्वरूप देना चाहा । रशीद ने इस पुरस्कार को स्वीकार नहीं किया ।"

1. क्या रशीद ने प्रधानाध्यापक को केवल रूपये दिये थे ?
2. क्या रशीद द्वारा प्रधानाध्यापक को बटुआ देना उचित था ? कारण भी लिखें ।

3. प्रधानाध्यापक ने रशीद की प्रशंसा क्यों की थी ?

4. क्या तुम रशीद द्वारा पुरस्कार न लेने को सही मानते हो ? कारण लिखो ।

5. यदि तुम रशीद की जगह होते तो क्या करते ? कारण लिखो ।

मूल्य पत्रक–4
अतिथि सत्कार

"तुम कौन हो ?" स्त्री ने पूछा ।

"मैं मुगल हूँ । चौसा-युद्ध में शेरशाह से विपन्न होकर रक्षा चाहता हूँ । इस रात अब आगे चलने में असमर्थ हूँ ।

"क्या शेरशाह से?" स्त्री ने अपने ओठ काट लिये ।

"हाँ माता ।"

"परन्तु तुम भी वैसे हो क्रूर हो, वही भीषण रक्त की प्यास, वही निष्ठुर प्रतिबिम्ब, तुम्हारे मुख पर भी हैं । सैनिक ! मेरी कुटी में स्थान नहीं, जाओ कहीं दूसरा आश्रय खोज लो !"

"गला सूख रहा है, साथी छूट गये हैं, अश्व गिर पड़ा है– इतना थका हुआ हूँ, इतना !" – कहते-कहते वह व्यक्ति धम से बैठ गया और उसके सामने ब्रह्माण्ड घूमने लगा । स्त्री ने सोचा, यह विपत्ति कहाँ से आयी । उसने जल दया, मुगल के प्राणों की रक्षा हुई । वह सोचने लगी– "सब विधर्मी दया के पात्र नहीं– मेरे पिता का वध करने वाले आततायी !" घृणा से उसका मन विरक्त हो गया ।

स्वस्थ होकर मुगल ने कहा– माता ! तो फिर मैं चला जाऊँ ?" फिर विचार कर रही थी– "मैं ब्राह्मणी हूँ, मुझे तो अपने धर्म– अतिथि-देव की उपसना– का पालन करना चाहिए । परन्तु यहाँ .... नहीं-नहीं, सब विधर्मी दया के पात्र नहीं परन्तु यह दया तो नहीं ..... कर्त्तव्य करना है । तब ?

मुगल अपनी तलवार टेक कर उठ खड़ा हुआ । ममता ने कहा– "क्या आश्चर्य है कि तुम भी छल करो; ठहरो ।"

"छल ! नहीं, तब नहीं, स्त्री । जाता हूँ, तैमूर का वंशधर स्त्री से छल करेगा जाता हूँ। भाग्य का खेल है ।"

ममता ने मन में कहा– "यहाँ कौन दुर्ग है ! यही झोंपड़ी न, जो चाहे ले ले, मुझे अपना कर्त्तव्य करना पड़ेगा ।" वह बाहर आयी और मुगल से बोली– "जाओ भीतर, थके हुए भयभीत पथिक ! तुम चाहे कोई हो, मैं तम्हें आश्रय देती हूँ ।

1. मुगल किस युद्ध में शेरशाह से विपन्न हुआ था ?
2. मुगल ममता के यहाँ आश्रण क्यों चाहता था ?

3. ममता शुरू में मुगल को आश्रय क्यों नहीं देना चाहती थी ?
4. ममता ने मुगल को पानी क्यों दिया ?
5. बाद में ममता ने मुगल को आश्राय क्यों दिया ?
6. यदि तुम ममता की जगह होते तो क्या करते ? कारण लिखो ।

शिक्षक मूल्यपरक स्थितियों को मौखिक, लिखित, दृश्य-सामग्री, फिल्म, पट्टिका, ट्रान्सपेरन्सी आदि के माध्यम से प्रस्तुत कर सकते हैं । श्यामपट्ट पर भी स्थिति को लिखा जा सकता है । मूल्य स्पष्टीकरण के लिए सामग्री संकलित करने हेतु निम्न स्त्रोत विचारणीय हैं –

(क) समाचारपत्रों के सम्पादकीय, (ख) भाषा, साहित्य व विषय सम्बन्धी पाठ्य-पुस्तकें, (ग) उपन्यास, (घ) कहानी संग्रह, (च) दूरदर्शन सीरियल, (छ) फिल्म, (ज) निर्वाचन हेतु तैयार की गई प्रचार सामग्री, (झ) कार्टून, (त) विज्ञापन, (थ) न्यायालय के फैसले, (द) लोककथाएँ, (ध) नेताओं के भाषण, (प) लोकगीत, (फ) सम्पादक को पत्र, (ब) कविताएँ, (म) निबन्ध ।

मूल्य-पत्रक बनाना आसान है । हम अपने समाज में लोगों के जीवन से जुड़े किसी विवाद पर समस्यात्मक विवरण तैयार कर सकते हैं, उदाहरणार्थ–

(क) मानवाधिकार, (ख) बालकों के अधिकार, (ग) स्वतन्त्रता बनाम आश्रितता, (घ) पूँजीवाद बनाम समाजवाद, (च) धर्मपरायणता बनाम धर्मनिरपेक्षता, (ज) विलासिता बनाम प्रसन्नता, (झ) विश्राम बनाम नियमितता; (त) विज्ञापन के खतरे, (थ) स्वार्थपरता बनाम उदारता, (द) पहल बनाम नियंत्रण, (ध) प्रजातन्त्र बनाम अधिनायकवादिता, (न) तर्कप्रियता व निर्णय, (प) शोषण बनाम न्याय, (फ) मौलिक अधिकार, (ब) साहस, (भ) मित्रता ।

5. कहानी प्रस्तुतीकरण विधि

बालकों के मन पर कहानी का अमिट प्रभाव पड़ता है । वे कहानियाँ सुनने में अधिक रूचि लेते हैं । हमारी संस्कृति, हमारे इतिहास तथा वातावरण में अनेक कथानक ऐसे हैं जिन्हें संजोकर कथा-कहानियाँ बनायी जा सकती हैं व फिर उनके माध्यम से दया, प्रेम, अहिंसा, कर्त्तव्यनिष्ठा, परोपकार, राष्ट्रप्रेम, भ्रातृत्व, विश्व-बन्धुत्व, सचरित्रता, बलिदान, अतिथि-सत्कार, त्याग, सत्य आदि अनेक मूल्यों का विकास किया जा सकता है । ग्रामीण अंचलों में प्रचलित लोकगाथाओं, बौद्ध जातकों, जैन-कथाओं, रामायण, महाभारत, पौराणिक कथाओं आदि के माध्यम से भी विद्यार्थियों को जीवन मूल्यों की शिक्षा दी जा सकती है । ऐसा अतीत में होता भी रहा है । भाषा पाठ्यक्रमों के अन्तर्गत पढ़ाई जाने वाली कहानियों के माध्यम से भी विद्यार्थियों के मूल्यों का विकास किया जा सकता है । हम कहानियों में पात्रों के चरित्र-चित्रण के माध्यम से व उनके क्रिया-कलापों द्वारा

विद्यार्थियों के व्यवहार में बैचारिक तथा क्रिया स्तरों पर वांछित परिवर्तन उत्पन्न कर सकते हैं ।

कथाओं और कहानियों का चयन करते समय शिक्षकों को निम्न बातों का ध्यान रखना चाहिए–

1. कहानी की भाषा सरल, बोधगम्य, प्रवाहमय व रूचिकर होनी चाहिए ।
2. कहानी में कथोपकथन अधिक होना चाहिए क्योंकि कहानी में बालक की रुचि इसके समानुपाती होती है ।
3. कहानी के पात्र बालक के जीवन से सम्बद्ध हाने चाहिए ताकि पात्रों के चरित्र के प्रति बालक की सहानुभूति जाग्रत हो सके।
4. कहानी का कलेवर बालक की शारीरिक तथा मानसिक आयु के अनुरूप होना चाहिए ।
5. जहाँ तक सम्भव हो, बाल-केन्द्रित कहानियों को प्रमुखता मिलनी चाहिए।
6. यदि कहानी छोटी हो तथा उससे एक जीवन मूल्य की शिक्षा मिलती हो तो मूल्य ग्रहण करने में विद्यार्थियों को आसानी होती है ।
7. कहानी ऐसी होनी चाहिए कि विद्यार्थी की जिज्ञासा-वृत्ति जागृत हो सके तथा उसकी कल्पनाशीलता में वृद्धि हो ।
8. कथावस्तु में कार्य तथा परिणाम का सम्बन्ध स्पष्ट दिखाई देना चाहिए।

केवल अच्छी कहानी चुनने व विद्यार्थियों को उसे पढ़ने या सुनने का अवसर उपलब्ध कर ही शिक्षक को यह नहीं मान लेना चाहिए कि विद्यार्थियों में मूल्यों का विकास हो जायेगा। उसे कहानी में विद्यार्थियों की जिज्ञासा बनाये रखनी चाहिए तथा कहानी के महत्त्वपूर्ण मोड़ पर कहानी प्रस्तुतीकरण स्थगित कर विद्यार्थियों से विचारोत्तेजक प्रश्न पूछने चाहिए । प्रस्तुतीकरण के दौरान बच्चों को यह अहसास नहीं होना चाहिए कि उन पर नैतिकता थोपी जा रही है । विद्यार्थी कहानी से प्रभावित होकर कुछ मूल्यों में आशा रखने की कोशिश करने लगता है परन्तु अपने चारों ओर की स्थितियों में उसे मूल्यों की शिक्षा निरर्थक लग सकती है । अतः एक जागरूक शिक्षक को मूल्य-विमुख व्यवहार के दुखद परिणामों से भी विद्यार्थी को परिचित करना चाहिए । विद्यार्थी को संवेदनशील बनाने के लिए शिक्षक को तुलनात्मक दृष्टिकोण अपनानी चाहिए । शिक्षक कहानी में वैचारिक अन्तराल (थिंकिंग गैप्स) भी छोड़ सकता है तथा फिर प्रश्न पूछ कर विद्यार्थियों को मूल्य निश्चित करने व कहानी पूरी करने का अवसर भी दे सकता है । यथा –

"एक दिन की बात है । लिंकन को किसी सभा में जाना था । लिंकन चले

जा रहे थे । अचानक एक जगह रूक गये । देखा, एक गड्ढे में सूअर धँसा हुआ है । सूअर निकलने की जितनी कोशिश करता है, उतना ही कीचड़ में धँसता जा रहा है । लिंकन से यह देखा न गया । वह ...." ।

विद्यार्थियों को उपर्युक्त कहानी पूरी करने का अवसर देने से पहले निम्न प्रश्न पूछे जा सकते हैं–

1. लिंकन ने सूअर को क्यों निकालना चाहा ?
2. सूअर को निकालने की कोशिश करने के क्या दुष्परिणाम हो सकते हैं?
3. यदि सूअर बच जाये तो लिंकन को कैसा महसूस होगा ?
4. यदि सूअर न बचे तो लिंकन के मन में क्या विचार आयेंगे ?
5. क्या तुम प्रतिदिन बाजार में या रास्ते में दुर्घटनाग्रस्त पशुओं को बचाने की कोशिश करोगे ? यदि हाँ/नहीं तो क्यों ?

6. मूल्य विश्लेषण शिक्षण-प्रतिमान

जे०. आ. फ्रेंकेल (1977) ने विद्यार्थियों के नैतिक तर्क तथा किसी मूल्य स्थिति के विश्लेषण व चयनित निष्कर्षों तक पहुँचने में विद्यार्थी की सहायता करने के लिए एक प्रणाली प्रस्तावित की है । यह 'मूल्य विश्लेषण' के नाम से जानी जाती है । उनके विचारों के आधार पर वी. के. पासी, डी. एन. सनसनवाल तथा अन्य ने मूल्य विश्लेषण शिक्षण प्रतिमान विकसित किया । इसकी संरचना निम्नवत् है –

इस शिक्षण-प्रतिमान में आठ प्रावस्थाएँ हैं–

1. दुविधा (डायलेमा) प्रस्तुत करना ।
2. मूल्य द्वन्द्व का स्पष्टीकरण ।
3. तथ्यों के लिए पूछना ।
4. कल्पनीय (कन्सीवेबिल) विकल्पों के लिए पूछना ।
5. प्रत्येक विकल्प के सम्भव परिणाम पूछना ।
6. परिणाम घटित होने की सम्भावना के समर्थन में प्रमाण पूछना ।
7. सम्भव परिणामों की वांछनीयता के मूल्यांकन के लिए ।
8. सर्वोत्तम विकल्प के निर्णय व उसके कारण के लिए पूछना ।

प्रथम प्रावस्था में शिक्षक मूल्य द्विविधा प्रस्तुत करते हैं । मूल्य द्विविधा एक परिस्थिति, तर्क या चित्रण होती है जिसमें व्यक्ति दो या अधिक विरोधी विकल्पों में से एक को चुनने की समस्या का सामना करते हैं । दुविधा के चयन हेतु जीवन परिस्थितियों, समकालीन जीवन अनुभवों तथा पाठ्यक्रम विषय-वस्तु को स्त्रोत के रूप में चुना जा सकता है । इसे दृश्य तथा श्रव्य, लिखित या मौखिक रूप में

प्रस्तुत किया जा सकता है । दुविधा के प्रस्तुतीकरण के बाद शिक्षक दुविधा में निहित दशाओं के स्पष्टीकरण, शब्दावली के परिभाषीकरण, दुविधा की वास्तविक प्रकृति, क्रिया-कलापों की पहचान आदि के लिए प्रश्न पूछता है ताकि सभी विद्यार्थी मूल्य द्विविधा को अच्छी तरह समझ सकें ।

दूसरी प्रावस्था में शिक्षक मूल्य द्वन्द्व (वेल्यू कॉनफ्लिक्ट) की पहचान सुनिश्चित करते हैं तथा प्रश्नों के माध्यम से साध्य व साधनों से सम्बन्धित असहमति ज्ञात करते हैं ।

तीसरी प्रावस्था में शिक्षक भावी उपयोग हेतु ठोस तथ्यपरक आधार तैयार करने की दृष्टि से प्रश्न पूछते हैं । विद्यार्थी घटना के दौरान होने वाली बातों का वर्णन करते हैं तथा उनको महत्त्वपूर्ण तथ्य ज्ञात होते हैं ।

चौथी प्रावस्था में शिक्षक सर्वप्रथम उन विकल्पों को पूछते हैं जो मुख्य पात्र द्वारा स्वीकृत किये जा सकते हैं । इस समय कक्षा को पाँच या छः विद्यार्थियों के अनेक समूहों में व्यवस्थित किया जा सकता है तथा समूह के एक विद्यार्थी को अध्यक्ष बना सकते हैं। अध्यक्ष समूह के सदस्यों के विचारों को लिखता है तथा समूह का अवधान हाथ में लिये गये कार्य पर केन्द्रित किये रहता है । वह प्रत्येक सदस्य को मुख्य पात्र द्वारा लिये जा सकने वाले निर्णय सोचने व बताने के लिए प्रोत्साहित करता है ।

पाँचवी प्रावस्था में विद्यार्थी प्रत्येक विकल्प के परिणामों को सोचते व बताते/लिखते हैं । शिक्षक विभिन्नः निर्णय विकल्पों के तात्कालिक व दीर्घकालीन परिणाम पूछता है । वह विद्यार्थियों से ब्रेनस्टार्मिंग करवाता है । इस समय शिक्षक 'मूल्य सूचना चार्ट' का निर्माण करते हैं या विद्यार्थियों को अपनी उत्तर-पुस्तिकाओं पर ऐसी चार्ट बनाने को अवसर भी दिया जा सकता है–

विकल्प	परिणाम	टिप्पणी

छठी प्रावस्था में विकल्पों के घटित होने की सम्भावना के समर्थन या विरोध में प्रमाणों की खोज की जाती है । विद्यार्थी उन प्रतिवेदनों, फोटो, प्रत्यक्ष गवाहों

के विवरण, सामचार-पत्रों में छपे लेखों आदि की खोज करते हैं । जिनसे अतीत में वर्तमान जैसी परिस्थितियों में घटित हुई बातों का पता चलता हो । प्रमाण एकत्र कर लेने के बाद विद्यार्थी उनकी विश्वसनीयता तथा सत्यता की जाँच भी करते हैं ।

सातवीं प्रावस्था में विद्यार्थी यह निश्चित करते हैं कि वे किसी परिणाम को घटित होता देखना चाहेंगे या नहीं । कुछ परिणामों की अन्य परिणामों की अपेक्षा अधिक वांछनीयता पर चर्चा करने के लिए विद्यार्थियों को प्रोत्साहित करना चाहिए । इसके लिए शिक्षक यह प्रश्न पूछ सकते हैं– 'क्या प्रत्येक परिणाम अच्छा/बुरा है?" को समझते हैं । एक मानदण्ड (=क्रायटीरियन) वह विशेषता या विशेषताओं का समुच्चय है जो किसी परिणाम या अन्य बात को वांछनीय या अवांछनीय या मध्यवर्ती बनाता है । शिक्षक को विद्यार्थियों के सामने विविध प्रकार के मानदण्ड प्रस्तुत करने चाहिए । इसके फलस्वरूप वे भविष्य में केवल एक मानदण्ड के आधार पर परिणामों की वांछनीयता-अवांछनीयता की जाँच नहीं करेंगे । जैक आर० फ्रेंकेल (1977) ने मानदण्डों के 6 प्रमुख प्रकारों का उल्लेख किया है –

1. **नैतिक मानदण्ड** – किस सीमा तक मानव की महत्ता व उसके जीवन में वृद्धि या कमी होगी ?

2. **विधिक मानदण्ड** – क्या किसी कानून का उल्लंघन होगा ?

3. **सौन्दर्यपरक मानदण्ड** – क्या किसी चीज की सुन्दरता में वृद्धि या कमी होगी?

4 **परिस्थतिकीय मानदण्ड** – क्या प्राकृतिक वातावरण को लाभ या नुकसान होगा ?

5. **आर्थिक मानदण्ड**– कितना खर्च आयेगा ? क्या खर्च के लिए पर्याप्त मात्रा में धन उपलब्ध हो सकेगा ?

6. **स्वास्थ्य एवं सुरक्षा मानदण्ड**– क्या मानव जीवन किसी प्रकार असुरक्षित हो जायेगा ?

उपर्युक्त मानदण्ड केवल कुछ मानदण्ड हैं । अतः विद्यार्थियों को विचार हेतु अतिरक्त मानदण्ड प्रस्तावित करने हेतु प्रोत्साहित करना चाहिए । अनेक भिन्न मानदण्डों की दृष्टि से परिणामों की वांछनीयता/अवांछनीयता का निर्धारण करने के लिए मूल्य विश्लेषण चार्ट का उपयोग विद्यार्थियों के लिए सहायक रहता है । फ्रेंकेल ने भिन्न दृष्टिकोणों से परिणमों की वांछनीयता पर विचार करने के लिए निम्न मूल्य–विश्लेषण चार्ट के उपयोग की संस्तुति की है–

विकल्प	परिणाम	भौतिक	विधिक	सौंदर्य परक	परिस्थिति कीय	आर्थिक	स्वास्थ्य व सुरक्षा	अन्य	श्रेगणी–करण

आठवीं प्रावस्था तब शुरू होती है जब कक्षा के सदस्य प्रत्येक परिणाम की वांछनीयता पर चर्चा कर चुके होते हैं तथा वे अपने कारणों तथा दूसरे के तर्कों से परिचित हो चुके होते हैं । इस प्रावस्था में शिक्षक विद्यार्थियों से सर्वोत्तम विकल्प व बहुत कम वांछनीय विकल्प पूछता है । विद्यार्थी सभी विकल्पों को श्रेणीक्रम में व्यवस्थित करते हैं तथा अपने श्रेणीकरण का औचित्य भी बनाते हैं । वे किसी विकल्प को सर्वाधिक वांछनीय मानने के पक्ष में भी तर्क प्रस्तुत करते हैं । वे उस सीमा को भी ज्ञात करते हैं जिस तक उनके द्वारा किसी विकल्प को सर्वाधिक वांछनीय मानने के पक्ष में दिये गये तर्क अन्य परिस्थितियों में भी वर्तमान परिस्थिति की तरह ही लागू होंगे । वे अपने निर्णय के पक्ष में तर्क भी देते हैं ।

पासी व अन्य कुछ लेखकों (1988) के अनुसार दस शिक्षण-प्रतिमानों के लिए साधारण संरचित वातावरण वांछनीय है । शिक्षक को विभिन्न प्रावस्थाएँ शुरू करने तथा प्रत्येक प्रावस्था में विद्यार्थियों की क्रियाओं को निर्देशित करने की जिम्मेदारी का निर्वाह करना चाहिए और विद्यार्थियों को अपनी योग्यता के अनुरूप मूल्यों का विश्लेषण करने की कोशिशें करनी चाहिए । शिक्षक को यह सुनिश्चित करना चाहिए कि छात्र विभिन्न प्रावस्थाओं का क्रमशः अनुसरण करें । विद्यार्थियों को स्वयं चिन्तन करना चाहिए । शिक्षक के लिए जाँच न करने वाली अभिवृत्तियाँ आवश्यक हैं । प्रतिक्रिया के नियमों के सन्दर्भ में पासी व अन्य कुछ लेखकों (1988) का मत है कि–

1. शिक्षकों को विद्यार्थियों की अनुक्रियाएँ (विकल्प, परिणाम व निर्णय) बिना किसी मूल्यांकन के स्वीकार करनी चाहिए ।

2. शिक्षक को इस प्रकार व्यवहार करना चाहिए कि विद्यार्थियों को समस्यात्मक परिस्थिति के विभिन्न पहलुओं की खोज करने तथा विकल्प उत्पन्न करने व उनका मूल्यांकन करने में मदद मिले ।

3. शिक्षक को चर्चा करने वाले तथा एक नेता या मध्यस्थ की भूमिका, न कि एक साधिकार व्यक्ति की भूमिका, का निर्वाह करना है ।

इस शिक्षण संव्यूहन का प्रयोग करते समय कार्य-पत्रक का प्रयोग विद्यार्थियों के लिए लाभप्रद होता है तथा इसमें मूल्य सूचना चार्ट और मूल्य विश्लेषण चार्ट

को शामिल करना चाहिए । कक्षा में प्रमाण एकत्र करने की दृष्टि से आवश्यक सन्दर्भ सामग्री उपलब्ध रहनी चाहिए । शिक्षकों को शिक्षण के लिए स्वयं समस्यात्मक विवरण तैयार करने या चुनने का प्रयास करना चाहिए । राष्ट्रीय शैक्षिक अनुसन्धान एवं प्रशिक्षण परिषद्, नई दिल्ली के अध्यापक शिक्षा, विशिष्ट शिक्षा एवं विस्तार सेवा विभाग के के. एम. गुप्त के निर्देशन में 'मूल्य विश्लेषण शिक्षण-प्रतिमान' पर एक प्रशिक्षण व शोध परियोजना संचालित की गई । इसमें राष्ट्रीयता, व्यक्तिगत स्वतन्त्रता, वैयक्तिक रूचि, सुरक्षा, सहयोग, अधिकार, धैर्य, गुणवत्ता, बुद्धि, वैज्ञानिक दृष्टिकोण, स्थानीय मनोभाव, धार्मिकता, विश्वास आदि में द्वन्द्व से सम्बन्धित समस्या विवरण प्रस्तुत किये गए । उदाहरणार्थ, कुछ समस्यात्मक विवरण प्रस्तुत हैं–

1. 'शिक्षक ने विद्यार्थियों को एक गृह कार्य दिया । इसके प्रश्नों का उत्तर देने के लिए अधिक समय तक अध्ययन करना जरूरी था । कृष्ण अपने कार्य को स्थगित करता रहा और अब केवल एक दिन बचा है । यदि वह दिये गये कार्य को पूरा करने के लिए कठोर परिश्रम करे तो वह अपना कार्य पूरा कर सकता है । वह एक प्रतिभाशाली संगीतज्ञ है तथा उसके मित्रों ने एक समारोह में अपना कार्यक्रम प्रस्तुत करने के लिए उसे निमन्त्रित किया है । यदि वह समारोह में नहीं जाता है तो उसके मित्रों की भावनाएँ आहत होंगी । इसके विपरीत यदि वह समारोह में शामिल होता है तो वह अपना गृहकार्य पूरा नहीं कर सकेगा ।'

द्विविधा– क्या कृष्ण को समारोह में शामिल हुए बिना अपना गृहकार्य पूरा करना चाहिए ?

2. 'जान-बूझकर या अनजाने में हमारे लोग अनेक अन्धविश्वासों का अनुसरण करते हैं । यह कहा जाता है कि इन अन्धविश्वासों के बारे में लोगों को शिक्षित करने का काम शिक्षकों को करना चाहिए । कुछ लोग कहते हैं कि लोगों को अन्धविश्वासों की असत्यता के बारे में राजी करने का सर्वोत्तम तरीका यह है कि शिक्षक अन्धविश्वासों का साहस-पूर्वक परीक्षण करें तथा परिणामों को अपने विद्यार्थियों को दिखाएँ । फिर वे विद्यार्थियों से भी उनके परीक्षण की माँग कर सकते हैं । अन्य लोग यह कहते हैं कि ये अन्धविश्वास धार्मिक विश्वासों से जुड़े हैं तथा हमें उन पर प्रयोग नहीं करने चाहिए ।'

द्विविधा– क्या एक शिक्षक के रूप में अन्धविश्वासों का परीक्षण करना चाहिए ?

7. चर्चा

मूल्य स्पष्टीकरण के लिए चर्चा विधि का प्रयोग किया जाता है । शिक्षण के दौरान पढ़ाने या विषय-वस्तु के पुनरावलोकन के लिए चर्चा विधि का प्रयोग

करते समय शिक्षक आँकड़ों में त्रुटियों की ओर संकेत कर सकता है, उत्तरों की पर्याप्तता के बारे में निर्णय लेता है तथा सही या गलत को मानदण्ड प्रदान करता है । मूल्यों के शिक्षण हेतु चर्चा के समय चर्चा का मुख्य उद्देश्य विद्यार्थियों के मूल्यों का स्पष्टीकरण रहता है । शिक्षक विद्यार्थियों के विचारों का मूल्यांकन नहीं करता है अपितु उन्हें स्वीकार करता है । वह किसी प्रकार के मानदण्ड प्रत्यक्ष रूप से आरोपित नहीं करता है क्योंकि ऐसा करने से विद्यार्थी विचारणीय विषय पर स्वयं निर्णय लेने के विशेषाधिकार से वंचित हो सकते हैं । इससे विलगता, समनुरूपीकरण, अनिर्णय, अत्यधिक विरोध व मूल्य निर्धारण न करने की प्रवृतियाँ बढ़ सकती हैं । यह सही है कि चतुर शिक्षक भी अपने कुशल दिशा-निर्देशों से मूल्य-भ्रम को दूर नहीं कर सकता। मूल्यों के शिक्षण हेतु निर्देशित चर्चा (गाइडेड डिसकशन) घातक है । उसे अस्वीकार्य व्यवहार रोकते हुए विद्यार्थियों को स्वतन्त्रतापूर्वक चयन करने देना चाहिए। स्पष्ट मूल्यों के विकास के लिए चर्चा के दौरान शिक्षक विकल्पों तथा परिणामों की परीक्षा में विद्यार्थियों की सहायता करता है, अपने मूल्यों को आरोपित करने की चेष्टा नहीं करता है, प्रत्यक्ष रूप से सभी लोगों के लिए काल-निरपेक्ष सही या उचित व्यवहार के बारे में कुछ नहीं कहता है, भिन्न परिस्थितियों में भिन्न व्यवहार करने की अनुमति देता है तथा अपने लिए स्वयं निर्णय लेने व अपने निर्णय के परिणमों पर विचार करने के महत्त्व को समझाता है ।

मूल्य चर्चा शुरू करने के लिए शिक्षक मूल्य पत्रकों पर अंकित प्रकरणों, उद्धरणों, शीर्षक युक्त चित्रों, किसी नाटक या फिल्म के एक दृश्य, विचारोत्तेजक प्रश्नों, कविताओं, लेखों, भाषण अंशों, व्यंग्य चित्रों आदि का प्रयोग कर सकते हैं।

8. योग

मनुष्य को एक दिव्य प्राणी माना जा सकता है जो अज्ञानता के कारण अपने वास्तविक दिव्य स्वभाव की अनुभूति नहीं कर पाता है । मूल्यपरक शिक्षा व्यक्ति को उसकी दिव्य गुण सम्पदा तथा दिव्य मूल्यों की अनुभूति करवाती है ।

महर्षि पतंजलि ने अष्टांग योग प्रतिपादित किया है । इसके आठ अंग हैं –

(1) यम, (2) नियम, (3) आसन, (4) प्राणायाम, (5) प्रत्याहार, (6) धारण, (7) ध्यान, (8) समाधि ।

यम तथा नियम के द्वारा व्यक्ति को योग-अभ्यास करने के लिए तैयार किया जाता है। ऐसा करते समय व्यक्ति अपने आचरण में निम्न मूल्यों का अनुसरण करता है–

(1) सत्य, (2) अहिंसा, (3) अस्तेय, (4) ब्रह्मचर्य, (5) शोच अर्थात् पवित्रता,

(7) सन्तोष, (8) तप अर्थात् संयम् (9) स्वाध्याय तथा (10) ईश्वर प्राणिधान अर्थात् ईश्वर भक्ति ।

9. जीवनी पठन

महान पुरूषों– वैज्ञानिकों, समाज-सुधारकों, धार्मिक व राजनीतिक नेताओं, देशप्रेमीयों आदि की जीवनी में अनेक महत्त्वपूर्ण मूल्य अवयव होते हैं । उनके चरित्र में अनेक बातें प्रेरक होती हैं । प्रत्येक महान् व्यक्तित्व वाले व्यक्ति की जीवन कथा मूल्य अनुप्राणित अनुभवों, ज्ञान, विश्वासों, घटनाओं से पूर्ण होती है तथा पाठक को यह स्मरण कराती है कि वह अपने जीवन को महान् बना सकता है । अनेक विद्यार्थी व प्रौढ़ महापुरूषों की जीवनियाँ पढ़कर तदनुसार आचरण करने की कोशिश करते हैं । मूल्य स्पष्टीकरण के लिए भी चरित्रवान महापुरूषों के आदर्शों व मूल्यों को उजागर करने वाली जीवन घटनायें अंशतः या पूर्णतः प्रस्तुत की जा सकती हैं ।

उदाहरणर्थ–

"इस समय उनकी आयु लगभग 21 वर्ष की थी । सुख-वैभव में पले नरेन्द्र के ऊपर विपत्तियों का पहाड़ टूट पड़ा । घर के पाँच-छः सदस्यों के जीवन-निर्वाह की समस्या थी । दरिद्रता की चरम-सीमा भी आ पहुँची– उनके कपड़े तथा जूते फट गये और एक चादर से तन ढँकना पड़ा । अन्य लोगों के लिए खाना कम न पड़े, इस संकोच से माँ से कह देते, "माँ! मैं अमुक व्यक्ति के घर खाना खा आया हूँ ।"

कठिनाइयों के इन क्षणों में एक दिन नरेन्द्र के मन में विचार उठा कि परमहंस क़ी प्रार्थना भगवान मानते हैं । इसी विचार से वे दक्षिणेश्वर गये । उन्होंने अपने मन की बात उनसे कही । परमहंस जी बोले– "जा, आज रात को तू माँ से जो माँगेगा वह तुझे देगी ।" नरेन्द्र रात को काली मन्दिर में गये । उनके हृदय में प्रबल भक्ति का संचार हुआ । वे नत-मस्तक होकर बोले, "माँ, मुझे विवेक दो, वैराग्य दो, ज्ञान और भक्ति दो ।" रामकृष्ण जी को आकर फिर सारी बात बता दी । उन्होने नरेन्द्र को फिर काली-मन्दिर में भेजा, परन्तु फिर वे भक्ति, ज्ञान, विवेक और वैराग्य की याचना करके आये । परमहंस जी ने प्रसन्न होकर कहा– "जा तेरे घर में अन्न-वस्त्र का कभी अभाव न होगा" ।

स्वामी विवेकानन्द के जीवन के उपर्युक्त विवरण को सुनाने के बाद शिक्षक विद्यार्थी से निम्न प्रश्न पूछ सकते हैं–

1. तुम्हें इस विवरण से क्या सीख मिलती है ?
2. यदि तुम विवेकानन्द की जगह होते तो क्या करते ? क्या तुम सदैव ऐसा ही करते? क्या तुम अपने आचरण को सही मानते हो ? यदि हाँ/नहीं तो क्यों ?

10. समवाय विधि (Corelation Method)

कुछ विद्वान यह सोचते हैं कि मूल्यों की शिक्षा की विद्यालय में वैसी ही व्यवस्था होनी चाहिए जैसी कि वहाँ अन्य विषयों के शिक्षण की होती है । अन्य लोग एक पृथक विषय के रूप में मूल्यों की शिक्षा का विरोध करते हैं वह चाहते हैं कि मूल्यों को सभी विभिन्न विषयों के साथ समवाय के रूप में पढ़ाना चाहिए । ऐसा करने से शिक्षण को रूचिकर बनाने व ज्ञान को समाकलित (इन्टीग्रेट) करने में भी सहायता मिलती है । हम भी यही सोचते हैं कि शिक्षक अपने शिक्षण के दौरान यथावसर तथा यथाप्रसंग अपने विषय का मूल्यों के साथ समवाय कर सकते हैं । ऐसा करने से न तो पुस्तकों की संख्या बढ़ेगी और न ही पाठ्यक्रम बोझिल होगा । साथ ही अन्तरअनुशासनिक उपागम के प्रयोग को बढ़ावा मिलेगा।

उदाहरण के लिए भूगोल का शिक्षक वायुदाब पढ़ाते समय यह बताता है कि हवाएँ अधिक दबाव से कम दबाव की ओर चलती हैं; वायु की गति वायुदाव की भिन्नता पर निर्भर है, वायुदाब में अधिक अन्तर होने पर वायु की गति आँधी का रूप ले लेती है जिससे झोंपड़ियाँ उड़ जाती हैं, पेड़ समूल उखड़ या टूट जाते हैं, बिजली के तार टूट जाते हैं, आवागमन अवरूद्ध हो जाता है, फलों की पैदावार कम होती है आदि । शिक्षण के समय शिक्षक समाज में आर्थिक विषमताओं में वृद्धि से उपजने वाली चिन्ता, असन्तोष व दबाव के परिणामों को बात सकता है तथा विद्यार्थियों में सामाजिक दबावों व तनावों को कम करने के उपायों के प्रति जागरूकता व सहानुभूति उत्पन्न कर सकता है । इस प्रकार भूगोल की विषयवस्तु का समवाय (corelation) मानवीय मूल्यों से हो सकता है ।

जीवविज्ञान में सहजीवन पढ़ाते समय परिवार के विभिन्न सदस्यों की भूमिका, न्यूटन की गति के नियमों, शिक्षक-विद्यार्थी अन्तर्क्रिया के साथ समन्वय स्थापित किया जा सकता है । आक्सीजन की कमी व प्रचुर मात्रा उपलब्ध रहने पर श्वसन की प्रक्रिया पढ़ाते समय शिक्षक आज के जीवन में नैतिक पतन को प्राप्त व सद्गुणी व्यक्ति को क्रमशः एल्कोहल तथा जल व कार्बन-आक्साइड को सादृश्य मान सकता है ।

भौतिक विज्ञान में जड़त्व पढ़ाते समय शिक्षक अनेक प्रयोग करके यह प्रमाणित करता है कि यदि पदार्थ स्थिर है तो वह स्थिर रहना चाहता है और यदि वह गतिशील है तो वह गतिशील रहना चाहता है । यह स्पष्ट करते समय शिक्षक यह भी कह सकता है कि पदार्थों की तरह हमें भी अपने मानवीय गुणें को कायम रखना चाहिए ।

इस अध्याय में मूल्यों की शिक्षा देने के लिए उपयोगी पायी गयी कुछ महत्त्वपूर्ण विधियों का वर्णन किया गया था । इससे ऐसा लगता है कि सभी विषयों के

शिक्षक विद्यार्थियों के मूल्यों को विकसित करने के प्रयत्न कर सकते हैं । उन्हें विविध शिक्षण संव्युहनों का कल्पनाशीलता के साथ सुनियोजित व सुविचारित ढंग से प्रयोग करना चाहिए । यहाँ यह भी ध्यातव्य है कि उपर्युक्त पाठ्य सहगायी क्रियाओं का उचित प्रयोग कर शिक्षकों को कक्षा व सम्पूर्ण विद्यालय के वातावरण को मूल्य अभिमुख बनाना चाहिए ।